项目支持：

1. 2022 年安徽省高校"三全育人"试点省建设暨高校思想政治能力提升计划项目："基于算法推荐的高校网络思想政治教育内容建设研究"，项目编号：sztsjh－2022－6－13。

2. 阜阳师范大学 2023 年博士科研启动项目："中国共产党牢牢把握意识形态工作领导权研究"，项目编号：2023KYQD0038。

3. 2022 年度阜阳师范大学本科教学工程项目："基于协同理论的大学生劳动教育研究"，项目编号：2022SJJYZX10。

4. 阜阳师范大学马克思主义理论一流学科建设项目，项目编号：19XJS0305。

5. 阜阳师范大学博士点立项重点建设学科"马克思主义理论"，项目编号：24BSZD02。

高校共青团协同育人研究

郝海洪 著

中国社会科学出版社

图书在版编目（CIP）数据

高校共青团协同育人研究／郝海洪著. -- 北京：
中国社会科学出版社，2024. 10. -- ISBN 978-7-5227
-4136-9

Ⅰ. D297.6

中国国家版本馆 CIP 数据核字第 2024L4G190 号

出 版 人	赵剑英
责任编辑	安　芳
责任校对	张爱华
责任印制	李寡寡

出　　版	中国社会科学出版社
社　　址	北京鼓楼西大街甲 158 号
邮　　编	100720
网　　址	http://www.csspw.cn
发 行 部	010-84083685
门 市 部	010-84029450
经　　销	新华书店及其他书店

印　　刷	北京明恒达印务有限公司
装　　订	廊坊市广阳区广增装订厂
版　　次	2024 年 10 月第 1 版
印　　次	2024 年 10 月第 1 次印刷

开　　本	710×1000　1/16
印　　张	17.5
插　　页	2
字　　数	273 千字
定　　价	98.00 元

序

  郝海洪博士是我指导的 2019 级思想政治教育骨干专项计划博士研究生，此前，他一直从事高校辅导员和共青团工作，对高校共青团和学生工作有着较为丰富的实践经验积淀。经过四年博士阶段的学习，他顺利完成博士期间各项任务并于 2023 年 6 月获得马克思主义理论学科（法学）博士学位。欣闻他的博士毕业论文《高校共青团协同育人研究》经过修改完善即将付梓，并受邀作序。我本从不接受为任何出版物写序，但觉得这是一件很有意义的事情，便也打破惯例，欣然接受。

  青年兴则国家兴，青年强则国家强。青年是民族和国家的希望。大学生是青年群体中最富有朝气、最富有理想的时代新人。高校共青团要积极参与到为党育人、为国育才的工作中来，努力把广大青年大学生培养成为社会主义建设者和接班人。习近平总书记指出，"学校思想政治工作不是单纯一条线的工作，而应该是全方位的"，思想政治工作要"发挥融入式、嵌入式、渗入式的立德树人协同效应"。高校共青团思想政治工作是协同效应产生不可或缺的要素。郝海洪《高校共青团协同育人研究》一书关键词眼就在于"协同育人"，该书通过探讨高校共青团子系统如何发挥自身在高校这个总系统中与其他子系统的协同作用，以达成立德树人的协同效应。可以说，这既是对习近平总书记有关共青团工作重要讲话精神的领悟，也是对新时代高校共青团如何培养人这个重要时代课题的回答，更难能可贵的是，该书将高校共青团工作从实践认知层面升华到理论探索层面。

  从"协同"视角探索高校共青团怎样培养人的问题是该著述的一个

1

创新，也是一个闪光点和研究价值所在。该书对高校共青团及其协同育人的相关概念、内涵进行了界定，厘清了高校共青团协同育人的理论基础及特殊性；全面梳理了中国共产主义青年团成立以来，尤其是中华人民共和国成立以来高校共青团协同育人的历史演进，为新时代高校共青团协同育人工作提供了经验借鉴和价值启示；值得肯定的是，通过对国内二十所高校进行抽样调查、个案访谈、群体座谈等方式，实证定量分析了高校共青团协同育人的现状、问题及其成因，为下文提出理念协同、内容协同、组织协同、机制协同等科学范式提供了可靠根据，实现了定量分析和定性研究的有效结合。全书观点鲜明、逻辑严密、结构合理、论证翔实，是一部可读性较强的著作，对新时代高校共青团开展协同育人工作具有一定的理论指导和实践启发意义。

作为郝海洪博士的导师，在他的著作正式出版之际，也想提出两点建议：一是要继续深入研读马克思主义经典文本，增强"底气"，马克思主义经典著作是思想政治教育工作的理论来源，也是思想政治工作者在高校做好立德树人工作的根本；二是深入学习习近平新时代中国特色社会主义思想，尤其要深入学习《习近平总书记在学校思想政治理论课教师座谈会上的重要讲话》精神和《论党的青年工作》著作，并结合新时代高校共青团工作实际和青年大学生成长实际，深刻把握高校共青团思想政治工作规律和教书育人规律，继续深入进行高校共青团协同育人研究，善于发现新问题、解决新问题，不断提高在新时代环境下的育人本领，增强信息技术时代立德树人的能力。

期待郝海洪博士在学术道路上百尺竿头，推出更多更优秀的研究成果！

刘从德

2024 年 4 月 12 日

目　　录

绪　论

中国共产主义青年团是中国共产党领导的先进青年的群团组织，自成立以来就承担起了协同为党育人、为国育才的重要责任。"各级党委和政府要支持群团组织在党组织领导下发挥作用"，"促进多元治理主体协同协作协调"①，培养德智体美劳全面发展的高素质人才。我国高等教育在德智体美劳全面发展高素质人才培养过程中的战略地位日益凸显，且任务十分艰巨。共青团组织在高校有着协同党组织和其他组织系统育人的光荣传统。面对新时代的使命和任务，作为党的得力助手的高校共青团组织，需要发挥自身优势，积极承担起协同育人的职责使命，并回答好"为什么协同""协同什么""协同谁""怎样稳定协同"的协同育人之问。这是本书的研究缘起和意义所在。

一　研究的缘起与意义

（一）研究的缘起

为谁培养人，培养什么样的人，怎样培养人？是我国高等教育需要回答的一个根本性问题。面对世界多极化、经济全球化、社会信息化、文化多样化等方面出现的新情况、新变化、新趋势、新问题，培育具有

---

① 《中共中央关于加强和改进党的群团工作的意见》，《人民日报》2015 年 7 月 10 日第 4 版。

国际视野、家国情怀、堪当重任的青年人才是我国高等教育的紧迫任务。习近平指出："中国的未来属于年轻一代……世界的未来属于年轻一代。"① 新时代的中国青年生逢盛世，党和国家需要培养他们积极参与国际治理的素养和能力，把他们培养成为德智体美劳全面发展的高素质人才。

新时代的高等学校是培养德智体美劳全面发展时代新人的主体。我国社会主义的高等学校始终承担了为党育人、为国育才的重要使命责任。高等教育育人工作不是某一个部门或单位能独自完成的工作，需要"深入推进协同育人，促进协同培养人才制度化"②。高校要全面统筹各领域、各环节、各方面的育人资源和育人力量，形成全员全过程全方位育人格局。高校共青团作为高校先进青年的群团组织，以及高校党的助手，在高校"三全育人"工作格局中的协同作用不可忽视。

作为中国共产党的助手和后备军的高校共青团，要积极当好这个助手和后备军，在高校党组织的领导下，适应高等教育综合改革新发展、青年团员和青年大学生的新特点，坚持立德树人，协助党组织，协同职能部门、教学学院、有关单位做好思想政治、教育教学、文化传承、科学研究、服务社会等育人工作，加强对学生会、学生社团、青年志愿者协会等学生自治组织的政治引领、示范带动、联系服务工作，推进组织创新和工作创新，为协同育人创造有利条件。根据高校大学生团员占学生总数超过80%的结构特点和青年大学生的成长特点，科学系统地研究高校共青团组织协同育人先进理念遵循、内容构成要素、组织系统结构、长效机制建构等，最大限度地激发高等学校共青团协同育人的动力，有效达成高校共青团协同育人实效，确保高校共青团协同育人可持续，是当前高校共青团协同育人工作亟待深刻认识的重要问题。

（二）研究的意义

教育是一项培养人、塑造人的社会实践活动。我国高等学校教育实

---

① 习近平：《在布鲁日欧洲学院的演讲》，《人民日报》2014年4月2日第2版。

② 中共中央办公厅、国务院办公厅：《关于深化教育体制机制改革的意见》2017年9月24日。

践活动的根本在于"立德树人"①。高校立德树人实践活动是一项有目的、有计划、有组织地实施的系统性工程，需要系统内部各子系统之间相互协调、通力合作。高校共青团组织作为协同育人的重要子系统，在协同育人方面有自身的特色和优势。共青团组织在高校参与协同育人工作有着百年的实践历程和丰富的实践经验。总结好、运用好高校共青团协同育人的历史经验，对于指导新时代高校共青团开展协同育人工作具有重要的理论和实践意义。

1. 理论意义

（1）有助于为高校共青团协同育人提供一定理念遵循

正确的行动需要科学的理念指导。高校共青团作为"立德树人"的重要组成部分，在高校育人与育才的过程中扮演着不可或缺的角色。在革命、建设和改革等不同历史时期，高校共青团组织根据党的工作大局承担着协助培养时代新人的光荣任务。研究并提出高校共青团"立德树人"的理念遵循，有助于为高校共青团协同育人提供明确的工作指向。

（2）有助于完善高校共青团组织协同育人的基础理论

高校共青团在长期的工作实践中基本形成了一套工作理论，但还有诸多需要完善的地方。本书运用马克思主义育人理论、管理学理论、协同学理论和深入把握有关重要文件精神的基础上，对高校共青团组织协同育人的主要内容构建、组织系统结构、长效机制建构等问题进行深入研究，厘清高校共青团协同育人的内容边界、区分高校共青团育人的协同主体组织、初步构建协同育人的长效机制，有助于进一步丰富高校共青团协同育人的基础理论，为高校共青团开展协同育人工作提供一定科学范式遵循。

（3）有助于明确高校共青团在高校育人史上的地位

共青团自成立以来，就承担起了协助党培育接班人的光荣使命，而高校共青团在全团育人工作中处于战略性的地位。全面梳理高校共青团

① 教育部课题组：《深入学习习近平关于教育的重要论述》，人民出版社 2019 年版，第 25 页。

组织协同育人工作的历史，深入总结高校共青团协同育人丰富的实践经验，深刻把握高校共青团协同育人工作的一般规律，为高校共青团协同育人勾画一幅整体图景，有助于明确高校共青团在高校"三全育人"格局中的重要地位。

2. 实践意义

（1）有助于促进高校共青团组织协同培养"六有"大学生

协助推进党和国家的伟大事业是时代赋予中国青年的历史重任。高校共青团组织必须把培养适应国际格局深刻调整和实现我国社会主义现代化强国目标需要的青年人才作为协同育人指向，主动承担起协同造就有理想、有追求，有担当、有作为，有品质、有修养的青年团员和青年大学生，把他们培养成为堪当重任的时代新人。

（2）有助于推进高校共青团协同育人工作的改革创新

面对国际国内更加复杂多变的环境，新时代党和国家的事业面临各种可以预见和难以预见的风险和挑战。迎接困难挑战需要大批政治立场坚定、思想素质过硬、综合能力突出、勇于担当责任的高质量人才。高校作为培养高质量人才的主阵地，高校共青团组织负有巩固党执政的青年群众基础的重要政治责任。在青年代际变化和价值观念趋于多元化的今天，高校共青团协同育人工作理念和方式方法以及与时俱进的创新能力在部分领域略显滞后。因此，研究高校共青团协同育人问题，将有助于为高校共青团组织在新时代背景下正在推进的协同育人改革创新提供一些有益的借鉴。

（3）有助于发挥高校共青团组织协同育人的纽带作用

"青年是标志时代的最灵敏的晴雨表。"① 时代变化特征总是最先在代际青年身上得到显现。随着经济全球化、信息网络化、文化多样化、价值多元化的快速发展，新时代大学生的思想观念、价值取向、行为习惯等方面都发生了深刻转变。高校共青团组织协同育人工作面临着引领青年大学生向着党的要求方向健康成长发展、强化自身先进性的要求。本书的研究，将有助于更好地发挥高校共青团组织的纽带作用，使高校

---

① 《十八大以来重要文献选编》（中），中央文献出版社 2016 年版，第 2 页。

共青团组织成为服务青年大学生和青年团员全面发展，增强自身先进性的有效渠道。

二　国内外研究现状与述评

学者们围绕高校共青团组织协同育人的研究积累了较为丰富的学术成果。笔者以中国知网为检索平台，涉及论文发表年份为 1922 年 5 月 5 日至 2023 年 12 月 31 日，以"高校共青团"为主题词进行文献检索，共检索到相关文献 4740 篇；以"高校共青团育人"为主题词进行检索，共检索到有关研究论文 268 篇；以"高校共青团协同育人"为主题词进行检索，共检索到有关研究论文 41 篇。从读秀学术搜索、超星电子图书数据库、中国国家图书馆等图书数据库，当当网、京东、淘宝等几大售书平台，以书名"高校共青团"为主题词检索，共检索到有关编著或专著文献 74 部；以"高校共青团育人"或"高校共青团协同育人"为主题词进行检索，尚未检索到以此为主题的专著，相关论述也仅散见于共青团研究专著的某一章节，且未能进行系统性研究。从专著、期刊发表研究成果的分布情况来看，党的十八大以来，高校共青团育人话题一定程度上引起了学界的兴趣和关注，尤其是在党的群团工作会议上，习近平总书记深刻阐明了党的群团组织的时代使命、面临的现实问题和如何改进群团工作等一系列重大理论和实践问题。习近平的重要讲话引起了学界的高度重视和关注，众多学者尤其是团口工作人员对此展开了研究，但是高水平、高层次的研究成果仍显不足。前人研究成果的相对不足，一方面给本书的进一步研究带来了一定难度；另一方面也给本书的深入开掘预留了足够的空间。

（一）国内相关研究

自 1922 年青年团建团以来，学界围绕青年团的根本任务、历史使命、工作主线、政治责任等方面进行了广泛的探索。学界主要围绕以下几个方面进行了研究，但是从高校共青团协同育人视角进行研究相对来说还较为欠缺。

1. 高校共青团思想政治引领工作研究

思想政治引领是高校共青团的核心任务。学界围绕高校共青团思想政治引领的重要性、引领的方法、引领的价值、引领的策略、引领的路径进行了研究。第一，高校共青团思想政治引领的重要性的研究。刘佳认为，高校共青团理论研究的内在诉求决定了高校共青团深化思想引领理论研究。① 蔺伟、方蕾认为，巩固马克思主义在大学生中意识形态的指导地位，高校共青团要加强思想政治引领。② 第二，高校共青团思想引领方法的研究。周小骥、侯盛炜、杨启金认为，高校共青团加强思想政治引领要紧紧抓住学生的兴趣点，增强大学生对时事的关注度和对政治的敏锐度；要从思想政治教育媒介革新、观念创新优化、队伍扩展等方面着手。③ 第三，高校共青团思想引领价值的研究。陈赛金认为，高校共青团必须结合青年学生群体的成长成才需求，丰富思想引领内涵，充分发挥高校共青团的思想引领的政治价值、道德价值和发展价值。④ 第四，高校共青团思想引领路径的研究。景耀强等学者认为，高校共青团要充分发挥团属新媒体平台作用，要在扩大工作队伍、拓展实践阵地、创新创意服务等方面开掘新路径。⑤

2. 高校共青团育人基础理论研究

学者们围绕高校共青团育人功能、模式、体系等方面进行了一定探究，并取得了一定成果。但是，笔者通过对现有学者的研究成果进行细致梳理，发现学界对高校共青团育人的基本要素研究存在一定同质化现象，结合新时代创新方面的研究还有待开掘。第一，关于高校共青团育人功能研究。熊莹认为，在高等教育体制深入改革的背景下，

① 刘佳：《高校共青团思想引领论纲》，群言出版社 2016 年版，第 6 页。
② 蔺伟、方蕾主编：《高校共青团思想引领工作研究与实践》，北京理工大学出版社 2015 年版，第 8 页。
③ 周小骥、侯盛炜、杨启金：《加强高校共青团思想引领方法探赜》，《学校党建与思想教育》2013 年第 17 期。
④ 陈赛金：《高校共青团思想引领的当代价值与对策分析》，《思想理论教育》2016 年第 4 期。
⑤ 景耀强：《高校团属新媒体平台思想引领的实现路径》，《当代青年研究》2018 年第 4 期。

高校共青团组织的功能也不断转变，不断强化的共青团育人功能对大学生思想政治教育的影响也是日益增强。① 侯天放、高慎波、邵捷认为，高校共青团组织具有"思想引领、文化涵育、实践养成"等功能。② 学术界的相关研究大多依据团的章程，多从思想引领、组织动员、服务青年、维护青年合法权益四个方面阐释高校共青团的功能，这四项共青团的积极功能是得到学界普遍认可的，集中体现了团的组织效能。还有一些观点认为，高校学生组织具有政治功能、教育功能和文化功能；高校社团性学生自组织既要发挥其常规的育人功能，还要深入挖掘其隐性育人功能。第二，关于高校共青团育人模式研究。首先，班团一体化协同育人模式研究。高伏康、吴家驹从组织学原理出发，结合网络新媒体时代特点，提出了"组织结构一体化、目标愿景一体化、评价考核一体化的高校班团一体化的育人运行模型"③。闫雪琴提出"班团一体化"运行模式要衔接好"组织明确、推进'四同'、分工合理、协调运行、考核监督"五个环节。④ 其次，第二课堂成绩单育人模式研究。刘晓荣、杨良煜认为，第二课堂"是培养大学生创新素质的必要补充"⑤。但是，在现实工作中，"高校第二课堂普遍存在内涵空心化、领域边缘化、运行孤立化、培养单一化的'四化困局'"⑥。克服第二课堂协同育人的不足或弊端，需要构建第二课堂"一二三四"育人工作新模式。再次，"大思政"格局中思想价值引领模式研究。孙成行、徐传旺以"协同"理论为指导，分析了共青团组织如何协同教务处、学生处、心理中心、后勤处等职能部门开展管理、心理、服务等

① 熊莹：《对高校共青团开展大学生课外科技学术活动的思考》，《老区建设》2010 年第 12 期。

② 侯天放、高慎波、邵捷：《新时代高校共青团组织育人的价值、功能和路径》，《吉林教育》2020 年第 17 期。

③ 高伏康、吴家驹：《组织理论视角下高校班团一体化运行机制研究》，《学校党建与思想教育》2019 年第 1 期。

④ 闫雪琴：《新时代高校"班团一体化"实施方案探索》，《中国高等教育》2019 年第 8 期。

⑤ 刘晓荣、杨良煜：《利用第二课堂培养高素质创新人才》，《技术与创新管理》2008 年第 5 期。

⑥ 宋丹、崔强、陆凯：《提升高校第二课堂育人实效的路径探析》，《思想教育研究》2018 年第 5 期。

育人工作，服务"大思政"的"三全育人"工作格局。① 第三，关于高校共青团育人机制研究。首先，高校共青团协同育人机制创新研究。畅晓洁认为，高校共青团协同育人的机制创新要遵循坚持普及与提高、成人与成才、课内与课外、共性与个性相结合的原则，从文化育人、学术育人、实践育人、服务育人等方面展开。② 孙成行认为，共青团单兵作战已经不能满足新时代的要求，必须与其他组织一起协同育人，从共青团与学校其他相关职能部门相协同、"线上"与"线下"相协同、"显性"与"隐性"教育相协同、"第一课堂与第二课堂"（硬模式）相协同、"渗透式与隐蔽式"（软模式）相协同等方面探索协同育人的创新机制。③ 其次，思政教育与高校共青团育人机制结合研究。思政教育与高校共青团育人机制在目标、内容、针对人群、教育环境方面存在共同性，高校共青团应强化对思想教育工作的认知，重视思想教育隐性渗透工作。最后，传统文化视域下实践育人机制研究。崔余辉认为，高校共青团应拓展实践育人的场域，建立健全实践育人的长效机制，实现全过程育人。④ 第四，关于高校共青团育人队伍建设研究。首先，高校共青团干部的亲和力研究。张静、杨也认为，高校共青团干部的亲和力对于提升共青团工作的吸引力、感染力和整体效能具有重要作用，目前团干部亲和力整体表现良好，但仍存在部分团干部亲和力不足、教师团干部亲和力低于学生团干部等问题。⑤ 其次，高校共青团干部的理论素养研究。孟伟认为，要大力提高高校共青团干部队伍的理论素养，这是加强高校共青团干部队伍建设的迫切需要。⑥ 最后，高校共青团

---

① 孙成行、徐传旺：《"大思政"视域下独立院校共青团思想政治教育的协同"灌浆"模式研究》，《当代教育实践与教学研究》2019 年第 16 期。

② 畅晓洁：《高校共青团的育人路径和机制创新研究——基于省内文本的质性分析》，《中国多媒体与网络教学学报（上旬刊）》2020 年第 8 期。

③ 孙成行：《新时代背景下共青团有效融入"大思政"工作格局的协同创新机制研究》，《高校共青团研究》2019 年第 Z1 期。

④ 崔光辉：《传统文化视域下高校共青团实践育人机制研究》，《黑龙江教育（高教研究与评估）》，2019 年第 1 期。

⑤ 张静、杨也：《新时代高校共青团干部亲和力建设探究》，《思想教育研究》2020 年第 11 期。

⑥ 孟伟：《论新时期高校共青团干部的理论素质》，《中国市场》2006 年第 13 期。

干部的培养问题研究。刘海春提出高校要建立科学合理的团干部选任机制，营造适合团干部健康成长的优良环境。①

3. 高校共青团育人内容建设研究

学界围绕高校共青团协同育人的内容建设进行的研究主要体现在以下几个方面。第一，健全思想政治育人体系研究。岳琦认为要以习近平新时代中国特色社会主义思想为引领，健全思想育人体系，旗帜鲜明地弘扬社会主义核心价值观。② 第二，构建实践育人体系研究。王凤鹏认为，高校共青团组织要组织学生参加社会实践，建立实践活动的评价体系，完善实践活动的保障体系。③ 第三，志愿服务育人体系研究。孙菲菲认为，高校共青团要提高对志愿服务活动的重视和规划，依靠自主的工作品牌来逐渐强化志愿服务在社会的影响力。④ 第四，文化活动育人体系研究。莫忧认为，"切实提升青年学生的文化自信，必须做到文化传承与立德树人相结合、创设载体与文化创新相结合、文化自信与实践服务相结合"⑤。

4. 高校共青团协同就业创业研究

学界围绕高校共青团在就业创业育人方面的探索主要在几个方面。第一，高校共青团开展创业教育模式探索。创新创业教育是高校共青团工作的重要着力点，要把握培训教育环节、实践操作环节、团队组织环节、舆论宣传环节，以及评审选拔环节。⑥ 孙贺认为，美国创业教育模式及其发展经验对我国高校共青团创业教育的探索具有重要的指导意义。⑦ 张宁、

---

① 刘海春：《学生工作队伍职业化、专业化的提出及展望》，《思想教育研究》2006 年第8 期。

② 岳琦：《关于加强高校共青团建设的若干思考》，《开封教育学院学报》2018 年第6 期。

③ 王凤鹏：《提升高校共青团社会实践育人成效分析》，《广东职业技术教育与研究》2017 年第6 期。

④ 孙菲菲：《共青团视野中的高校志愿服务工作》，《青少年研究（山东省团校学报）》2012 年第2 期。

⑤ 莫忧：《高校共青团推进文化自信融入文化育人过程的策略探析》，《思想教育研究》2017 年第8 期。

⑥ 黄鑫、杨浚：《高校共青团创新创业教育中的竞赛模式研究》，《辽宁行政学院学报》2014 年第9 期。

⑦ 孙贺：《美国创业教育模式及其对我国高校共青团创业教育的启示》，《亚太教育》2015 年第10 期。

尹思、陈鸿佳以华南师范大学共青团组织创新创业教育模式为例，提出要以协同育人为工作理念，搭建科技创新育人平台；以科研创新项目为依托，构建创新教育服务机制；以整合校内外资源、建立激励机制为保障，着力培养创新型人才。[①] 第二，高校共青团开展创新创业实践探索。王晓青、邵杰、刘梦平认为，高校共青团要从完善制度、搭建平台、强化队伍、以赛促学、协同融通等方面全方位推动"双创"育人。[②] 陈霖通过对全国2000多所高校"创青春"创业大赛全国赛、省级赛的分析，提出高校共青团要形成系统化，打破以赛代学模式，构建创业教育平台；突出全局观，整合资源拓宽渠道，营造创业教育氛围；重视实践性，培养师资准确定位，完善创业教育载体的对策建议。[③] 第三，高校共青团开展就业精准扶贫探索。焦一朔认为，高校共青团在促进青年就业创业工作，助力精准扶贫方面具有特殊的传导路径。[④]

5. 高校共青团育人组织建设研究

强有力的组织保障是高校共青团开展工作的基础。学界对高校共青团的组织建设研究主要体现在以下几个方面。第一，高校共青团工作机构设置研究。黄海波、刘海春认为，团的组织建设是团的自身建设的一个方面，是基础和保证，是高校团组织存在和发展的条件。高校各级团组织的基本结构为团支部、二级团组织（团总支）、校团委。高校在设置团组织结构时应本着功能齐全、结构合理、运转自如、灵活高效的原则，根据实际情况灵活设置，不必拘泥于统一模式。[⑤] 第二，加强和改进高校共青团组织的必要性研究。嵇芹珍提出应加强组

---

① 张宁、尹思、陈鸿佳：《高校共青团创新教育模式探析——以华南师范大学共青团创新教育为例》，《创新与创业教育》2015年第6期。

② 王晓青、邵杰、刘梦平：《高校共青团创新创业实践探索》，《大学》2021年第30期。

③ 陈霖：《基于"创青春"竞赛平台对大学生创业教育分析》，《中国成人教育》2015年第18期。

④ 焦一朔：《高校共青团就业创业工作助力精准扶贫优化路径》，《黄冈职业技术学院学报》2019年第6期。

⑤ 黄晓波、刘海春：《新时期高校共青团工作概论》，人民出版社2010年版，第307—308页。

织领导、强化意识、创新模式、整合资源，努力拓展高校团建和团员教育的有效途径，精心营造团建和团员教育的良好环境。① 第三，高校共青团组织的改革创新研究。王耕、包伟两位学者从供给侧视域探索高校共青团组织改革创新，认为新常态下高校团组织要从供给侧改革出发，从团组织课外育人职能的机制化、系统化、信息化等方面入手，主动探索有效的改革与发展路径。② 李树学认为，高校共青团改革是新时代教育综合改革的一项重要举措，要以自我革新精神，深化改革攻坚，推进共青团事业发展。③ 第四，关于高校党建带团建的研究。杨臣、聂锐认为，破除阻挠高校共青团改革的健康发展障碍，需要建构以党建带团建发展为核心要素的共享、共建、共创三种创新模式，实现党建与团建的协同发展。④ 李金发、赵凯博、兰涵旗认为，在新时期、新背景下做好大学生思想政治教育工作必须围绕党建工作的优势资源，以学生党建带团建，以团建促学生党建，构建学生党建团建深度互动的模式机制。⑤ 丁笑生从工作实践角度，提出高校党建带团要从思想建设、组织建设、作风建设、队伍建设、工作发展方面一体推进。⑥第五，高校共青团组织活力提升研究。郎坤提出要创建服务功能完善，促进青年全面发展的服务型团组织。⑦ 李琼提出高校基层团组织建设"三力一度"（即组织力、引领力、服务力，大局贡献度）提升的路径。⑧

---

① 嵇芹珍：《加强和改进高校团组织建设的思考》，《学校党建与思想教育》2009 年第16 期。

② 王耕、包伟：《供给侧视域下的高校团组织改革创新研究》，《山东青年政治学院学报》2017 年第 1 期。

③ 李树学：《新时代深化高校共青团改革的价值意蕴》，《学校党建与思想教育》2020 年第 19 期。

④ 杨臣、聂锐：《新时代高校党建带团建研究》，《学校党建与思想教育》2018 年第17 期。

⑤ 李金发、赵凯博、兰涵旗：《高校党建带团建工作机制梳理与模式创新》，《学校党建与思想教育》2014 年第 19 期。

⑥ 丁笑生：《新时期党建带团建工作的实践探索》，《教育理论与实践》2014 年第 15 期。

⑦ 郎坤：《高校服务型团组织建设的动力分析及路径探索》，《中国青年社会科学》2020年第 2 期。

⑧ 李琼：《高校基层团组织建设现状与"三力一度"提升路径研究》，《中国共青团》2021 年第 19 期。

6. 高校共青团与大学生自组织关系研究

高校大学生自组织已经成为高校学生管理中一个不容回避和忽视的新课题。当前学界对高校青年自组织的探究主要涉及以下方面。第一，高校青年自组织的内涵、类型、问题研究。韩流、张彦从广义和狭义角度对学生自组织进行了区分，并从连接纽带、组织程度、活动空间和政治敏感度等四个维度对高校青年自组织进行了细致划分。① 杜兰晓认为，高校青年自组织是指既没有到当地民政部门正式注册，也没有在学校有关部门登记备案，由大学生自发成立、自主发展、自我运作的学生组织。高校青年自组织存在容易对正式组织的活动产生阻力、容易成为负面信息传播的渠道、容易成为大学生违反校纪校规的温床。② 刘兴平、孙悦、刘玥提出超越结构与行动的对立关系，建立结构与行动整合统一的新思维，形成解决高校青年自组织目前困境的结构化路径。③ 第二，高校共青团与学生会、学生社团"一心双环"组织格局研究。吕利珊结合粤西地区三所高校实际探讨了"一心双环"组织格局下高校学生社团建设规模化、社团打造精品化、社团管理自主化、社团文化内涵式发展的路径。④ 近年来学界主要围绕高校学生会组织新型建设模式、高校学生会存在的问题及发展建设、高等学校学生会的法律地位及权利边界、高校学生会组织面临的困境及其消解、高校学生会组织力建设、高校学生会干部队伍建设等方面进行了探究。

7. 高校共青团网络新媒体研究

随着信息网络技术、大数据、人工智能的快速发展，高校共青团面临的教育格局以及思想引领工作方式等都发生了根本的变化，学界围绕高校共青团如何应对和利用新媒体进行思想政治工作进行了深入探索。第一，新媒体环境下微媒体重要作用研究。刘晓东、徐洪业结合湖北7所高校共青团微信建设情况，对高校共青团如何利用微信进行思想政治

---

① 韩流、张彦：《高校青年自组织管理探析》，《思想理论教育导刊》2010年第6期。

② 杜兰晓：《高校青年自组织问题探析》，《中国高教研究》2009年第5期。

③ 刘兴平、孙悦、刘玥：《超越结构与行动：论高校青年自组织的困境与出路》，《江苏高教》2016年第2期。

④ 吕利珊：《"一心双环"团学组织格局下高校学生社团内涵式发展路径研究——以粤西地区三所高校为例》，《教育理论与实践》2019年第30期。

引领，以及微信在教育引导、组织动员、服务青年成长等方面的重要作用进行了研究。① 第二，微媒体环境下高校宣传思想工作创新研究。何雪冰、余潇潇、贾开认为，高校宣传思想工作需要积极适应时代变化，吸收互联网治理的思维特征和治理经验，从理念重塑、格局构建、工作机制等方面进行改革创新。②

（二）国外相关研究

由于共青团组织是社会主义国家特有的青年组织，国外关于高校共青团协同育人的研究较为缺乏，在相关的外文数据库中以"高校共青团"为主题词进行检索，只有少数几位国内学者在外文期刊发表的几篇文章略有论及。其中，国外非社会主义国家，尤其是一些较为发达的资本主义国家相关研究主要集中在高校学生事务管理、育人机制方面。社会主义国家高校青年组织与我国高校共青团组织在育人功能、工作内容、工作方法方面与我国高校共青团组织非常相似。通过对检索的文献归纳梳理，相关研究成果体现在以下几方面。

1. 发达国家高校育人机制的实践探索

发达国家并没有明确用"思想政治教育"这一术语来表达对青年大学生思想政治方面的教育，而是具体涵盖在公民教育、道德教育、宗教教育、法治教育等教育活动中。例如，美国高校在大学生群体中通过升国旗礼仪、成人礼仪、航天发射等重要活动宣扬"美国精神"，将实践活动和大众传媒作为思想政治教育主要传播手段，让学生不断参加学生自己组织的、满足社区需要的服务活动，把课程内容与服务经验、公民责任与个人成长等联系起来；通过形式多样的社团活动渗透思想政治教育内容。欧洲一些国家的高校通过为学生提供支持性服务、发展性服务，专门针对学生的心理成长、个性养成、学习提升、就业指导、能力培训、生涯发展等方面，满足学生成长成才的直接需求。作为英国高等

---

① 刘晓东、徐洪业：《新媒体视域下高校共青团面临的变革及应对路径》，《学校党建与思想教育》2014 年第 12 期。

② 何雪冰、余潇潇、贾开：《互联网治理视野下高校宣传思想工作的"矩阵式"重构——以清华大学共青团为例》，《思想教育研究》2017 年第 1 期。

教育重要组成部分的学生事务管理，在长期的发展过程中积累了大量经验，其中"以人为本的培育理念""科学化的理论体系""专业化的组织结构和服务内容"对我国高校学生工作的开展具有一定的参考价值。[①]德国青年联盟是一个独立的青年组织，积极参加德国政党、国家和社会的改革，注重为联盟党培养大量政治人才，主张青年人要通过自身努力掌握自己的命运。英国未来保守党是英国保守党的青年组织，代表 30岁以下党员的利益，向 30 岁以下的青年人群宣传本党派的执政理念和施政方针，提出青年群体的工作建议，帮助保守党候选人参加选举等。俄罗斯也组建有青年组织——青年近卫军，这是一个由统一俄罗斯党领导的青年组织，它负有在青年群体中巩固和扩大统一俄罗斯党执政基础的任务，在社会领域积极开展青年工作，为青年群体提供丰富多样的服务等。

2. 社会主义国家青年组织的研究

当前，世界上主要有中国、朝鲜、越南、老挝、古巴等社会主义国家。这些国家创建有自己的青年组织。这些社会主义国家的青年组织，思想上信仰马克思主义和共产主义；政治上拥护党的纲领，接受党的领导；组织上建立有中央、地方、基层的组织结构，为党培养青年人才。中国共产主义青年团，自 1922 年建团以来，在革命、建设、改革等不同历史时期，积极带领广大青年深入学习马克思主义理论，协助党完成不同历史时期的历史任务，为党和国家输送了大量栋梁之材，把大批先进青年团结凝聚在党的周围，为党和国家的革命、建设、改革伟大事业作出了青春辉煌业绩。

（三）国内外研究现状述评

中国共产主义青年团成立以来，学界就有关青年团组织如何为党培育先进青年力量，进行了大量研究和探索，尤其是党的十八大和团的十八大以来，在共青团改革再出发的推动下，关于高校共青团协同育人的研究深入推进，取得了很好的成绩；但同时，学界关于高校共青团协同

---

① 汪霄楠：《英国高校学生事务管理给我国高校学生工作带来的启示》，《黑河学刊》2020 年第 2 期。

育人研究仍然存在深入拓展的空间。

1. 高校共青团协同育人研究取得的成绩

高校共青团协同育人研究的基本要素和基本范畴初步构建。第一，关于高校共青团协同育人的研究拓展的领域比较全面。现有的研究成果范围较为广泛，尤其把高校共青团的思想政治引领突出为核心任务，涵盖了高校共青团协同育人的功能、机制、模式等基本要素，初步建构起了高校共青团协同育人的范畴结构，初步探讨了高校共青团协同育人的主体与客体、功能与作用、原则与内容、方法与艺术等基础理论问题。第二，高校共青团协同育人研究视角更加开阔。结合实际工作经验对高校共青团协同育人进行多视角、多维度深入研究是一大亮点和显著特色。尤其是近几年，众多学者围绕党团班一体化协同、第二课堂成绩单制度、"三全育人""大思政"格局中的共青团育人作用发挥、深化改革中的共青团组织育人等热点话题和显性话题展开了研究。第三，高校共青团协同育人的研究群体得到扩展。通过对知网文献进行可视化梳理，笔者发现共青团协同育人研究队伍整体实力不断加强，一批硕博士青年学者表现出了对共青团学研究领域的兴趣，并加入共青团学研究领域中来。一些在高校一线从事共青团工作的管理者从实践出发，从不同视域总结好的经验和做法，探索高校共青团协同育人的规律，形成了具有一定理论指导意义和实践推广价值的实践理论。第四，高校共青团协同育人的研究方法进一步完善。笔者经过细致地梳理发现，学者在研究高校共青团协同育人的过程中，广泛采用了文献研究法、概念分析法、调查研究法、实证研究法等多种研究方法，这标志着高校共青团育人研究方法渐趋规范。

总的看来，高校共青团协同育人的研究为共青团学研究的科学化及规范化丰富了其理论内涵，初步形成了具有高校共青团特色的话语体系和研究范式。但高校共青团协同育人现有的研究也存在一些亟待克服的问题和短板，还需要关注和研究共青团协同育人的学人共同努力和改进，从而大力提高共青团学的研究质量。

2. 高校共青团协同育人研究存在的不足

高校共青团协同育人研究存在三个方面的问题。第一，学界缺少对马克思主义经典作家关于高校共青团育人工作论述的深入、系统研究。这就使得高校共青团协同育人工作缺少马克思主义经典理论的支撑。虽然高校共青团协同育人理论的研究已得到一定发展，"论文层次整体较高，研究开展非常广泛，核心学者初步形成，研究内容覆盖全面，共青团理论研究发展态势良好"①，但整体研究质量还有待提高，研究深度还有待深入挖掘，研究领域还需进一步拓展。从现有的研究成果来看，高校共青团协同育人的理论基础、历史经验、内容建构、理念确立、组织结构、长效机制等方面研究成果还较少，在高校共青团协同育人功能及其发挥、历史经验总结、内容体系建构、长效机制建构等方面还需形成一定的科学范式。第二，高校共青团协同育人研究缺少一定的跨学科研究视角。高校共青团作为协同培养青年大学生的群团组织，工作领域涉及很多方面，对其工作进行深入研究，需要综合运用多学科视角和方法。"国外在青少年社会工作的研究过程中，各学科之间相互借鉴、取长补短的做法已经相当普遍。我国青年研究领域中的许多问题也需要用多学科（马克思主义理论、系统科学、社会学、教育学、政治学、哲学、心理学等）的观点和理论来加以阐释。"② 共青团工作，从根本上说是一项培养人、塑造人的系统工程，因此必须把共青团协同育人研究置于马克思主义理论、协同学、教育学、青年社会学、心理学、组织行为学、政治学等多学科的观照视野中，寻找到共青团协同育人在"研究方法、指导思想、范式、领域、知识、价值取向、话语方式、思维方式以及研究者的学术信仰、学术能力等方面的优势表现及其对青年研究的示范价值。"③ 但是，从目前共青团协同育人研究成果来看，利用多学科视角和跨学科视域进行共青团协同育人的研究显然欠缺。高校共青团协同育人研究怎样从马克思主义理论、协同学、青年社会学、教育学、文化学、心理学、政治学等这些传统学科中开拓创新，呈现鲜明的跨学科研

---

① 魏琦：《近五年共青团理论研究的回顾与思考——基于"共青团"冠名论文的计量分析》，《山西青年职业学院学报》2018年第3期。

② 帅润、史彦虎：《多学科视野下的青年研究》，《山西青年管理干部学院学报》2010年第2期。

③ 帅润、史彦虎：《多学科视野下的青年研究》，《山西青年管理干部学院学报》2010年第2期。

究特色，是当下高校共青团协同育人研究亟待解决的问题之一。第三，高校共青团协同育人的机制建构和运行的研究还不够深入。高校共青团协同育人工作是一项较为复杂的系统工程，高校共青团组织如何结合自身实际和工作责任建构一套同高校多元组织子系统有效协同育人的运行机制，还需进行深入探究。

笔者认为，在综合分析高校共青团协同育人相关研究的基础上，在当前世界百年未有之大变局加速演进、中华民族伟大复兴历史趋势不可逆转的大背景下，加深对高校共青团协同育人的研究有着十分重要的理论价值和实践价值。

三　研究的目标和内容

（一）研究的目标

研究目标主要体现在三个方面：第一，明确高校共青团协同育人的理念遵循。高校思想政治工作关系着高校为谁培养人、如何培养人以及培养什么样的人的根本问题。作为高校思想政治教育工作的重要力量，高校共青团如何找准自身定位，回答好为什么协同育人的问题。本书将从高校共青团协同育人的理念遵循入手，力图明确高校共青团协同育人的价值导向。第二，厘清高校共青团协同育人的内容供给边界。高校共青团协同育人需要以厚实的内容为基础，但高校共青团协同育人内容供给不是没有边界的。构建一套适合高校共青团开展协同育人的内容供给体系是基础工作。本书将紧紧围绕培养德智体美劳全面发展的时代新人这一标准提出高校共青团协同育人的内容供给方式及供给策略，以满足新时代大学生的成长成才需要。第三，健全高校共青团协同育人的运行机制。高校共青团协同育人是一项长期性、系统性的工程，构建完善的高校共青团协同育人长效运行机制是确保共青团协同育人取得成效的根本保障。本书从管理、协调、激励、保障四个维度统筹考虑构建"四维一体"的高校共青团协同育人长效运行机制。

（二）研究的内容

绪论部分主要介绍本书的选题缘起和有关背景、研究的理论与实践意义，梳理中外学者对高校共青团育人的研究论述及有关成果，从中发现目前高校共青团协同育人研究存在的空白点和研究的不足，在此基础上，确定本书的研究目标、研究内容和研究思路及创新之处和相关理论、政策依据。第一，全面梳理高校共青团协同育人的历史。全面回顾共青团在高校或高校共青团协同育人的历史，将其分为萌芽初探期、创建发展期、挫折徘徊期、恢复跨越期、改革创新期；从党的领导生命线地位、为党育人的根本任务、思想政治工作核心、适时进行改革创新等方面总结高校共青团协同育人经验；通过问卷调查、访谈等方法把握高校共青团协同育人现状，发现高校共青团协同育人存在的问题，并对其原因进行深入剖析。第二，研究高校共青团协同育人的理念遵循。明确马克思主义高等教育育人的理念追求和中国共产党高等教育育人的理念继承创新，以及高校共青团协同育人的理念守正创新。第三，建构高校共青团协同育人的内容供给体系。探索高校共青团协同育人的内容供给动力，厘清高校共青团协同育人的内容供给方式，明确高校共青团协同育人的内容供给策略。第四，明确高校共青团同其他组织系统之间的协同关系。以协同学和现代系统论为理论视角，在全面分析现代高等学校组织系统结构和高校共青团组织系统结构的基础上，探寻高校共青团组织系统与高校党组织系统和其他各子系统之间的协同关系和协同要素。第五，建构高校共青团协同育人的长效运行机制。以管理哲学为理论视角，探索构建管理机制、协调机制、激励机制、保障机制等"四维一体"的高校共青团协同育人长效运行机制，确保高校共青团协同育人的实效性、稳定性和可持续性。

四　研究的思路和方法

（一）研究的思路

以马克思主义教育理论和党的教育方针为指导，以马克思主义青年成长发展理论、高校共青团组织基础理论、协同学理论为依据，借助教育学、管理学、协同学等相关学科知识，从"为什么协同""协同什么""协同谁""怎样稳定协同"等问题出发，全面回顾高校共青团协同育人的历史，尝试将其分为萌芽初探期、创建发展期、挫折徘徊期、恢复跨越期、改革创新期等五个历史分期，全面总结高校共青团协同育人的实践经验；通过问卷调查、个案访谈等方法深刻把握高校共青团协同育人的现状，明晰高校共青团协同育人工作还存在的问题，并对以上主要问题存在的主要原因进行深入分析；探究马克思主义高等教育对人的全面发展育人理念的终极追求，中国共产党对马克思主义和中国传统高等教育育人理念的追求，提出高校共青团协同育人要把"立德树人"作为根本理念遵循，并做到固本守正和培元创新；探索高校共青团协同育人的内容供给问题；以协同学和现代系统论为理论视角，在全面分析现代高等学校组织系统结构基础上，全面剖析高校共青团组织系统结构，探寻高校共青团组织系统与高校关键组织系统和重要组织系统之间的协同关系和协同要素；从管理哲学视角，探索构建协同育人的长效运行机制。

（二）研究的方法

1. 文献检索法。本书将全面系统地梳理高校共青团协同育人的有关文献资料，结合本书研究的特殊背景、国内外研究现状、理论基础与概念辨析、发展历程与现实观照等，形成自己的研究创新观点和内容框架结构。

2. 理论与实践相结合的研究方法。从理论研究角度来看，即对马克思主义理论经典文献中关于马克思主义教育观、青年成才观、思想政治教育观、青年团组织等理论的研究，为本书的研究提供马克思主义理论支撑，同时通过对中国共产党有关高等教育和共青团有关方针政策的研究，为高校共青团开展协同育人提供政策依据。从实践的角度来看，即以马克思主义育人理论成果指导高校共青团实践育人工作，结合现实案例进行深入分析，得出一般性、普遍性和规律性结论。

3. 跨学科研究法。本书在研究过程中将充分借鉴和运用马克思主义理论、协同学、青年学、教育学、系统论、管理学等学科的相关理论和知识，明确高校共青团协同育人的价值理念遵循、内容要素体系、组织系统结构、长效机制建构等问题。

4. 定性与定量相结合研究法。定性研究也是质的研究，通过调查研究、访谈等方式，对搜集的材料进行归纳分析，得出高校共青团协同育人的一般性结论。定量研究即是通过对获得的数据进行分析，挖掘数据背后所反映的问题。通过定性研究和定量研究相结合的研究方法以考察当下高校共青团组织协同育人现实状况、存在问题及原因分析，找出一般性规律。

五　研究的创新之处

（一）研究视角的创新

共青团协助为党育人的地位长期以来得到学界的关注，但是高校共青团在全团协助为党育人过程中的战略地位却没有得到应有的重视。目前学界专门从高校共青团视角研究高校共青团协同育人问题还较为鲜见。本书从"协同"理论独特视域探索中国高校共青团育人问题，拓展了高校共青团育人新视角；并从理念遵循、内容选择、主体组织、机制建构等层面进一步回应高校共青团"为何协同""协同什么""协同谁""怎样稳定协同"等育人的协同问题。

（二）研究内容的创新

研究内容创新主要体现两个方面：一方面依据协同学理论"协同效应原理"，对高校共青团组织协同育人中端环节的内容要素进行建构，提出高校共青团协同育人既要在思想政治引领、道德品质锤炼、文化自信提升等方面固本守正，又要在改革组织结构、创新内容供给要素、创新制度机制等方面培元创新；另一方面依据协同学理论"序参量理论"，提出构建管理、协调、激励、保障"四维一体"的协同育人长效机制。

（三）研究方法的创新

高校共青团协同育人的相关研究以定性研究较多，将定性与定量相结合的方式还较为欠缺。本书将在抽样问卷调查和个案访谈的基础上，对高校共青团协同育人进行定性与定量系统分析研究；同时，将高校共青团协同育人研究置于马克思主义理论、教育学、管理学、社会学、心理学、组织行为学、政治学等学科的视野中进行整体观照，寻找到高校共青团协同育人在指导思想、研究方法、价值取向、科学范式等方面的特色优势。

六　理论依据和核心概念

（一）马克思主义青年成长理论

青年"是指处在青年期的人。他们一般处在 15—34 岁年龄阶段，身体发育完全成熟，心理迅速发展，世界观逐渐形成，完成学业并获得职业，开始迈入成人的早期生活"①，并开始承担社会责任的年龄阶段。马克思主义青年成长观是"无产阶级政党在领导青年运动的过程中，将马克思主义基本原理与青年工作实践相结合的产物"②，蕴含在马克思、恩格斯、列宁等革命导师，毛泽东、邓小平、江泽民、胡锦涛、习近平等党和国家领导人的一系列有关青年成长论述之中。

青年德智体美劳全面发展的理论。人的自由全面发展是马克思主义人学观的一个重要哲学命题，是马克思主义人的解放价值追求的出发点和落脚点。在马克思主义经典作家的论述中，青年的全面发展要将智力教育、体育教育和技术教育结合起来。列宁在领导俄国取得十月革命胜利以后，对苏联青少年的教育内容进行了系统设计，规定学校要开展"德育、智育、体育、美育和综合技术教育"③ 等几项必修内容。新中国

---

① 张耀灿总主编：《青年学概论》，中国人民大学出版社 2016 年版，第 18 页。
② 张耀灿总主编：《青年学概论》，中国人民大学出版社 2016 年版，第 26 页。
③ 黄志坚主编：《青年学》，中国青年出版社 1988 年版，第 75 页。

成立以来，党和国家历代领导人高度重视教育与生产劳动在促进青少年全面发展过程中的重要作用，提出要培养德智体美劳全面发展的高素质社会主义建设者和劳动者。

青年是人类的未来和希望。马克思主义者站在整个人类社会历史发展进程的宽广视角来看待青年的价值和地位。马克思、恩格斯从历史唯物主义视角出发，认为未来社会主义必然战胜资本主义，无产阶级必然战胜资产阶级，最终人类将进入共产主义社会。这是马克思、恩格斯的伟大革命事业的崇高理想。青年时代的马克思在面对未来的人生职业选择时遵循的是为"人类的幸福"[①]而奋斗的高远理想，并毕生实践这一崇高理想。共产主义的伟大革命事业需要一代一代青年接力奋斗。马克思主义者不仅用自身的行动践行着这一崇高理想，并真挚地寄希望于青年树立同样崇高理想，他们把青年视为伟大革命事业的希望所在。马克思指出："人类的未来，完全取决于正在成长的工人一代。"[②] 列宁说道："在我们革命政党中青年占优势，这难道不自然吗？我们是未来的党，而未来是属于青年的。"[③] 毛泽东1957年访问苏联期间，在莫斯科接见中国留学生、实习生时指出："世界是你们的，也是我们的，但是归根结底是你们的。"[④] 习近平指出："世界的未来属于年轻一代。全球青年有理想、有担当，人类就有希望。"[⑤] 纵观马克思主义的发展历史，马克思主义的开创者和继承者在看待青年的价值和地位的观念上是一脉相承的，都要求青年一代承担起推进历史前进的责任，为人类社会的进步贡献智慧，为共产主义的伟大事业努力奋斗。

青年工作要适合青年需要。从本质上来说，青年不仅是作为个体的发生、发展而存在，更是作为群体的发生、发展而存在。马克思主义者始终从具体的历史条件和社会关系中去考察青年一代的成长需要和开展青年一代的教育工作，并从青年成长发展的特点去考察青年一代成长发

---

① 《马克思恩格斯全集》（第一卷），人民出版社1995年版，第459页。
② 《马克思恩格斯全集》（第十六卷），人民出版社1964年版，第217页。
③ 《列宁全集》（第十四卷），人民出版社2017年版，第161页。
④ 《毛泽东同志论青年和青年工作》，中国青年出版社1960年版，第11页。
⑤ 习近平：《在联合国教科文组织第九届青年论坛开幕式上的贺词》，《人民日报》2015年10月27日第1版。

展的需要和开展青年一代的教育工作。这要求我们从两个层面对青年的成长发展需要进行考察。第一个方面，青年工作要适合青年个体发展需要。"马克思主义的社会主义，不是要缩减个人需要，而是要竭力扩大和发展个人需要。"① 毛泽东指出青年学生有学习、娱乐、体育、睡眠、结婚、恋爱等方面的具体需要。第二个方面，青年工作要着眼于社会进步和党的事业后继有人的需要。马克思主义重视青年的个性发展需要，是把青年个性发展需求纳入无产阶级革命事业后继有人和社会的全面进步进行整体来规划，追求的是青年个体发展与青年社会价值实现的有机统一。在阶级存在的社会，青年总不能孤立于阶级社会之外，总是要反映和服务于一定的阶级利益。马克思主义要求时代青年要服从和服务于无产阶级革命事业和全人类的解放事业。而青年大学生和青年团员又是整个青年群体力量中国最为活跃的力量，是包括无产阶级革命政党在内的任何政治力量都会大力争取的力量。无产阶级的革命事业需要大量年轻的、有科学文化知识、懂得国家社会管理、能够为人民群众的利益服务的高素质青年大学生和青年团员。列宁把青年大学生看成是未来革命事业的重要力量，认为整个革命事业将"取决于青年大学生，尤其是青年工人"②。中国特色社会主义进入新时代，青年大学生和青年团员要在中华民族伟大复兴的生动实践中坚定理想信念，努力学习好科学文化知识，提高服务人民的能力，把实现个人价值与创造社会价值统一起来。

应当把时代青年组织起来。在近现代社会资产阶级与无产阶级的阶级斗争历史中，资产阶级政党和无产阶级政党都认识到争取青年的重要性。与资产阶级政党不同的是，无产阶级政党不仅在于争取青年，也更加重视把青年组织起来，把青年力量凝聚起来。"青年只有组织起来才有力量，党的组织应当尽力协助青年实现其组织起来的愿望，把青年吸引到各种组织中来。"③ 伟大的无产阶级革命导师马克思、恩格斯虽然认识到年轻人的力量的重要性，尤其是年轻工人阶级的力量，但是还没有提出完整地、系统地把青年力量（尤其是青年中的大学生）组织起来的

---

① 《斯大林全集》（第十三卷），人民出版社 1956 年版，第 318 页。
② 《列宁全集》（第九卷），人民出版社 2017 年版，第 228 页。
③ 黄志坚主编：《青年学》，中国青年出版社 1988 年版，第 91 页。

理论主张。恩格斯晚年开始了对学生组织的关注。1893 年 12 月 19 日，恩格斯给国际社会主义者大学生代表大会写了一封贺信。在信中，恩格斯鼓励大学生学好医学、工程、化学、农艺及其他专门知识，将来能与工人阶级一起发挥作用。这次国际社会主义大学生代表大会的召开意味着青年大学生开始注重组织起来开展社会主义活动的重要性。真正认识到并着手把社会主义青年组织起来的是列宁及其领导的布尔什维克党。十月革命胜利的第二年，俄国召开工农青年团全俄第一次代表大会，正式成立了俄国共产主义青年团。布尔什维克党在俄国把进步青年成功组织起来了，为俄国革命的胜利和苏联社会主义建设奉献了青年力量。十月革命的胜利和苏联青年在革命、建设过程中所发挥的重要作用，使中国共产党深刻认识到要把青年的力量组织起来并发挥出来。中国共产党在建党之初就着手建立中国第一个社会主义青年组织——中国社会主义青年团。中国社会主义青年团成立后，注重在学校团结发展进步青年学生作为青年团员或青年党员，且在高校公开或秘密地成立党团组织领导下的学生联合会、学生社团等学生自治组织。中华人民共和国成立以后，随着高等教育事业的快速发展，团中央正式在高校设置共青团组织和大学生自治组织，高校共青团及其指导下的学生组织承担起了组织青年大学生的责任。

（二）高校共青团组织基础理论

"中国共产主义青年团是中国共产党领导的先进青年的群团组织，是广大青年在实践中学习中国特色社会主义和共产主义的学校，是中国共产党的助手和后备军。"[1] 共青团的这种本质规定性，深刻体现了它在中国社会政治生活中的独特地位和特殊职能。第一，高校共青团工作的历史定位。《团章》明确规定，共青团是党领导下的先进群团组织，是党的助手和后备军，是要协助党巩固党在青年群众中的执政基础。作为共青团重要组成部分的高校共青团必然是在高校党委领导下的青年大学

---

[1] 《中国共产主义青年团章程　中国共产主义青年团支部工作条例（试行）》，中国法制出版社 2019 年版，第 1 页。

生群团组织，是要服务于和服从于学校党政工作大局，充当好高校党组织和青年大学生沟通的桥梁和纽带。第二，高校共青团工作的特殊对象。"高校共青团工作对象——以大学生为主体的共青团员。"① 大学生是国家的宝贵财富和未来的希望。从五四运动到中华民族伟大复兴，一代代大学生在党的指导下和青年团的引领、教育、培养下，在中华民族从站起来、富起来到强起来的伟大飞跃中扮演了不可或缺的重要角色，承担起了光荣的使命责任。第三，高校共青团特殊的工作任务。高校共青团既是作为先进青年大学生的群团组织，但是又不同于一般的大学生群众组织，政治性是其灵魂；同时，高校共青团又作为高校组织结构系统中重要一环，又被赋予了其独特的任务，"为大学生获得深刻的知识而斗争是共青团组织的基本任务"②，做好大学生的思想政治引领是其核心任务。第四，高校共青团的四项基本职能。任何一个组织或机构的成立，都预先设定好了其独特的职能。中国共产主义青年团的职能是组织青年、引导青年、服务青年、维护青少年权益。高校共青团要紧紧围绕"凝聚青年、服务大局、当好桥梁、从严治团"四维工作格局，把培育"六有"大学生作为根本职责，充当好高校党政联系青年团员和青年大学生的桥梁纽带作用，引导青年团员和青年大学生积极参与高校的民主治校，通过高校共青团和学生自治组织代表和维护青年大学生的合法权益。

（三）协同学理论及其核心概念

什么是协同？在中国古代汉语中的意思是"同心合力；互相配合。"③《现代汉语词典》对"协同"的解释是"各方相互配合或甲方协助乙方做某事"④。在西方，协同学（Synergetics）同其他许多学科概念

---

① 黄晓波、刘海春主编：《新时期高校共青团工作概论》，人民出版社2010年版，第6页。

② ［苏联］亚果德金等：《苏联高等学校共青团的工作》，刘金绪、方钢译，中国青年出版社1955年版，第20页。

③ 夏征农、陈至立主编：《辞海（第六版　彩图本)》，上海辞书出版社2009年版，第2527页。

④ 中国社会科学院语言研究所词典编辑室编：《现代汉语词典》（第6版纪念版），商务印书馆2012年版。第1440页。

的来源一样，源于希腊文，意为"'协调合作之学'"①。是关于"一个系统的各个部分（子系统）协同工作"的科学。根据以上文献的经典释义，可以得出"协同"一词富有协助、协调、合作、配合的丰富含义。"协同学"作为一门新兴综合性学科是 20 世纪 70 年代初联邦德国理论物理学家哈肯（H. Haken）在研究激光理论基础上创立的。1977 年，哈肯出版《协同学导论》一书，标志着协同学理论构架的正式建立。②1986 年，哈肯在其出版的《协同学——大自然构成的奥秘》一书中论述了"协调合作之学，旨在发现结构赖以形成的普遍规律"③。20 世纪末，这一理论科学逐渐被运用到人文社会科学领域。

协同学主要研究由完全不同性质的大量子系统所构成的各种系统，这些子系统是通过怎样的合作才在宏观尺度上产生空间、时间或功能结构的，④ 以及系统中各子系统之间的相互竞争与相互合作、系统从无序向有序转变的演进规律、系统协作如何产生协同效应。协同效应原理是协同学一个重要原理，主要是指复杂系统通过内部不同子系统之间的协同作用，使得整体系统产生有序的运动。支配原理是协同学的第二个重要原理，主要指复杂系统通常受到序参量的影响，时间、空间向有序化方向转变。自组织原理是协同学的另一重要原理，主要是指系统结构在输入外部能量和物质的情况下，大量子系统发生协同作用，形成新的时空结构。一个系统在获得空间的、时间的或功能的结构过程中，在没有外界的特定物质流、信息流或能量流的干涉下，由系统内部自身组织起来的，即自组织。在自组织系统中，当其达到某一临界值时，系统中子系统便能克服独立运动而自发产生协同的现象，从无序状态转变为具有一定结构的有序状态，或从有序状态转变为新的有序状态。这一理论有助于系统考察高校共青团组织系统同高校其他系统之间的协作关系及其

① ［德］赫尔曼·哈肯：《协同学——大自然构成的奥秘》，凌复华译，上海译文出版社 2013 年版，第 5 页。

② Hermann Haken, *Synergetics-AnIntroduction*, Berlin, Heidelberg, New York：Springer Verlag, 1977.

③ ［德］赫尔曼·哈肯：《协同学——大自然构成的奥秘》，凌复华译，上海译文出版社 2013 年版，第 1 页。

④ ［德］哈肯：《高等协同学》，郭治安译，科学出版社 1989 年版，第 1 页。

发生作用的效能。

（四）高校共青团协同育人基本理论

协同育人理念的核心在于强调教育过程中的合作与协同，以实现学生全面而均衡地发展。这一理念认为，教育不仅仅是单一学科知识的传授，更是学生综合素质的培养，需要整合各方资源，形成教育合力，共同促进学生的全面发展；要求包括学校、家庭、社会以及学生自身等不同教育主体之间的协同合作。实施协同育人，可以打破传统教育模式的局限，实现教育资源的优化配置和高效利用。著名教育家陶行知先生说："教育是一个系统工程，需要全社会的共同努力。"高校共青团协同育人正是这一理念的生动实践。高校共青团作为连接学生与学校、家庭、社会的桥梁，具有独特的育人优势，通过整合各种资源，能为包括共青团员在内的大学生提供更广阔的发展平台，增强学生的社会责任感和创新能力。同时，高校共青团还可以与学科教学、学生管理等方面协同合作，共同构建全面育人的良好环境。协同育人是高校共青团发挥育人功能的重要方式，需要不断探索和创新协同育人的路径和模式，通过整合各方资源、形成教育合力、构建育人生态系统、建立评价和反馈机制等措施，促进学生的全面发展和社会适应能力的提升，以适应时代的发展和社会的需求。

第一章

高校共青团协同育人的历史与现状

中国共产主义青年团（建团之初，称为中国社会主义青年团，名称后几经改变，最终确定为中国共产主义青年团，以下除文献资料有特殊称谓外，其余地方统一使用"中国共产主义青年团"名称）自1922年5月5日正式成立以来，根据党在不同历史时期的伟大事业，在党的领导下独立自主地开展青年工作，为党和国家青年人才的培养作出了非凡业绩，确保了党的伟大事业薪火相传、后继有人。共青团为党和国家培养青年人才是从青年学生中开始的。高校共青团在青年学生中协同为党和国家培养、输送高质量人才方面，有着光荣的历史传统。我们要从历史与现实中总结高校共青团协同育人的宝贵经验。

一 高校共青团协同育人的历史回顾

高校共青团协同育人工作有着独特的历史，对其协同育人工作要做具体的分析。从1922年5月5日中国共产主义青年团成立到中华人民共和国成立这段时间，共青团在高校开展协同育人工作有两条战线：一条战线是在国统区或敌占区的高校，共青团没有公开在高校建立团的组织，而是间接开展工作，属于隐秘协同；一条战线是在革命根据地和解放区，公开在党创办的高校建立团组织，属于公开协同。中华人民共和国成立以后，随着我国社会主义高校的普遍建立，共青团组织在高校也得以普遍建立，在党的领导下开展协同育人工作。

（一）萌芽初探期

高校共青团协同党组织培养先进青年工作，在新民主主义革命时期经历了一个从萌芽初探到逐步成熟四个阶段的历程（1922—1949）。第一阶段：大革命时期，共青团在高校开展协同育人的初始活动。五四运动以后，党的创始人李大钊、陈独秀等人在筹备建立中国共产党早期组织的过程中已经考虑到把进步青年组织起来，为党培养后备力量的问题。此时，受共产国际、俄共（布）远东局指派来中国密商建立党组织的维经斯基向李大钊、陈独秀介绍了苏俄青年团，且"同参加过'五四运动'的部分青年学生会谈"①，建议"把各种革命学生团体组织起来，建立一个总的社会主义青年团……并引导他们到工人和士兵中间去做有效的革命工作"②。上海共产主义小组一经建立，立即委托小组内最年轻的成员俞秀松出面，于1920年8月22日在上海发起成立中国社会主义青年团。为了避人耳目，团的机关依托创办的"上海外国语学校"，当时"青年团是半公开的。党的许多活动都是以团的名义出现"③。协助党组织开展活动是早期团组织创办的初衷。党依托学校创办青年团组织并开展革命活动，成为早期青年团协同培育人才的重要方式和途径。加入早期青年团组织的青年大多为接受过高等教育或正在学校求学的知识青年。例如，1920年11月，在李大钊的直接领导下，北京大学学生会举行了青年团成立大会，邓中夏、罗章龙、刘仁静等40人左右参加了成立大会。上海青年团组织在1921年4月前后，分三批选送团员或外国语学社学生赴苏俄莫斯科学习，共计有30余人。这批赴俄学习的人员中有刘少奇、任弼时、罗亦农、肖劲光等。这些人后来成为革命中坚力量和党的重要领导人。④ 中

①　共青团中央青运史档案馆编，胡献忠主编：《中国共青团历次全国代表大会概览》，中国青年出版社2012年版，第1页。

②　中共中央党史研究室第一研究部译：《联共（布）、共产国际与中国国民革命运动（1920—1925）》，北京图书馆出版社1997年版，第33—34页。

③　施复亮：《中国社会主义青年团成立前后的一些情况》，人民出版社1980年版，第71—72页。

④　李玉琦：《中国青年运动主题曲——二十世纪中国共青团的历程》，文津出版社1999年版，第17页。

国社会主义青年团一大召开时，青年共产国际代表达林回忆当时情景说：“男人们穿着洁净的、刚刚熨平的长衫；妇女们，主要是大学生，穿着短裙”①。根据20世纪初中国社会的实际情况，最早接触并加入中国社会主义青年团组织，并有机会学习马克思列宁主义的，基本上为城市或从农村进入城市学习的大学生。中国社会主义青年团正式成立后，青年团一大通过的《中国社会主义青年团章程》明确规定：“各学校……有团员三人以上，即须组织小团体。”②中国社会主义青年团第三次全国代表大会通过的《中国共产主义青年团第二次修正章程》将“组织小团体”修改为“组织支部”。《团的章程》为青年团组织在学校开展活动明确了组织依据和具体要求，奠定了中国共产主义青年团组织通过学校协同育人组织基础。根据有关教育资料统计显示：1920—1927年北洋军阀时期，中国公立大学和私立大学共由10所增加到52所。③这一时期高等教育的发展为党积蓄青年大学生的力量和为党准备青年先锋力量准备了条件，也为社会主义青年团在高等学校和青年学生群体中扩大影响力提供了可能。中国社会主义青年团一大通过的《中国社会主义青年团纲领》规定“要为青年学生的利益而奋斗”，要“协同中国各种青年团体共同工作。协同各种青年团体反抗各种迷惑青年阻损青年思想进步之政治或宗教运动”④。北洋军阀时期，军阀对高等学校学生活动控制极其严厉，青年团无法公开在学校建立青年团组织，需要借助学生联合会组织开展工作。1922年5月10日，中国社会主义青年团一大通过的《中国社会主义青年团与中国各团体的关系之议决案》，要求在没有成立学生联合会或只有有名无实的学生联合会的地方，各学校的青年团同志应提倡组织学生联合会，或对学生会进行改组；对于设立学生联合会的平民学校、俱乐部、演讲团、新剧社等青年团体，青年团团员应加

---

① ［苏］C. A. 达林：《中国回忆录（1921—1927）》，侯均初等译，中国社会科学出版社1981年版，第94—95页。

② 共青团中央青运史档案馆编，胡献忠主编：《中国共青团历次全国代表大会概览》，中国青年出版社2012年版，第16页。

③ 郑登云：《中国高等教育史》（上），华东师范大学出版社1994年版，第4页。

④ 共青团中央青运史档案馆编，胡献忠主编：《中国共青团历次全国代表大会概览》，中国青年出版社2012年版，第9—10页。

入其中并宣传马克思列宁主义。中国社会主义青年团组织通过学生联合会和学生社团这个平台，发动青年团员广泛联系学生中的积极分子，宣传党的革命主张和马克思主义，既把马克思主义传播到了大学生群体中，又扩大了青年团组织在大学生中的影响力；影响并团结了一大批青年大学生，促进了青年学生运动的深入发展。初创时期的共青团非常注重学生运动，尤其是高等学校学生运动，积极组织引导他们进行反对帝国主义、反对军阀和反对基督教会的"非基督教"学生运动。1923年6月，贺易在《先驱》第23号发表的《第二次全国大会最重要的一个使命》一文中说道："这一年来同志们都热泼泼的跑到学生群众里去活动。"这有三层意涵：一是说明当时青年团成员中学生成分较多，对青年学生运动比较熟悉；二是青年学生相对比其他领域青年思想更为活跃，对党或团的活动比较热衷；三是青年团较重视学生运动，相对忽视了社会活动。第三种情况所反映的这一趋向为青年团领导机关所注意，并在后来的工作中得以扭转。总的来说，这一阶段，社会主义青年团主要是联合高校学生联合会、学生社团等先进青年自治组织，在高校联络吸收先进大学生骨干，在青年大学生中努力扩大组织的影响力，进行马列主义的宣传，"从一般的学生运动引导青年学生到反对军阀反对帝国主义的国民运动"①。这表明，社会主义青年团在高校的工作重心开始从宣传马克思主义、联络先进青年大学生转变为既要宣传马克思主义、讨论政治问题，又要把先进大学生的力量引导到反帝反封建军阀的革命运动路向。中国社会主义青年团第二次全国代表大会《关于中国共产党第三次大会报告决议案》明确规定：对于中国共产党第三次大会之决议（此决议即中国共产党三大通过的《对于青年运动决议案》），本团愿努力协同中国共产党诚实执行。对如何协同党在大学生群众中执行这一要求，中国社会主义青年团二大通过的《学生运动决议案》决定，要鼓励支持学生努力与其他革命团体协作，采取革命的手段，激烈要求解除压迫和改良政治，要通过办平民学校、

① 中共中央文献研究室、中央档案馆编：《建党以来重要文献选编（一九二一——一九四九）》第一册，中央文献出版社2011年版，第265页。

演讲团等形式参加到服务社会中来，使"中国的学生在国民革命的运动中居一位置"①。为了把决议精神贯彻落实到具体的学生运动中来，中国社会主义青年团二届二次扩大会议要求在学生会中设立团的小组，并须主持或督促国民党青年部，使之成为国民党学生运动的中心。中国社会主义青年团三大通过的《一般被压迫青年运动的决议案》进一步强调：要"在学生会中设立 C. Y. 团组……C. Y. 团组应引导学生会与各种困难奋斗，做教育与组织青年农工的工作"②。要求大学生青年团员和一般大学生深入工农群众，在高校学生会中设立团的小组，并注意以其影响共产党和国民党合作下的青年运动方向。一定意义上，这标志着共青团组织在高校协助党组织初步探索开展协同育人工作。随着全国革命运动形势的深入发展，在青年团组织的号召影响下，"到 1924 年 10 月上旬，全国青年团员总数 2500 多人，其中在校的学生又约占一半以上"③。北洋军阀时期的中国青年大学生，是一股积极的革命力量，他们接受新鲜事物的热情和能力最强，最希望变革腐朽不堪的旧式社会，并以实际行动投入到革命的行动中来。1924 年孙中山先生在中国共产党和苏联的帮助下，创办了"黄埔军校"。黄埔军校的创建，标志着中国人自己创立了具有革命性质的军事高等学府。到双方合作全面破裂之前，在青年团组织的号召下，先后有 500 多名青年团员到黄埔军校学习，其中相当多的一部分是从学生骨干中选派的党团员，他们秘密在黄埔军校设立党团组织，公开成立作为党的外围组织和团结革命军人的纽带的学生社团"火星社"，共建青年军人联合会，吸收了一批优秀学生加入党团组织。他们当中的许多人后来成了国民大革命的骨干力量，在北伐战争中发挥了重要作用；有的在共产党和国民党合作破裂后，跟随党在革命斗争中锻炼成为党和国家不可多得的军政人才，为革命事业的胜利作出了不可磨灭的贡献。高校共青团组织在党团组织的领导下，经过艰苦的探索和

---

① 共青团中央青运史档案馆编，胡献忠主编：《中国共青团历次全国代表大会概览》，中国青年出版社 2012 年版，第 44 页。

② 共青团中央青运史档案馆编，胡献忠主编：《中国共青团历次全国代表大会概览》，中国青年出版社 2012 年版，第 71 页。

③ 共青团中央青运史档案馆编，胡献忠主编：《中国共青团历次全国代表大会概览》，中国青年出版社 2012 年版，第 56 页。

努力，在大学生中积极传播马克思列宁主义，成功地实现了把青年大学生从自我解放运动和自觉爱国运动引导到推翻帝国主义和封建主义的民族解放和人民解放运动的伟大革命事业中来，完成了第一阶段在高校协同为党团结、吸引、凝聚、引导青年大学生力量的使命，协助党在大学生群体中培养了大量革命中坚力量。

第二阶段，土地革命时期，遭到重创的高校青年团继续奋勇前行。1927年，随着北伐战争的节节胜利，以蒋介石为首的国民党右派势力野心膨胀，公然掀起了背叛革命的反动行径，开始大肆逮捕、屠杀共产党员、共青团员。在上海，蒋介石加紧了对学生运动的控制，成立上海学生运动指导委员会，改组上海各校的学生会，查封由中共领导的上海学生联合会，宣布成立上海学生联合会。在武汉，汪精卫命令中华民国学生联合会总会停止活动，逮捕学总职员刘荣简、林隶夫。在广州，国民党右派"出动大批军队包围黄埔军校、逮捕军校中200多名共产党员和共青团员。萧楚女和中共广东区委学生运动委员会副书记毕磊也被国民党右派逮捕，被投入珠江杀害"①。随后，在江苏、安徽、浙江、福建、广西、北京等地，大批共青团员遭到逮捕、杀害。青年团在高等学校的组织和活动遭到建团以来最严重损失和挫折，一批青年大学生团员遭到杀害、一批青年大学生团员退出青年团。1927年4月27日至5月9日，中共五大在武汉召开会议，确定党在紧急时期的中心任务，会议提出了争取无产阶级对革命的领导权、建立革命民主政权和实行土地革命任务。在中共五大结束后的第二天，即1927年5月10日，中国共产主义青年团第四次全国代表大会在武昌高等师范学校召开，大会明确指出了共产主义青年团是无产阶级青年的革命组织，对过去两年青年学生参加革命工作的艰苦奋斗精神表示赞誉，同时也对时下学生运动作了具体分析，认为学生群众，因工农运动的发展和资产阶级的叛变，虽不免要影响一部分学生对革命发生动摇，但是在目前严重的革命局面下，大多数学生在客观上仍有迫切的革命要求，他们在革命中仍负有重大的使命，今后学生活动的主要方针是"到群众中去——到农村去！到

---

① 李玉琦主编：《中国共青团史稿》，中国青年出版社2010年版，第104页。

军队中去!"① 这次大会实际上为经受大革命失败和白色恐怖洗礼的青年大学生团员吹响了准备跟随党开展土地革命、武装反抗国民党反动派做了思想上和组织的动员。至此，在国民党控制区的学校青年团工作被迫秘密转入地下。1927 年 8 月 21 日，中共中央发布通告《今后学生运动方针决议案》（中央通告第六号）指出，要抛弃以前笼统的"统一学生运动"的口号，在学生本身利益一直到实现土地革命的政纲之下，致力于团结左派学生的运动，使左派学生群众在无产阶级影响下参加民权革命、土地革命中的各种紧急斗争，并分化右派影响下的学生群众，削弱敌人的力量；提出要切实领导学生继续进行反对帝国主义、封建军阀、国民党反动派的政治斗争；注重引导学生从争取本身利益的斗争转向政治斗争道路；注重从思想上指导左派学生，利用左派学生刊物同一切危害革命及阶级斗争的理论作斗争；要求保存学生会的秘密系统组织，发展左派学生青年团体组织；全国学生运动应由党与团共同负责指导，学总需要协同武汉市及湖北省学联在学生开学时的各种活动。在南昌起义、秋收起义、广州起义相继失利，以及学生逐渐表现其小资产阶级动摇心理，革命作用日益消沉的情况下，共青团中央要求："革命学生'到民间去'、'到工厂去'，指示他们的出路只有坚决的参加工农斗争。"② 在这一重大转变过程中，青年团组织活动"已经不能适应这一个新的形势，表现得特别落后，多拘束于团内的活动范围，缺乏团外的群众工作……团很少起组织与领导的作用……表现着步调的零乱与涣散无组织的状态"③，这种状态在青年团的学生工作中亦有所表现，加之1930 年 12 月 11 日之后，蒋介石以国民政府"行政院"令发表《告诫全国学生书》，谴责学生"败坏学风、发起学潮、破坏法纪"。自蒋介石此政令发出，国民党将全国高等学校置于国民党严厉的监控之下，高等学校学生活动处于国民政府的高压之下，青年团在高等学校的组织及其领

---

① 共青团中央青运史档案馆编，胡献忠主编：《中国共青团历次全国代表大会概览》，中国青年出版社 2012 年版，第 103 页。

② 中国新民主主义青年团中央委员会办公厅编：《中国青年运动历史资料（1926—1927）》，1958 年版，第 548 页。

③ 共青团中央青运史研究室、中央档案馆编：《中共中央青年运动文件选编（1921 年 7 月—1949 年 9 月）》，中国青年出版社 1988 年版，第 272 页。

导的学生运动遭到严重破坏，活动开展也举步维艰。国民党统治下的高校青年团和学生活动基本处于停滞、涣散、无组织状态，不少高校团员也与组织失去了联系，失去了斗争方向和依靠。党的六大以后，革命斗争的重心已经从城市转向农村，青年团的工作也跟随党把工作重心转向了农村革命根据地，青年团跟随党走向武装反抗国民党、农村包围城市的革命道路。这一时期，中国共产党在中央苏区革命根据地创建了红军大学、苏维埃大学、马克思共产主义大学、马克思主义研究会、高级列宁师范学校等高等教育机构。中央革命根据地高等教育起步之时，青年团在这里的工作还未能正常开展，工作比较滞后，这时党中央认为，红军发展将近七万人，还没有青年团的组织与工作，青年团应在短期间开始征调团员加以相当的训练，然后送到红军中工作，并着手建立团的小组；并确定团在红军中经常的工作。青年团根据党中央指示，从1933年9月开始，每三个月征调800名地方党团员到红校学习，全盛时期，学员人数达到6000人。后来，又在红军学校基础上成立红军大学，对学员进行政治教育、军事理论、文化学习培训。苏维埃大学是为革命根据地培养苏维埃建设各项高级干部的学校，学员都是年龄在16岁以上的曾在党政机关、群众团体工作半年以上或在边区参加过革命斗争，能看普通文件的工农分子。他们主要学习政治、文化和业务知识。苏维埃大学的创办为党培养了大批干部。马克思共产主义大学是中国共产党创办的最早的中央党校，"学员主要是由军队和地方各级党团组织选送，学员广泛系统地学习、研究和传播马克思主义，培养大批忠于党和革命事业的党政干部，以改造和加强党、团、政府和工会工作，使他们能适应革命战争和根据地建设的迫切需要"①。革命根据地的学校青年团组织很好地发挥了助手作用，协同党、红军、苏区政府在困难时期培养了大批党政军人才，发动了大批青少年团员利用各种有利条件在战胜敌人的"围剿"、开展土地革命、巩固苏维埃政权、参与根据地经济社会文化教育建设等方面做出了积极贡献；同时也为共青团组织自身培养了大批共青团骨干和青年干部，使共青团组织的力量得到充实和加强。

---

① 甘大模：《中央革命根据地的高等教育概述》，《赣南师范学院学报》1987年第2期。

1931年以后，国统区的青年团组织和其领导下的学生运动虽然遭到国民政府的打压、破坏，但是高等学校的学生爱国运动的火种并没有被扑灭，国统区高校爱国学生组织面对以日本为代表的帝国主义国家对中国的压迫、剥削和侵略，以及蒋介石政府的"攘外必先安内"的反动政策并没有无动于衷，他们在青年团的组织下奋起抗争。1931年9月18日，日本帝国主义发动了侵略中国东北三省的战争，面对国民党的退让妥协，各地的青年大学生十分愤怒。共产主义青年团从中华民族利益和青年根本利益出发，号召青年学生起来罢课，参加到反抗日本帝国主义侵略的行列中来。1931年9月21日，共青团中央发出《告全国青年书》，各高校青年学生迅速在青年团的组织下行动起来，发起了声势浩大的抗日救亡运动，大批青年大学生在青年团的组织下投身抗日部队、抗日先锋队等救国团体组织。1935年12月9日，为了反对国民党政府的卖国行为和镇压学生的爱国行动，北平高校大学生在共产党、青年团的组织领导下掀起了"一二·九"抗日爱国学生运动，并呼吁全国学生把自己的组织巩固起来。全国各地学生迅速行动，在团组织的号召、引领下，走向街头、走进工厂、走向农村，宣传抗日救国主张。在党团组织的推动下，1936年5月，中国学生救国代表大会召开，成立了中国学联，并加强了同其他国家青年学生团体的联系，其任务是"勇敢地领导着全国学生走向民族解放的征途"，要实现这一根本任务，方法策略是"把学生的爱国运动与工农兵的革命斗争，直接的密切的相联结，要吸引广大的学生去帮助工人和农民的斗争，吸引他们到工人中去，到农村去，到士兵中去，到游击战争中去，到民间去。学生运动的前途，必须要与国内广大民众运动相结合，才能坚持下去，并取得胜利"①。为了凝聚团结更多的爱国青年投入抗日反蒋介石的爱国运动中来，为了建立更广泛的青年团体的爱国统一战线，培养青年积极分子，引导青年走向革命道路，1936年11月，党中央决定把中国共产主义青年团改造成为"青年救国联合会"。改造后的青年救国联合会在高等教育层面团结了更

---

① 共青团中央青运史工作指导委员会、中国青少年研究中心、中央档案馆利用部编：《中国青年运动历史资料（1935—1937）》（第13册），中国青年出版社1996年版，第151—152页。

多大学生自组织爱国团体，扩大了自身的活动范围和覆盖面，一大批优秀骨干大学生团结在党的抗日民族统一战线旗帜下，为党的抗战事业积聚了大批优秀人才。

第三阶段，抗日战争时期，高校青年自组织积极参与挽救民族危亡斗争。1937 年 7 月 7 日，日本发动全面侵华战争，中华民族和中国人民遭遇前所未有的深重劫难，中国的高等教育也遭到前所未有的破坏。1937 年 7 月 7 日至 1938 年 8 月一年的时间里，"国民党统治区的 108 所高校 91 所遭受日本侵略者破坏，其中全部受敌人破坏者计 10 校"①。日本帝国主义法西斯军队为了摧毁中华文化和中国高等教育事业，对中国的高等教育机构狂轰滥炸。一些城市高校不得不迁移至西南或西北边远落后地区，以避免被日寇完全毁灭。据资料统计，在抗日战争初期，在日本帝国主义的摧残下，中国高等教育在校人数大量下降，但是随着抗日战争进入相持阶段和一些高校内迁基本结束，高等教育在校人数由 1937 年的 31188 人增加到 1945 年的 83498 人。② 在抗日根据地，为着抗日救国事业的需要，中国共产党在苏区创建革命大学的经验基础上，继续创建了一批产生深远影响的高等教育机构。这一时期，中国共产党创办高等教育的主要任务是培养大批抗日干部，这是"各抗日根据地发展高等教育的总方针"。延安作为抗日救国斗争的大后方和中共中央的中枢所在，集中了大多高等教育机构，有中央党校、中国人民抗日军事政治大学、陕北公学、马列学院、鲁迅艺术学院、中国女子大学、自然科学院、医科大学、延安大学等十几所高等教育机构；在其他抗日革命根据地创办了抗战建国学院、太行抗战建国学院、华中党校、华东建设大学、苏北工学、江淮大学等 12 所高等教育机构。抗战期间，国统区高等教育学生人数的增加客观上为中国共产党争取更多的优秀青年大学生人才创造了条件。这些高等教育机构的学员除了一部分是从军队和当地选拔的骨干、党团员外，相当一部分是从全国各地怀揣抗日救国热情和崇高革命理想而奔赴延安的大学生和部分中学生。抗日战争全面爆发

---

① 郑登云编著：《中国高等教育史（上）》，华东师范大学出版社 1994 年版，第 246 页。

② 郑登云编著：《中国高等教育史（上）》，华东师范大学出版社 1994 年版，第 254 页。

后，这些在国民党统治区和抗日民主革命根据地接受高等教育的学生，他们当中的一些人具有强烈爱国情怀和救国志向，他们在学习科学文化知识同时，最重要的一项使命就是响应中国共产党和中央青委的号召，动员、联系、团结更多的大学生投入到抗日救国的行列。七七事变后，北京、天津等地大量大学生冒着生命危险到前线慰劳抗日战士，组成军事训练团，英勇抵抗日军；上海的爱国学生，组织战时服务团、建立起红十字会医院，参与抢救伤员、慰劳募捐等活动。抗日根据地的大学生接受训练后，积极参加抗日武装、创建抗日根据地、开展抗日游击战斗；他们深入农村，带领青年参加根据地的政治、经济、文化建设，成为党发展和建设敌后抗日根据地的得力助手。从 1936 年 11 月党中央将中国共产主义青年团改造为中国青年救国联合会到 1945 年抗日战争的胜利，中国青年救国联合会积极维护抗日民族统一战线、团结一切先进青年抗日救国团体和青年抗日救国自组织，成功把大学生的自发救亡运动引导为自觉的民族抗日救亡运动，为党团组织在大学生群体中培养大批高级人才方面作出了不可磨灭的贡献。广大青年大学生在抗日救亡运动中作出了牺牲，且在血与火的抗争中得到了磨炼，升华了爱国情感。中国共产主义青年团根据中华民族主要矛盾的变化和中国共产党的方针政策，及时调整青年团在高校大学生群体中的工作方法，把大批先进青年学生引导到党的斗争方向上来，为最终取得抗日战争的胜利作出了奉献，自身也积累了在高等教育领域协同为党育人的宝贵的斗争实践经验。

第四阶段，解放战争时期，着手恢复重建学校青年团。1945 年 8 月 15 日，日本帝国主义宣告无条件投降，中国人民经过十四年的艰苦抗战，终于取得了决定性胜利。全国人民，尤其是经历过血与火淬炼的中国青年整体思想政治觉悟和组织程度得到了极大提高，但是原有的青年救国会组织因原有成员成分极其复杂，再加上抗战的结束，青年群体出现了"一些难以适应形势和任务要求的问题……呈现一种涣散和自流状态"[1]。为了把这些积极要求进步的青年组织起来、凝聚起来，继续发挥他们为

---

[1] 李玉琦主编：《中国共青团史稿》，中国青年出版社 2010 年版，第 178 页。

党和人民的解放事业努力奋斗的积极作用，1946 年 9 月，任弼时提出："把青年积极分子组织起来，成立一个青年团。……把团建立起来，对目前的解放战争有好处。可以在非战争区的农村、学校、工厂开始建团。"① 党中央根据任弼时两次提议建立青年团讲话精神和解放战争时期特殊任务，在陕甘宁边区首先试点重建青年团。学校成为首先试点建设青年团支部的机构。延安的行知中学作为青年团试点的第一所学校，首先由学生积极分子组成学习小组、互助小组、党章学习小组，然后在此基础上形成统一的组织。到 1946 年底，行知中学全面试建成第一批青年团基层组织。鉴于行知中学试点重建基层团组织的成功经验，中共中央决定在解放区扩大试建青年团范围，随后各解放区在《中共中央关于建立民主青年团的提议》文件精神的指导下，山东解放区开始试建青年团，且大学也开始试建青年团组织。1947 年底，山东大学开展了建团工作。晋绥解放区、晋察冀和晋冀鲁豫解放区、东北解放区的大中专学校根据指示，也开始了青年团的试建工作。随着在各解放区大中小学试建青年团组织的成功，国统区大中专学校的青年团组织的重建工作亦随之秘密进行。到 1948 年底，团组织相继在西北大学、西北工学院、西北农学院、西安商专、师专、医专等学校秘密发展了团员，并建立了团的地下组织。青年团组织的试建，把大量思想政治觉悟高，积极要求进步的青少年组织起来了，发挥了他们在推进解放战争进入战略反攻、解放区土地改革、解放区经济社会建设、国统区青年组织等方面的重要助手作用。1948 年 9 月 8 日，中共中央在西柏坡召开的政治局扩大会议，作出了成立全国青年联合会和正式建立新民主主义青年团的决定，并且决定成立中央团校。中央团校的成立，为在全国范围内普遍建立青年团组织做了充分的思想准备、组织准备和干部准备。1949 年 1 月 1 日，中共中央发布的《关于建立新民主主义青年团的决议》，明确规定了青年团的名称为"中国新民主主义青年团"。全国范围内新民主主义青年团的建立，是在全国解放指日可待的大背景下提出的，也是为了更好地适应各城市青年运动，发挥团员青年在协同解放军进行宣传、教育和动员更

---

① 任弼时：《任弼时选集》，人民出版社 1987 年版，第 403—405 页。

多的青年群众在支援解放军、接管工作、肃清反动势力等方面的积极作用。1949年4月11—18日，中国新民主主义青年团第一次全国代表大会在刚刚解放的北平举行，朱德同志提出要在学校普遍建立青年团。任弼时提出要在各大学、中学和专门学校有步骤、有计划地去建立团的组织，开展团的工作，大力发挥新民主主义青年团得力助手的作用，培养出千千万万有高度政治觉悟又有坚强的实际工作能力的优秀的革命后备军。冯文彬在大会上强调，人民民主政府举办的学校，是要培养具有革命思想和专门知识的各种建设人才。在私立学校中，特别是教会学校中，青年团应协助政府帮助同学来争取新民主主义教育方针的实现，应帮助同学提出正确的适当的学习要求，实现同学们在学习与生活上的基本权利。在已经得到解放的城市学校中，青年团应首先协助教育机关和学校行政有步骤地和有计划地开展思想改造、学习改造运动，和广大同学在一起进行反对帝国主义与反革命特务分子的破坏活动，使学校成为实施新民主主义教育方针的人民的学校。中国新民主主义青年团成立大会明确了学校领域青年团协同党实施新民主主义教育方针，培养大批有科学知识和技能的革命知识青年人才，并把他们引导到参加新民主主义革命和社会主义革命事业上来的使命任务。

新民主主义革命时期，中国共产主义青年团从上海外国语学社青年学生自组织成立开始，在国民大革命、土地革命、抗日战争、解放战争期间，通过组织领导高等学校进步的学生联合会、学生社团、青年大学生救国团体等学生自治组织，团结了大批爱国进步青年大学生，充分发挥了他们反对帝国主义、反对封建主义、反对军阀统治、反对国民党的独裁专制、反抗日本帝国主义侵略的先锋力量作用。共青团协同党在高等教育机构中把大批先进爱国进步青年大学生组织起来了、凝聚起来了，带领他们在血与火的斗争中得到锻造、历练、成长，把他们培养成为党和人民进行伟大革命事业的后备力量。历史与实践证明，新民主主义革命时期共青团组织在高校对协同育人工作的萌芽初探为中华人民共和国成立后普遍建立高校青年团组织，更好地发挥协同育人工作奠定了坚实的基础。

（二）创建发展期

1949 年 10 月 1 日，中华人民共和国的成立标志着在中国共产党的带领下，勇敢的中国人民经过浴血奋战、百折不挠，取得了新民主主义革命的伟大胜利，中国人民从此站立起来了。中国人民开始在中国共产党的坚强领导下开启了社会主义革命和建设的伟大事业。中国共产主义青年团作为党的助手和后备力量，将协助党号召、组织、团结一切先进青年为建设新中国而奋斗。中华人民共和国成立前后，随着新民主主义革命的胜利，中国高等教育事业也即将进入全面创建时期。青年团组织在高校协同培养后备力量的所有工作也由半公开或秘密状态转向全面公开。高校共青团协同育人工作也进入到全面创建发展时期。这一时期从 1949—1966 年。这一时期又可分为两个阶段。

第一阶段，高等教育全面改造和高校共青团组织全面创建。1949 年中华人民共和国成立前夕，中国高等教育发展极不均衡。以国统区高等教育为例，"高等教育规模小……同国民经济的恢复和国家建设的需要差距很大"①。1949 年 9 月 29 日，中国人民政治协商会议通过的《中国人民政治协商会议共同纲领》，提出要加强中等和高等教育，以适应革命工作和国家建设工作的广泛需要。1950 年 6 月 1 日，第一次全国高等教育会议讨论了改造高等教育的方针和新中国高等教育的建设方向，提出新中国高等教育要培养具有高度文化水平的、掌握现代科学和技术成就的、全心全意为人民服务的、高级的国家建设人才。

党对新中国初期高等教育的改造、整顿和调整、完善，为高等教育实现从新民主主义高等教育向社会主义高等教育转变创造了条件，也为青年团在全国范围内的高校成立共青团组织创造了条件。1949 年 4 月 11 日，中国新民主主义青年团第一次全国代表大会确定了"学习，培养青年一代"是青年团的基本任务。新民主主义青年团也作出决议，要求各

---

① 余立编著：《中国高等教育史（下）》，华东师范大学出版社 1994 年版，第 4 页。

级团的组织，引导团员和广大青年围绕在共产党的周围，积极地参加"三反""五反"、增产节约、思想改造等伟大的群众运动，更好地发挥党的积极的忠实的助手作用。胡耀邦在新民主主义青年团一届三中全会上作《在毛主席的亲切教导下把青年工作更加推向前进》的报告指出，努力学习和带领群众学习是青年的一个特别突出的任务，"关于青年团如何协助党教育好整个青年一代的问题，乃是青年团测验自己工作的标志"①。如何协助党把青年大学生的学习搞好，这是包括高校青年团组织在内的共青团组织需要认真思考的重要问题。1953 年 6 月 23 日，中国新民主主义青年团第二次全国代表大会确定了青年团要动员全体青年团员和广大青年为逐步实现国家工业化和逐步地过渡到社会主义而奋斗。胡耀邦在《团结全国青年在建设祖国的伟大行列中奋勇前进》的报告中，要求学校青年团"要协助党和政府做好学校工作，以培养广大同学成为德才兼备、体魄健全的建设人才"②。1953 年 6 月 30 日，团中央通过的《中国新民主主义青年团团章》对学校青年团组织建设做出了具体要求：凡有团员三人以上的学校，需要成立团的基层组织；三人以上，百人以下的学校，要成立团的支部；百人以上，三百人以下的学校，要成立团的总支部；超过三百人的学校，要成立团的委员会。《中国新民主主义青年团团章》对包括高等教育机构在内的学校团的基层组织建设做出的明确规定，为高等教育领域青年团组织的建设、完善提供了明确的法理和政策依据，为高校青年团开展协同育人工作提供了组织保证。毛泽东在接见中国新民主主义青年团第二次全国代表大会主席团谈话时指出："青年团在党的领导下……在学校把学习搞好……应当按照青年的特点，作出适当的规定。"③ 在毛泽东的指示下，高校青年团积极组织大学生努力学习马克思主义，帮助大学生提高共产主义觉悟，发扬爱国主义精神和国际主义精神，积极学习科学技术文化知识，走出学校，穿

---

① 中央团校青年团工作教研室编印：《中国青年运动历史文件选编》，1979 年版，第156 页。

② 共青团中央青运史档案馆编，胡献忠主编：《中国共青团历次全国代表大会概览》，中国青年出版社 2012 年版，第 252 页。

③ 《毛泽东文集》（第六卷），人民出版社 1999 年版，第 276—280 页。

上工农阶级服装，发出"把青春献给祖国""争取到最艰苦最需要的地方去"的响亮口号，组织垦荒队、参加植树造林、开展扫盲活动、向科学进军等各种实践活动，投身各领域的建设工作，为"三大改造"总任务的完成做出了积极贡献。

高校青年团组织根据青年学生的特点，在协助党胜利完成社会主义革命的过程中，组织全体大学生努力学习、参与建设、进行斗争等方面贡献了力量、做出了奉献。青年团的工作已在青年大学生群体中扎下了根，产生了影响力，成为引领青年大学生的突击力量。

第二阶段，高校青年团组织在参加社会主义建设实践中发展。1956年底，三大改造的基本完成，标志着我国新的经济制度的确立和全面建设社会主义事业的开始。大规模的社会主义建设，各行各业需要大量建设人才。高校共青团组织作为党的助手，在忠实履行协同高校党政培养人才方面做了很多有益的工作，主要表现在：帮助学生树立为社会主义而奋斗的政治方向，向广大学生进行革命人生观和社会主义前途的教育、集体主义教育、劳动教育和共产主义道德品质的教育；注意发展青年大学生的个性特长和坚毅勇敢的意志性格，并把课堂教学和实际生活教育、全面发展和发挥专长、集体主义和发展个性、国家需要和个人意愿、纪律和自由、民主和领导、独立思考和虚心学习进行有效结合，帮助大学生提高思想觉悟，加强和改进学校团组织和社会工作，加强团员的教育，发挥学校团组织的堡垒作用。① 时任团中央书记的胡耀邦强调，要把大学生的思想工作、生产工作、文化技术学习工作结合起来。他认为，"如果只抓思想，而放松了发动青年去搞生产，思想工作就会显得空洞无力"②。如何把这两者有效结合起来，共青团中央进行了深入探讨。团中央指出："党的领导是团的生命线，共青团组织必须具有鲜明的党性，"③ 要克服"在有些工作中，缺乏和有关部门密切协作的精神，

---

① 中央团校青年团工作教研室编印：《中国青年运动历史文件选编》，1979 年版，第239—243 页。

② 中央团校青年团工作教研室编印：《中国青年运动历史文件选编》，1979 年版，第253 页。

③ 中央团校青年团工作教研室编印：《中国青年运动历史文件选编》，1979 年版，第301 页。

过分热衷于把青年单独组织起来发挥作用"① 的问题。因此，高校共青团组织必须把接受高校党组织的领导作为"生命线"，把密切联系青年团员和青年大学生、加强同高校党委、管理、教务等部门的密切协作作为工作重心，组织好、带领好青年团员和青年大学生，尤其要贯彻好大学生的教育与生产劳动相结合的方针。《关于中国共产主义青年团章程（草案）的报告》指出："只有劳动青年才能加入中国共产主义青年团，强调了青年团要在广大青年中进行劳动教育，教育青年热爱劳动，尊重劳动人民，积极参加工业、农业的生产和各项建设事业，努力学习建设祖国的劳动技能和文化、科学知识。"从共青团的三届三中全会后，高校共青团协助党，协同教务、管理等部门加强青年学生的思想政治工作，开展学习马列主义经典著作、毛泽东著作、学习雷锋作为重要任务，以增强青年大学生的共产主义思想政治觉悟；组织青年大学生进行劳动教育，鼓励青年大学生投入增产节约运动之中，掌握生产劳动技能，以期他们毕业后能很快走上工业、农业、科技等各领域的工作岗位，为实现社会主义建设更全面的跃进而奋斗。从1962—1966年，共青团 "协助党和政府组织动员城镇知识青年上山下乡，全国城镇知识青年下乡的有129万人"②。他们奋斗在祖国最需要和最艰苦的工作岗位。对于共青团来说，如何鞭策、激励青年按照党的要求继续奋斗呢？ "就是在毛泽东思想的指导下，坚持把革命教育和革命实践结合起来，发动广大青年在参加阶级斗争、生产斗争和科学实验三大革命运动中发挥作用，锻炼成长。"③ 参加阶级斗争、生产斗争和科学实验是高校共青团的三大实践工作。按照共青团九大确定的共青团的总任务和总要求，高校共青团组织引导青年大学生积极投入阶级斗争、参加社会主义教育运动，协同各部门有步骤地建立青年大学生学习和文娱活动阵地，培养青年大学生高尚的革命情操，提高青年大学生的阶级觉悟，教育学生学会

---

① 中央团校青年团工作教研室编印：《中国青年运动历史文件选编》，1979年版，第305页。

② 共青团中央青运史档案馆编，胡献忠主编：《中国共青团历次全国代表大会概览》，中国青年出版社2012年版，第340页。

③ 共青团中央青运史档案馆编，胡献忠主编：《中国共青团历次全国代表大会概览》，中国青年出版社2012年版，第350页。

正确处理国家、集体和个人之间的矛盾；鼓励青年大学生积极参加生产斗争，热爱平凡的劳动，在比学赶帮超中积极参加技术革命，参加农业劳动、工业生产，努力成为又红又专和德智体全面发展的有社会主义觉悟的、有文化的劳动者。

高校共青团组织在党的领导下，根据党在社会主义建设初期的总路线和总任务，加强大学生思想政治教育，提升大学生共产主义思想道德情操；组织青年大学生积极学习科学文化知识，促进了大学生成为全面发展的人才；组织青年团员和大学生投入工农业生产劳动斗争，增强了青年团员和大学生的劳动技能；积极组织青年团员和大学生开展科技创造和科学实验，协助党和国家培养了一批科技人才。总之，高校青年团这一阶段通过团结带领青年大学生为四个现代化建设作出了努力，取得了一定成绩；但同时也认真总结了在反右斗争扩大化、"大跃进""四清"运动等过程中的错误，为共青团在高校领域协同育人工作积累了正反两方面的经验教训。

（三）挫折徘徊期

从 1966 年 5 月到 1978 年 10 月，这是中国社会主义建设时期的一个特殊的历史阶段。这一阶段我国经历了十年"文化大革命"及两年徘徊期。这十二年，国家的高等教育事业和高校共青团协同育人工作遭受了损失，遭遇了挫折。

"四人帮"被粉碎，标志着长达十年的"文化大革命"的结束，国家高等教育面临拨乱反正的艰巨任务。但是由于"两个凡是"的错误思想路线一定范围内仍然存在，使得高等教育和共青团的恢复整顿工作遇到重重阻力，高等教育恢复和共青团组织恢复工作进入两年徘徊期，人才培养工作同样陷入徘徊阶段。为了打开工作局面，转变人们的思想禁锢，邓小平同志提出要实现四个现代化，就要破除"两个凡是"的思想禁锢。1978 年 5 月 4 日，中共中央发出《关于召开中国共产主义青年团第十次全国代表大会的通知》，强调共青团是党团结教育青年一代的核心，要求共青团抓紧整顿工作。随后，共青团中央机关恢复、《中国青年报》杂志复刊、中央团校恢复、《中国青年报》复刊。1978 年 10 月

16—26 日，中国共产主义青年团第十次全国代表大会正式召开。李先念在给共青团十大致辞时指出，在新的历史条件下，在新长征的道路上，共青团应该加倍努力，充分发挥党的助手作用，为党和人民立新功，为党培养出一支又红又专的生力军，做出自己的新贡献。韩英在共青团十大上作《为伟大的新长征贡献青春》的报告指出："共青团要特别关心和加强大中学校的工作，协助党培养更多的德智体全面发展的人才。"①李先念的致辞和韩英同志的讲话，为整顿恢复后的共青团组织指明了奋斗的重点方向，就是要求高校共青团组织在高校做好党的助手，协同培养系统掌握科学技术文化知识、德智体全面发展的大学生团员和青年大学生人才，这也标志着高校共青团协同育人工作即将开启新的篇章。

（四）恢复跨越期

党的十一届三中全会的召开是党和国家历史上具有深远意义的伟大事件。十一届三中全会结束后，党立即在思想、政治、经济、教育等领域全面拨乱反正。我国的高等教育经过"调整、改革、整顿、提高"得到恢复，并在 21 世纪实现跨越发展。高校共青团也在指导思想上拨乱反正，把工作重心转移到大学生的思想政治工作、带领大学生努力学习科学文化知识、关心大学生的成长发展、维护大学生合法权益和加强共青团自身的建设上来。高校共青团协同育人工作进入新的历史阶段，也即改革开放和社会主义现代化建设新时期（1978—2012）。

1977 年，中断十多年的高校招生制度得以恢复。这标志着我国高等教育开始获得恢复，并迅速进入一个快速发展时期。1978 年 4 月 22 日，邓小平在全国教育工作会议上指出："粉碎'四人帮'以来，特别是改革高等学校招生制度和批判'两个估计'之后，教育战线出现了许多新气象"，"应该使受教者在德育、智育、体育几个方面都得到发展，成为有社会主义觉悟的有文化的劳动者"。②邓小平的讲话为改革开放时期我

---

① 共青团中央青运史档案馆编，胡献忠主编：《中国共青团历次全国代表大会概览》，中国青年出版社 2012 年版，第 399 页。

② 上海市高等教育局研究室等编：《中华人民共和国建国以来高等教育重要文献选编》（下），上海市高等教育局研究室 1978 年，第 434—440 页。

国高等教育人才培养方向、培养目标、培养内容，以及高等教育的发展指明了方向。1985 年，中共中央出台的《中共中央关于教育体制改革的决定》，提出高校要面向现代化、面向世界、面向未来，培养大量有理想、有道德、有文化、有纪律，热爱社会主义祖国和社会主义事业，具有为国家富强和人民富裕而艰苦奋斗的献身精神的人才。1999 年 1 月 1日，正式实施的《中华人民共和国高等教育法》指出，高等教育必须贯彻国家的教育方针，为社会主义现代化建设服务，与生产劳动相结合，使受教育者成为德、智、体等方面全面发展的社会主义事业的建设者和接班人。《中华人民共和国高等教育法》的颁布与实施，为新世纪中国高等教育的发展方向和人才培养从法律层面得以保证。1999 年国务院批转的《面向 21 世纪教育振兴行动计划》，提出继续加强爱国主义、集体主义、社会主义理想教育，遵纪守法和社会公德教育，进行中华民族优秀传统和革命传统教育，实施劳动技能教育以及心理健康教育，培养学生具有良好的道德、健康的心理和高尚的情操；要加强体育和美育工作，要加强高等学校党的建设和思想政治工作，把高等学校建设成为社会主义精神文明建设的重要阵地。到 20 世纪末 21 世纪初，我国高等教育事业在改革春风的吹拂下，在党的一系列政策和措施的推动下，克服了前进道路上的一系列困难与挑战，迎来了跨越发展的春天，实现了从精英化到精英化和大众化共同发展，再到大众化发展的根本转变。

高等教育的新变化新要求新发展，给高校共青团的工作也提出了新的要求。从 1977 年恢复高考招生制度到 2012 年党的十八大召开，我国高等教育从极度落后状态发展到高等教育规模达到世界首位，体现的是中国高等教育坚持马克思主义教育理论的指导，坚持社会主义办学方向和党的教育方针，结合中国具体实际，立足"三个面向"，实现了培养德智体美全面发展、为社会主义现代化建设培养合格建设者和接班人的"四有新人"的合规律性和目的性的统一，为四个现代化建设和全面建设小康社会培养了大批优秀人才。

在这个波澜壮阔的历史进程中，高校共青团组织始终与高校党组织、教务管理部门、学生管理部门等组织同向同行，协同整合各种资源和力量，积极发挥自身优势，在不同的历史阶段协助党在大学生群体中广泛开展思想政治教育、道德教育、心理健康教育、传统文化和革命文化教育、科技知识教育、社会实践等各种适合青年大学生成长特点和需要的特色工作和活动，团结凝聚培养了大批值得党信赖的优秀人才。他们毕业后奔赴祖国各地、基层一线、边远地区，奉献青春热血，为祖国实现从站起来到富起来的伟大飞跃奉献了青春和才智。从党的十一届三中全会的召开到 80 年代末期，党和国家的工作重心从"以阶级斗争为纲"转到"以经济建设为中心"的行动实践，大大加强我国经济实力和物质基础，其中人才培养是关键。高校共青团作为党的助手和后备力量，有义务和责任在高校领域发挥自身优势，协同高校党委和行政部门联系青年大学生、团结青年大学生、组织青年大学生、教育青年大学生，把青年大学生培养成为党和国家需要的高素质人才。为更好地适应高等学校为社会主义现代化建设事业培养又红又专的高素质人才的需要，共青团中央、中共国家教育委员会党组颁布的《关于加强高等学校共青团建设的意见》指出，高校共青团组织的主要工作对象是学生，任务是从共青团的性质和青年学生的特点出发，根据党和国家的教育方针，配合学校党组织和行政，围绕学校中心工作，积极开展思想政治教育工作，协助学校维护稳定局势，组织学生参加社会实践，营造良好校风学风，指导学生自治组织参加学校民主管理，加强高校共青团组织自身建设等。[①] 1993 年 5 月 3 日，胡锦涛同志受中共中央委托在共青团第十三次全国代表大会上发表祝词，对改革开放十五年来共青团带领亿万青年为改革开放和现代化建设作出的积极贡献，带领广大青年在实践中经受锻炼和考验，培养一代青年成长为"四有"新人的工作成绩高度肯定；提出实现中华民族的振兴，实现邓小平同志提出的"三步走"的宏图伟业，需要青年一代创造和奉献，需要青年一代觉悟和奋斗。李克强在中国共产主义青年团第十三次全国代表大会上作《高举建设有中国特色社会主义的伟大旗帜，团结带领各族青年为加快改革开放和现代化建设而奋斗》的报告，强调共青团"要在邓小平同志建设有中

---

① 教育部思想政治工作司组编：《加强和改进大学生思想政治教育重要文献选编：1978—2014》，知识产权出版社 2015 年版，第 109—112 页。

国特色社会主义理论和党的基本路线指引下，教育青年，带领青年，服务青年，在改革开放和现代化建设事业中，再度谱写建功育人的宏伟篇章"①。贯彻落实共青团第十三次全国代表大会精神，高校共青团组织努力改进思想政治工作方式方法，积极帮助大学生全面提升思想道德素质，为青年大学生在学习教育、婚姻恋爱、劳动就业、文化生活、科技创新、社会实践等方面提供具体的指导和服务；发挥沟通桥梁和纽带作用，引导大学生积极参加民主监督和民主法制建设，代表和维护青年大学生的合法权益，在协助高校培养德智体美全面发展的跨世纪一代青年力量方面做出了重要业绩。其中，高校共青团领域实施的"大学生跨世纪素质发展计划"为党和国家全面提高大学生素质、促进大学生全面发展开辟了新的路径，符合党和国家跨世纪人才发展战略，抓住了高校共青团工作根本，使高校共青团工作更加与高校党政协调一致，拓宽了高校共青团工作领域，增强了高校共青团协同育人工作的活力。1998 年 6 月 19 日，周强代表中国共产主义青年团第十三届中央委员会在中国共产主义青年团十四次全国大会上作报告时，高度肯定了自共青团十三大以来包括大学生在内的跨世纪青年"在实施科教兴国战略中，努力学习新知识，掌握新技能，攀登新高峰，立志成为现代化建设需要的有用之才。……青年学生……紧跟时代的步伐，脚踏实地，奋发进取，为改革、发展、稳定贡献智慧和力量，发挥了现代化建设生力军的作用"②。共青团十四大结束后，高校共青团组织树立科学的协同育人观念，把带领跨世纪青年大学生学习邓小平理论作为重点工作，希望跨世纪大学生用邓小平理论构筑自己的精神支柱，不断提高自身的思想政治理论素质和共产主义思想觉悟；细致把握大学生的心理特点、特殊利益和要求，以及价值取向，探索把握青年大学生的科学方法，围绕学生成长成才服务；不断加强高校共青团自身的组织建设，发挥高校共青团组织在高校培育"四有"新人、搞好高校领域的精神文明建设大局中的重要职能，

① 共青团十三大报告起草组编：《共青团十三大报告学习辅导》，北京工业大学出版社1993 年版，第 18 页。

② 共青团中央办公厅编：《中国共产主义青年团第十四次全国代表大会主要文件》，中国青年出版社 1998 年版，第 16 页。

等等。在跨世纪前后，广大团员特别是青年大学生发起保护母亲河行动、"三下乡"社会实践、青年志愿者服务活动、大学生"挑战杯"科技竞赛、大学生素质拓展活动，尤其是抗议以美国为首的北约集团导弹袭击我驻南斯拉夫大使馆暴行、积极投入抗击非典疫情一线这两件大事，充分展现出了跨世纪青年大学生良好的思想政治素质、强烈的爱国主义情怀和为新世纪全面建设小康社会而努力奋斗的决心。2002 年党的十六大把"三个代表"重要思想确立为党的指导思想，提出充分利用 21 世纪头 20 年的重要机遇，全面建设惠及十几亿人口的更高水平的小康社会的奋斗目标。这为包括青年大学生在内的中国青年迎来了新的施展才华和智慧的广阔空间和舞台。2003 年 7 月 22 日，中国共产主义青年团第十五次全国代表大会确定了今后 5 年的工作思路："始终坚持以'三个代表'重要思想为统领，做到服务大局有新贡献，服务青年有新作为，团的建设有新发展，不断开创共青团工作新局面。"① 从共青团十六大到共青团十八大召开前，为了加强和改进高校共青团在协同培育社会主义建设者和接班人过程中的重要作用，共青团中央、教育部在 2005 年 4 月 8 日发布的《关于进一步加强和改进高等学校共青团建设的意见》指出，在我国进入了全面建设小康社会、加快推进社会主义现代化的新的发展阶段，为保证党的事业后继有人、薪火相传、蓬勃发展，高校共青团要改进团的建设，承担起培养一代又一代政治坚定、理想远大、素质全面的优秀青年后备人才；要发挥团组织在大学生思想政治教育中的重要作用，不断培养出中国特色社会主义事业的合格建设者和可靠接班人；要认识当代大学生鲜明的时代特点，关心当代大学生的成长发展、学习生活、择业交友等方面的需要，提高服务学生的能力；要主动顺应新形势的要求，找准新的工作定位，拓展新的工作领域，探索新的工作方式，开创新的工作局面。党的十八大召开以前，高校共青团以"三个代表"重要思想为指导，以胡锦涛同志重要讲话为遵循，始终把思想建设作为高校团的建设的首要任务，在高校巩固班级团支部建设，进行"推优入党"，强化团员意识；开展科技文化活动，增强团员科技

---

① 李玉琦主编：《中国共青团史稿》，中国青年出版社 2010 年版，第 409 页。

创新意识、丰富团员文化生活；开展理想信念、爱国主义、道德法制、社会实践、志愿服务、红色之旅、科技创新、心理健康、就业培训、创新创业等丰富多样活动，帮助大学生提高综合素质和能力；全面加强和改进对学生会、研究生会、学生社团等学生自治组织的指导，有效发挥高校共青团组织的管理职能。进入新世纪，高校共青团组织在协同育人过程中所发挥的作用越来越明显和重要。党组织也高度重视共青团作用的发挥，要求高校党委要把高校共青团的建设纳入党的建设的总体格局。这一要求极大地推动了高校共青团协同育人工作的积极性、主动性，增强了高校共青团协同育人工作的使命感、责任感。

（五）改革创新期

党的十八大提出了实现社会主义现代化和中华民族伟大复兴的总任务，要求全党坚定道路自信、理论自信、制度自信。习近平总书记在参观《复兴之路》展览时首次提出中国梦。要实现这个伟大梦想，人才是关键，"人才越来越成为推动经济社会发展的战略性资源，教育的基础性、先导性、全局性地位和作用更加突显"[1]。在这个基础性、先导性、全局性的战略中高等教育在人才培养过程中的地位和作用尤为重要，必须坚持正确的政治方向，必须把为党和国家培养高质量人才作为根本任务。高校人才培养是一项系统工程，需要构建德智体美劳全面培养的教育体系和更高水平的人才培养体系，需要健全家庭、学校、政府、社会协同育人机制，形成全员育人、全过程育人、全方位的育人格局，而高校共青团组织是这个协同育人系统链条上极其重要的一环，其协同育人的作用和地位不可替代。2013 年 6 月，中国共产主义青年团十七大成功召开，选出团中央新一届领导班子。习近平在同共青团中央新一届领导班子集体讲话时提到，"团的工作要把握住根本性问题，把培养中国特色社会主义事业建设者和接班人作为根本任务"[2]。高校共青团要把立德

---

① 习近平：《做党和人民满意的好老师——同北京师范大学师生代表座谈时的讲话》，《人民日报》2014 年 9 月 10 日第 2 版。

② 《紧跟党走在时代前列走在青年前列　在实现中华民族伟大复兴的征途中续写新光荣》，《人民日报》2013 年 6 月 21 日第 1 版。

树人作为协同育人的根本任务，不断深化共青团改革，使协同育人工作适应时代变化发展实际，为协同育人工作提供持久动力。

中共中央专门召开的中央群团工作会议深刻阐明了党的群团组织的时代使命、面临的现实问题和如何改进群团工作等一系列重大理论和实践问题。面对新形势新使命新任务，共青团"必须根据形势和任务发展变化，加强和改进党的群团工作""把群团组织建设得更加充满活力、更加坚强有力""使之成为推进国家治理体系和治理能力现代化的重要力量"。① 无论是在革命、建设、改革新时期，还是在实现中华民族伟大复兴的新时代，党的各项事业需要各级群团组织履行好动员组织、桥梁纽带、参与治理、服务群众和改革创新的职能和使命，始终与党和国家事业同步前进。在我国发展的内外环境正在发生深刻变化的当下，党和国家事业的发展正急需大量思想政治素质过硬、科学文化知识丰富、道德品质高尚、理想信念坚定的全面发展的人才。高校共青团虽然协同培育时代新人工作总体不断加强，但仍有一些高校党组织对共青团协同育人工作重视不够，对高校共青团协同育人工作的特点和规律缺乏深入研究，对发挥高校共青团组织协同育人作用缺乏顶层设计和有力指导支持。高校共青团组织存在自身基层基础薄弱、有效覆盖面不足、吸引力凝聚力不够突出问题、工作开展和活动方式单一、进取意识和创新精神不强、"四化"问题突出、脱离青年学生等现象。这些深层次的问题不解决，将直接影响到高校共青团组织协同育人功能的有效发挥，甚至可能会影响到党在青年群体中的执政根基。中共中央《关于加强和改进党的群团工作的意见》要求："加强高等学校群团组织建设，更好联系、引导、服务青年学生和教师。……适应完成党的中心任务和基层工作、群众工作需要，改革和改进机关机构设置、管理模式、运行机制，防止机关化、娱乐化倾向发生。"② 高校共青团适应和完成高校党的中心任务，改革和改进机关机

---

① 《习近平在中央党的群团工作会议上强调切实保持和增强政治性先进性群众性 开创新形势下党的群团工作新局面》，《人民日报》2015 年 7 月 8 日第 1 版。

② 《中共中央关于加强和改进党的群团工作的意见》，《人民日报》2015 年 7 月 10 日第 4 版。

构设置、管理模式、运行机制，不断强化高校共青团组织的政治性、先进性、群众性，提高协同育人的能力和水平，更好地完成为党育人、为国育才的光荣使命。

根据中央党的群团工作会议精神和《关于加强和改进党的群团工作的意见》文件精神，共青团中央出台了《高校共青团改革实施方案》，要求高校共青团要深入学习贯彻习近平总书记系列重要讲话特别是关于青少年和共青团工作的重要指示精神，依照"凝聚青年、服务大局、当好桥梁、从严治团"的工作格局，以立德树人为根本任务，以思想政治引领为核心，服务学生成长成才，激发体制机制活力，推进组织改革创新，服务高等教育发展和学生成长成才，巩固提升高校共青团在全团的基础性、战略性、源头性地位和作用，组织吸引凝聚广大青年大学生听党话、跟党走。《高校共青团改革实施方案》为高校共青团组织在新的历史阶段提高协同育人的能力指明了改革发展的具体方向和路径。高校共青团的一切工作归结到一点就是要协同铸魂育人，把"灌浆期"的青年大学生培育成为堪当民族复兴重任的时代新人。

在新时代新的历史方位，我们国家开启了向第二个百年奋斗目标进军新征程。在这一新征程上，关键要突出教育在"培养一代又一代拥护中国共产党领导和我国社会主义制度、立志为中国特色社会主义奋斗终身的有用人才"①的基础性和战略性地位，"要努力构建德智体美劳全面培养的教育体系，形成更高水平的人才培养体系"②。新时代高校共青团要围绕高校中心工作把协同为党和国家培养时代新人作为主责主业，深入推进共青团协同育人工作的改革创新，当好这个助手和后备军，紧紧围绕团的根本任务、工作主线，锐意进取、奋发改革、真抓实干，着力开启改革新征程、创造时代新业绩、引领当代大学生、服务大学生新需求，推进形成"三全育人"大格局；着力推进"一心双环"的团学组织

---

① 《习近平在全国教育大会上强调　坚持中国特色社会主义教育发展道路　培养德智体美劳全面发展的社会主义建设者和接班人》，《人民日报》2018年9月11日第1版。
② 《习近平在全国教育大会上强调　坚持中国特色社会主义教育发展道路　培养德智体美劳全面发展的社会主义建设者和接班人》，《人民日报》2018年9月11日第1版。

格局和高校学生自治组织的改革；从严治团取得扎实进展，着力塑造团干部新风貌；不断提升团的建设科学化水平，着力增强高校共青团组织新活力；着力开展"互联网＋"新媒体，促进网上共青团建设；着力推动大学生全面参与国家级人文交流等，各项工作和建设取得新发展。共青团十八大结束后，在习近平总书记的关怀下，高校共青团以自我革命的勇气和精神，敢于刀刃向内，锐意进取，深入推进高校共青团改革、高校学生会、研究生会、学生社团组织的改革创新，使高校共青团更加充满朝气活力；积极开展"青年大学习"理论武装、我的中国梦、社会主义核心价值观主题教育实践、礼敬中华优秀传统文化等各项思想政治引领活动，使得大学生整体思想政治素质得到强化，坚定了青年团员和青年大学生听党话、跟党走的决心和信心，巩固了党执政的青年学生群众基础；奏响青春建功新时代的奋进强音，围绕党和国家工作大局，广泛组织动员大学生踊跃投身西部计划、三下乡社会实践、脱贫攻坚等活动中来，为实现中华民族伟大复兴的中国梦汇聚青年力量；积极关注关心关爱大学生的成长成才，开展"千校万岗"帮扶就业计划、大学生职业生涯培训、"创青春"创新创业计划、"挑战杯"科技竞赛、青少年维权在线、留守儿童关爱、"1＋1"关爱帮扶计划，等等；深入推进高校学生会、研究生会、学社团联合会等学生自治组织的改革发展，通过学生代表大会等多种途径和形式，充当学生和学校之间的桥梁和纽带作用，鼓励大学生积极参与学校民主管理和民主治理，维护大学生的合法权益，倾听大学生心声和合理诉求；积极适应、紧跟网络信息化的发展步伐，积极探索并大力实施"互联网＋共青团"工作格局，将网络新媒体工作摆在高校共青团协同育人全局性、战略性、基础性位置，使高校共青团协同育人工作活起来、亮起来、火起来，为营造风清气正的网络空间出智献力，壮大网络空间主流意识形态舆论力量；推进高校共青团基层组织改革和规范化建设，深化高校基层团组织创新，开展"学习型、活力型、服务型、创新型"团组织建设，深化全团抓学校的工作机制。

总之，新时代高校共青团要以习近平新时代中国特色社会主义思想为指导，以回答好"为谁协同培养人、如何协同培养人、协同培养什么样的人"这个问题为导向，以思想引领为首要任务，以实践活动为主要抓手，以组织建设为基本保障，以安全稳定为基础工作，积极稳妥地推进共青团工作改革创新，努力构建"凝聚青年、服务大局、当好桥梁、从严治团"的四维工作格局，团结带领青年大学生团员和青年大学生在开启全面建设社会主义现代化国家新征程中充分发挥先锋作用。

二　高校共青团协同育人的经验总结

回顾中国共产主义青年团百年峥嵘岁月和光辉历程，我们发现中国共产主义青年团为党育人、为国育才的实践始终与高等教育关系异常紧密。在革命、建设、改革和中国特色社会主义新时代，我们党百年来在领导共青团开展革命斗争、社会主义建设、改革创新、奋进中国梦等各种实践活动过程中形成了丰富的实践经验。同时，百年来共青团在高校通过间接或直接的协同育人实践积累了丰富的协同育人经验。

（一）把党的领导作为协同育人的生命线

"党的领导是团的生命线。"① 百年来，共青团组织在高校领域开展的协同育人工作，其中最具有本质特征的经验是把党的领导作为协同育人工作的"生命线"，坚持和保证党的领导是高校共青团生存和发展的基本前提和根本保证。这也是高校共青团开展协同育人工作必须坚持的党性原则。什么时候高校共青团组织不折不扣坚持这条基本经验，其协同育人工作就会顺利发展，取得很好的成绩；什么时候脱离或者背离这条本质经验，其协同育人工作就会遭受挫折。高校共青团协同育人工作坚持党的领导主要体现在坚持党的政治领导、思想领导和组织领导。

---

① 共青团中央青运史档案馆编，胡献忠主编：《中国共青团历次全国代表大会概览》，中国青年出版社 2012 年版，第 355 页。

第一，坚持党的政治领导。坚持党的政治领导就是要在政治方向、政治原则、重大决策等方面同党保持高度一致，组织动员全体大学生为实现党的既定目标共同奋斗。中国社会主义青年团成立时，共产国际明确规定："在政治方面，社会主义青年团须完全服从共产党的主张。"① 1923 年 8 月通过的《本团与中国共产党之关系的决议案》明确规定青年团与中国共产党的关系完全依照共产国际第三次大会《关于共产国际与共产少年运动决议案》第五节之规定执行，即"共产主义的青年组织之责任便是服从这一政治的指导（党纲、策略及关于政治的指令）而参加总革命的战线"②。十分明确地说明了青年团要在政治上须绝对接受党的领导。时任团中央局总书记的任弼时曾说道："五卅运动以来，我们看出中国学生运动有极重大的政治作用……对于以后学生运动的工作，已决定党与团双方负责指导。我们应在党的政治指导之下，去提高广大学生的政治觉悟。"③ 新民主主义革命时期，共青团认识到了青年大学生群体中所蕴藏的巨大政治能量，并激发了大学生参加政治运动和政治斗争的热情，发挥了大学生在政治运动和政治斗争中的先锋作用。党团组织共同在浴血奋战、百折不挠的斗争实践中所探索确立的正确的党团关系，为社会主义革命和社会主义建设时期、改革开放新时期和中国特色社会主义新时代不同时期高校共青团协同培育青年大学生成为栋梁之材把稳了政治舵向。

第二，坚持党的思想领导。"掌握思想领导是掌握一切领导的第一位。"④ "'思想领导'的本质是一个有差别的基础上不断统一的过程。这里的重点是'领导'，中国共产党的思想领导不是要让人民大众全盘接受马克思主义，而是要最大程度地凝聚共识，动员人民大众为共同的目标而努力奋斗。"⑤ 中国先进青年大学生是众多力量中的先锋，是党培

---

① 郑洸、叶学丽：《中国共产党与中国共青团关系史略》，中共党史出版社 2015 年版，第 25 页。

② 团中央办公厅编印：《中国青年运动历史资料（1）》，1957 年版，第 360—361 页。

③ 郑洸、叶学丽：《中国共产党与中国共青团关系史略》，中共党史出版社 2015 年版，第 38—39 页。

④ 《毛泽东文集》（第 2 卷），人民出版社 1993 年版，第 435 页。

⑤ 田辉：《中国共产党革命时期思想领导的历史经验》，《科学社会主义》2020 年第 5 期。

养和依靠的重要人才资源，是党、国家和人民实现中华民族伟大复兴中国梦的希望所在，尤其要注重青年大学生的思想领导。新民主主义革命时期，共青团通过高校学生会、学生社团等学生自治组织在青年学生群体中广泛宣传马克思主义，让马克思主义在青年群体中生根发芽。社会主义革命和建设时期，高校共青团积极带领大学生学习马克思列宁主义、毛泽东思想。党中央给中国新民主主义青年团第二次全国代表大会发出的贺电指出："新民主主义青年团，必能团结全体爱国的劳动青年和知识青年，在青年中传布马克思列宁主义和毛泽东思想，并以突击队的精神率领青年。"① 改革开放和社会主义现代化建设新时期，根据大学生思想价值观念多元化发展趋向，高校共青团组织协助党组织做好大学生思想领导工作，在大学生中积极协助党组织、协同其他部门在大学生中广泛组织学习邓小平理论、"三个代表"重要思想和科学发展观，加强爱国主义的宣传教育、组织学生参加生产劳动、开展青少年法制教育、组织大学生参加社会实践活动、开展"保护生态环境，倡导文明新风"、开展各种校园科技文化活动、开展团员意识教育，等等，以寓教于乐、润物无声的方式加强思想领导工作。经过 20 多年的探索与实践，高校共青团组织在大学生的马克思主义理论武装、理想信念教育、爱国主义情感培植、道德情操的涵养、法治思维的养成等方面都得到全面提升。广大青年大学生努力学习、锐意创新、投身改革大潮，用自身实际行动击破了人们所担忧"垮掉一代""宅一代"的言论，成为有担当、有责任、有作为的一代。中国特色社会主义进入新时代，高校共青团组织围绕中心、服务大局，在大学生当中深入开展"一学一做"主题实践、"我的中国梦"主题教育实践、"社会主义核心价值观"培育和"礼敬中华优秀传统文化"活动、"青年马克思主义者培养工程""青年大学习"等重要思想教育活动，这些重要活动增强了青年大学生的"四个自信"，凝聚了大学生的思想共识，激发了大学生共圆中国梦的奋斗志向。

---

① 共青团中央青运史档案馆编，胡献忠主编：《中国共青团历次全国代表大会概览》，中国青年出版社 2012 年版，第 245 页。

第三，坚持党的组织领导。高校共青团在组织上接受党的领导主要体现以下几个方面。一是接受党组织的指导。1920 年 8 月陈独秀等在上海创建了青年团的早期组织，随后，各地根据实际情况也在各地党组织的指导下陆续创建了青年团组织。1922 年 5 月中国社会主义青年团一大召开之前，全国各地已经有 17 个地方创建了青年团组织，团员达到 5000 人。中国社会主义青年团第二次全国代表大会《关于中国共产党第三次大会报告决议案》指出："大会完全承认中国共产党对青年运动之决议，并愿意接受中国共产党之组织上及行动上之指导及援助。"① 二是根据党的任务变化对青年团组织改造、整顿或重建。例如，抗日战争爆发后，党中央为了建立青年抗日救国统一战线，1936 年 9 月 30 日，少共国际致电中共中央和共青团中央，并发出改造共青团的指示："建立包括不仅青年工人，而且包括广大农民、学生及失业青年的民族解放性质的、群众的青年团。在为劳动青年利益而斗争的广泛纲领基础上，必须创造各种各样的农民的、学生的、妇女的、文化的、体育的组织，并把现存各种青年组织联合起来。"② 中共中央收到少共国际的电报后，立即召开政治局专门会议讨论共青团改造工作，使党的青年工作更加适应抗日救亡运动和斗争。从 1936 年 11 月开始到 1937 年 4 月下旬，共青团的改造工作相继在革命根据地、国统区、沦陷区展开并胜利完成，并成立了各党派各界青年联合群众团体的"青年救国会"。大批青年学生加入抗日救国组织，奔赴抗日前线慰问、参加军事训练、抢救伤员、投入战斗等，"1937 年 11 月，北平师范大学教授、共产党员杨秀峰率领一部分平津和保定流亡学生，组成抗日游击队，艰苦地转战在太行山上"③。这只是众多学生军中的一支。改造后的青年团吸纳了更多的青年学生加入组织，为青年组织增添了新鲜血液，增强了青年组织的活力，为抗战的胜利发挥了青年学生的先锋作用。三是恢复遭到破坏的共青团组织。"文化大革命"的爆发，使中国共产主义青年团组织遭到破坏，高校青

---

① 中央团校青年团工作教研室编：《中国青年运动历史文件选编》，1979 年版，第 14 页。

② 共青团中央青运史工作指导委员会、中国青少年研究中心、中央档案馆利用部编：《中国青年运动历史资料（1935—1937）》第 13 册，中国青年出版社 1996 年版，第 290 页。

③ 李玉琦主编：《中国共青团史稿》，中国青年出版社 2010 年版，第 158 页。

年团组织在"红卫兵"的冲击下工作陷入停顿，党的青年事业偏离了正常轨道，尤其是大学生人才资源的培养储备进入十年断层的不利境况。在老一辈革命家的坚强领导下，林彪和江青两个反革命集团被打倒，高校共青团组织相继恢复，逐步形成"一体两翼"的高校团学工作格局。四是推进高校共青团组织的改革创新。党的十八大以来，党的群团工作的国际国内环境发生重大变化，就国内而言，国内社会结构发生新变化，社会阶层也发生结构性变化，各种青年非正式群体雨后春笋般生长，给党在新时代的青年事业提出了新的课题。在此种新形势下，党中央要求群团组织建设工作只能得到加强，不能被弱化。团中央根据新时代的新变化新任务要求，2016 年发布了《高校共青团改革实施方案》，大力推进高校共青团组织的改革创新，以适应新的形势和新的任务。

历史和事实充分证明，高校共青团和青年大学生只有在政治上、思想上、组织上自觉接受党的领导，把党的领导视为自身存在和发展的"生命线"，按照党的要求带领全体大学生努力学习、创新创造，紧跟时代步伐，紧密团结在党中央周围，听党话、跟党走，才能创造出无愧于时代的辉煌青春业绩，谱写更加壮丽绚烂的青春篇章。

（二）把为党育人作为协同育人的根本任务

大学生是党最为宝贵的人才资源，他们思想最为活跃，最易接受新生事物；他们热爱自己的祖国，具有深厚的爱国情怀；他们具备丰富的科学文化知识，甘愿为祖国的富强奉献青春智慧；他们富有勇敢的斗争精神，敢于同一切腐朽反动势力进行坚决斗争。在近百年的奋斗历程中，共青团在高校始终坚持把为党育人作为自身的根本任务，始终把组织动员大学生，把大学生中的先进分子紧密团结在自身周围并加以培养。

第一，注重把学习马克思主义理论与参与社会实践紧密结合。先进的科学的理论是正确行动的指南。党自成立以来，坚持把马克思主义作为根本指导思想。作为党的助手和后备力量的共青团，不能不时时刻刻加强对马克思主义理论学习，不能不时时刻刻用马克思主义理论和中国化时代化的马克思主义来武装青年的头脑。青年大学生头脑只有用马克思主义科学理论武装起来，才能激发出为革命、建设、改革和新时代中华民族伟大复兴的磅礴力量。无论在革命、建设、改革时期，还是在新时代，共青团都十分重视用马克思主义理论培育青年大学生。在中国社会主义青年团成立前的1920年3月31日，由李大钊组织发起成立的北京大学马克思学说研究会及其开展的马克思主义宣传和研究，对于后来党和团的成立产生了重大影响，为早期党组织和团组织培养了一批马克思主义理论素养深厚的干部。中国社会主义青年团成立后，确定了"对于学生联合会所设立之平民学校……青年团员应加入其中宣传主义"①的规定，其目的是要用马克思主义科学理论武装青年学生团员和青年学生。青年团后来在历次青年团的有关决议中都强调要把在学生群众中传播马克思主义作为一项重要工作任务，并运用马克思主义理论指导青年学生加入反军阀反帝反封建的革命运动中来。新民主主义革命胜利后，在社会主义建设时期、改革开放新时期和中国特色社会主义新时代，高校共青团组织在大学生群体中深入开展马克思主义和中国化时代化的马克思主义理论的学习活动从未间断。一代代青年大学生在马克思主义真理光辉的照耀下茁壮成长。然而，马克思主义真理的闪电要彻底击中青年大学生这块素朴的思想园地，只有通过生动的实践才能得以实现。青年大学生不能将马克思主义运用到实践中，并用它来指导实践，就很难结出果实。例如，在青年团成立之初，青年团所领导的学生运动就存在"空谈而不切实际"②的问题，不过青年团组织很快就认识到这个问题，并指出青年团"生命在不停的实际生活上面"③，对于青年学生和团员脱离反帝反封建反军阀的"空谈论道"、不深入工人农民群众的行为坚决予以了纠正，使得青年学生运动走上正确的轨道。因此，马克思主义的真理对于青年大学生来说，只有将其运用到中华民族伟大复兴的伟大实践中才能展示出其强大的思想力量。

---

① 共青团中央青运史档案馆编，胡献忠主编：《中国共青团历次全国代表大会概览》，中国青年出版社2012年版，第15页。

② 共青团中央青运史档案馆编，胡献忠主编：《中国共青团历次全国代表大会概览》，中国青年出版社2012年版，第32页。

③ 共青团中央青运史档案馆编，胡献忠主编：《中国共青团历次全国代表大会概览》，中国青年出版社2012年版，第12页。

第二，注重把学习科学技术文化知识与民族国家前途命运紧密结合。自人类进入工业革命以来，生产力得到快速发展，人类科技文化知识信息飞速增长。马克思曾指出："生产力中也包括科学。"① 马克思深刻认识到科学和一般社会知识在促进生产力的发展和改变人们的社会生活过程中所起到巨大的推动作用。邓小平指出："科学技术作为生产力，越来越显示出巨大的作用，"② 要实现四个现代化，没有科学技术现代化是不行的。中国特色社会主义进入新时代，习近平指出："人是科技创新最关键的因素。……我国要在科技创新方面走在世界前列……必须大力培养造就规模宏大、结构合理、素质优良的创新型科技人才。"③ 马克思主义者以辩证唯物主义和历史唯物主义世界观洞察科学技术文化知识在推进人类历史前进中的重要作用，强调要培养大批掌握科学技术文化知识的人才资源，并着力把这些人才资源转化为促进民族国家发展的实际力量。实现中华民族伟大复兴，需要大量科技文化知识丰富、创新能力强大的人才资源作为支撑。这就要求我们的高等教育要"两手抓"：一手抓好大学生科学技术文化知识的学习；一手抓好大学生的思想政治教育，引导大学生把所学的丰富科学技术文化知识转化到为人民谋幸福、为民族谋复兴、为世界谋大同的伟大事业的行动中来。高校共青团组织在不同历史时期为此做出了不错的成绩。陈独秀曾要求青年"把马克思学说当做社会革命的原动力，不要把马克思学说当做老先生、大少爷、太太、小姐的消遣品"④。新民主主义革命时期，青年团在国统区通过学生联合会、学生社团等学生自治组织或在根据地、解放区通过高校青年团组织引导学生把马克思主义科学理论学说转化为斗争实践。大批青年学生把所学知识用到在敌后为党进行文化宣传、生产发展、扫盲识字或直接投笔从戎参加到革命斗争最前线，为中华民族站立起来作出了卓越贡献。在中华人民共和国成立前夕，任弼时要求各大学、中学和专门学校的青年团员应当成为学习的模范，特别努力学习于建设新社会有

---

① 《马克思恩格斯全集》（第三十一卷），人民出版社1998年版，第94页。

② 《邓小平文选》（第二卷），人民出版社1994年版，第87页。

③ 《习近平谈治国理政》（第一卷），外文出版社2018年版，第127页。

④ 《陈独秀文集》（第二卷），人民出版社2013年版，第250页。

益的科学，成为有高度政治觉悟又有坚强的实际工作能力的优秀的革命后备军，推动革命事业前进。中华人民共和国成立到改革开放这段历史时期，我国的高等教育事业快速发展，高校大学生和团员人数增长较快，高校共青团事业也在党的领导下蓬勃发展、充满生机，虽然在"文化大革命"期间出现短暂的挫折，但是"文化大革命"结束后，高校共青团工作很快得以恢复，并继续在高校领域协同党做好育人工作。这一时期高校共青团组织其中一项重要工作就是组织带领好大学生学好科学技术文化知识，在生动的社会主义建设中和改革开放伟大进程中为国家实现从站起来到富起来的伟大飞跃进行艰苦奋斗、奉献聪明才智，把中国特色社会主义伟大事业全面推向 21 世纪。面对日趋激烈的国际竞争，面对艰巨繁重的改革发展任务，胡锦涛同志希望"广大青年一定要面向现代化、面向世界、面向未来，以只争朝夕的紧迫感，如饥似渴学习……既重视学习文化知识又努力掌握实用技能……在实践的熔炉中增长见识、砥砺品质、强化本领，努力成为可堪大用、能负重任的栋梁之材"①。党的十八大以来，高校共青团积极组织带领青年大学生自信自强、守正创新，鼓励他们努力学习科学技术文化知识，积极参加"挑战杯"科技作品创新大赛、"智能机器人大赛"等科技创新实践，积极开展支医支农支教等基层服务工作，积极参加"西部计划"志愿服务、暑期"三下乡"社会实践、脱贫攻坚工作、生态环境保护、抗击新冠疫情等各个领域的实践活动；激励青年大学生把青春汗水挥洒在新时代的中华民族这块热土之上，把青春智慧奉献在实现中华民族伟大复兴的伟大实践之中，为中华民族实现从富起来到强起来的伟大飞跃，汇聚更加磅礴的青春正能量。习近平在全国高校思想政治工作会议上讲话指出，新时代青年大学生"朝气蓬勃、好学上进、视野宽广、开放自信，是可爱、可信、可为的一代。对当代高校学生，党和人民充分信任、寄予厚望。"②新时代的青年大学生没有辜负党和国家的期望，在高校团组织的号召和带领下"高举团旗跟党走"，他们把个人理想和融入中华民族伟大复兴

---

① 《胡锦涛文选》（第三卷），人民出版社 2016 年版，第 588 页。

② 中共中央文献研究室：《习近平关于青少年和共青团工作论述摘编》，中央文献出版社 2017 年版，第 9 页。

梦想的奋斗之中，他们把爱国之情、强国之志、报国之行统一起来了，为在中华大地上全面建成小康社会，实现第一个百年奋斗目标创造了无悔的青春业绩、谱写了壮丽的青春华章，创造了新时代中国青年大学生的人生精彩。

第三，注重把党的青年学生工作与大学生的自身特点紧密结合。大学生是青年群体中的一个特殊群体，有群体自身的特点，而且不同时代大学生的差异也很明显。大学生的这种代际分布差异"主要地并不在于年龄上的特征，而在于他们的社会特质，即一代人所共有的社会性特征。或者说，使一代人真正成为一代人的，主要的不是由于他们的共时性，而是他们的共有性；代的差异也主要不是年龄的差异，而是其社会性差异"①。从一定意义上说，不同代际的大学生的差异性和共有性根本上是由于社会变迁影响和决定的，"由于出生年代不同，他们所面临的既定的时代条件和在其中成长和成熟的社会环境也是不同的，因而他们所面临的问题、所产生的需要、所追求的目标以及满足需要和实现目标的手段和途径也总是很不相同的。"② 所以，党团组织在领导不同时代青年大学生运动时，总是会根据不同时代青年大学生的代际特点、思想实际、价值取向、实际需求有针对性地开展工作。也正是因为如此，党团组织才能赢得青年大学生、团结青年大学生，把青年大学生的力量组织起来。"每一代青年都有自己的际遇和机缘，都要在自己所处的时代条件下谋划人生、创造历史。"③ 对于新时代的青年大学生来说，他们所生活的时代是近代以来中华民族发展的最好时代，也是实现中华民族伟大复兴的最关键时代，这也就要求新时代的青年大学生要在这个美好的时代努力学好知识技能，立大志、明大德、成大才、担大任，把自身的成长发展融入中华民族伟大复兴的历史进程之中，自觉担当起中华民族复兴大任。高校共青团组织应适应新时代党和国家工作大局，为青年大学生"谋划人生、创造历史"搭建平台，尊重新时代青年大学生主体意识、参与意识强的特点，发挥大学生的主动性和创造性；尊重新时代大学生天

① 张永杰、程远忠：《第四代人》，东方出版社1988年版，第9页。
② 张永杰、程远忠：《第四代人》，东方出版社1988年版，第9页。
③ 《习近平谈治国理政》（第一卷），外文出版社2018年版，第167页。

性，照顾新时代大学生特点，主动了解他们的思想动态、价值取向、行为方式、生活方式，倾听他们在专业学习、人际交往、心理健康、恋爱情感、就业创业、文体活动、治理参与、科技创新、志愿服务、社会实践等等方面的心声，从而更好地改进服务大学生成长成才的方式方法。

（三）把思想政治工作作为协同育人的主责主业

思想政治工作是高校一切工作的生命线，是党的优良传统和突出的政治优势。大学生思想活跃，对新生事物充满好奇心，如果不能通过思想政治工作加以正确引导，他们就不能扣好人生"第一粒扣子"，思想就可能出现偏差。这一经验和规律是党在长期的革命斗争和建设实践中摸索和总结出来的经验。

第一，通过思想政治理论学习提高大学生的思想政治觉悟。近代以来，中国青年长期受到封建主义糟粕观念的毒害和奴役，新文化运动的掀起和五四运动的爆发，使一部分青年开始觉醒，尤其是俄国十月革命一声炮响，给中国送来了马克思主义，使得觉醒中的先进分子认识到只有马克思主义才是中国的未来。中国社会主义青年团成立以后，青年团组织在大学生群体中秘密发展团员，指导成立学生联合会、各种学生社团，秘密传播马克思主义。青年大学生在斗争实践中加深了对马克思主义和共产主义的信仰，思想政治的觉悟得到极大的提升。在革命根据地，党创办了一所专门培养妇女干部的学校，即延安中国女子大学。延安中国女子大学的青年学生团体曾邀请毛泽东讲《青年运动的方向》、刘少奇讲《论共产党员的修养》、邓颖超讲《抗日民族统一战线中的妇女运动》，开展有效的政治理论教育，帮助女大学生树立学生正确的政治观。[①] 延安中国女子大学开展的思想政治工作有效提高了女大学生思想政治觉悟，增强了大学生的革命斗志。

第二，通过实践活动将大学生思想政治觉悟转化为自觉行动。思想政治教育有没有效果，效果到底好不好，只有通过实践才能得到检验。

---

① 谭亮亮、王东维：《延安中国女子大学思想政治工作的经验及启示》，《榆林学院学报》2018 年第 5 期。

大学生的思想政治觉悟只有通过丰富生动的实践才能转化为行动能力。革命战争年代，青年团组织通过高校学生会、学生社团或学联组织领导学生发起学生运动，参与到国民大革命、土地革命、抗日救亡、解放战争之中来。从1919—1949年中华人民共和国成立时，中国青年学生共掀起了三次学生运动高潮，第一次是"五四"爱国运动，第二次是"一二·九"学生爱国运动，第三次是"第二条战线"的反美抗暴学生运动，由大学生发起的这三次大规模学生运动，极大地增强了大学生群体的爱国情感和救国热情。毛泽东1935年12月在《论反对日本帝国主义的侵略》一文中指出："学生运动已有极大的发展，将来一定还要有更大的发展。但学生运动要得到持久性，要冲破卖国贼的戒严令，警察、侦探、学棍、法西斯蒂的破坏和屠杀政策，只有和工人、农民、兵士的斗争配合起来，才有可能。"[1] 毛泽东的话表明了大学生已经自觉地大规模地发起学生运动参加到革命斗争行列了，但是学生运动要得到持久的发展，还需与工人、农民、兵士的斗争结合起来。在毛泽东的指示下，一批批大学生自觉组织起来，深入工厂、乡村进行鼓动宣传，或直接参加抗日革命队伍和解放军队伍，一大批学生骨干在抗日反蒋的斗争实践中快速成长为共产主义革命战士。社会主义建设时期、改革开放新时期和新时代的大学生，在高校团组织的带领下，积极投入工业、农业、国防科技、教育文化、社会工作、生态环境保护、志愿服务、精神文明创建等各个领域的生产生活实践之中。总体上来说，伴随着中华民族从站起来、富起来到强起来的伟大历史进程，几代大学生的思想境界、政治素养、道德情操在实践中得到淬炼升华。

第三，高校共青团开展思想政治工作有健全的制度保证。青年大学生是国家最为宝贵的人才资源，他们的思想政治素养、道德情操、理想信念、价值观念、人生态度是否健康正确，事关党的千秋伟业能否顺利实现。高校共青团有责任协助党做好大学生的思想政治工作。党和国家为高校共青团组织有效做好思想政治工作提供持久的制度支持和保障。中华人民共和国成立以来，尤其是改革开放以来，党和国家从战略高度

---

① 《毛泽东选集》（第一卷），人民出版社1991年版，第151页。

重视高校思想政治工作，从正反两方面审视高校大学生思想政治工作的成败得失。针对改革开放新时期高校如何做好大学生的思想政治工作，1980年3月12日，邓小平在军委常委扩大会上讲话指出"学校的党团组织和所有的教员都要做学生的政治思想工作"①。为加强大学生思想政治教育，党和国家随后出台了一系列政策、制度，就是"要旗帜鲜明地对学生进行系统的马克思列宁主义、毛泽东思想基本原理的教育、革命理想教育、共产主义道德教育"②。为贯彻这一指示和精神，党中央、教育部、团中央等陆续出台了《教育部关于在六所高等院校开办思想政治教育专业第二学士学位班的意见》（1984年）、《教育部关于在高等学校举办思想政治教育本科班的意见》（1984年）、《中共中央、国务院批转〈国家教委关于加强高等学校思想政治工作的决定〉的通知》（1986年）、《国家教育委员会关于在高等学校马克思主义理论课（公共课）教学中旗帜鲜明地坚持四项基本原则反对资产阶级自由化的通知》（1987年）、《中共中央关于改进和加强高等学校思想政治工作的决定》（1987年）。但是，1989年发生的风波，使党中央更为清醒地认识到加强和改进大学生思想政治教育的重要性。1989年9月16日，邓小平在会见美籍华裔学者李政道教授时指出："我们最大的失误在教育，对年轻娃娃、青年学生教育不够"③，"主要是讲思想政治教育"④ 做得不够。党中央、团中央、教育部等为了贯彻落实邓小平同志讲话精神，出台了《关于加强高等学校共青团建设的意见》（1991年）、《中共中央关于印发〈爱国主义教育实施纲要〉的通知》（1994年）、《中共中央关于进一步加强和改进学校德育工作的若干意见》（1994年）、《中共中央关于加强和改进思想政治工作的若干意见》（1999年）、《中共中央、国务院关于进一步加强和改进大学生思想政治教育的意见》（2004年）、《共青团中央、教育部关于进一步加强和改进高等学校共青团建设的意见》（2005年）等

---

① 邓小平著，共青团中央青运史工作指导委员会、中国青少年研究中心编：《邓小平论社会主义时期青年和青年工作》，红旗出版社1992年版，第3页。

② 教育部思想政治工作司组编：《加强和改进大学生思想政治教育重要文献选编（1978—2014）》，知识产权出版社2015年版，第5页。

③ 《邓小平文选》（第三卷），人民出版社1993年版，第327页。

④ 《邓小平文选》（第三卷），人民出版社1993年版，第306页。

系列影响重大且深远的政策、制度。① 这些重要政策、制度有效加强和改进了大学生思想政治工作。党的十八大以来，党中央把高校思想政治工作放到党和国家伟大事业薪火相传、后继有人的战略高度。习近平在党的中央群团工作会议、全国高校思想政治工作会议、全国教育大会、思想政治理论课教师座谈会，以及在同北京大学、北京师范大学、中国科技大学、中国政法大学、清华大学、中国人民大学等高校师生座谈时都强调高校做好思想政治工作的重要性，要把大学生的思想政治教育搞好，帮助青年大学生扣好人生第一粒扣子，并希望青年大学生"用一生来践行跟党走的理想追求"②。高校共青团协助党开展思想政治工作就是帮助青年大学生守好这个初心，围绕党和国家工作中心、工作大局，把青年大学生的力量组织起来、团结起来、凝聚起来，帮助党巩固执政基础，为党集中力量为人民谋幸福、为民族谋复兴、为世界谋大同营造良好的国内稳定环境。

三　高校共青团协同育人的现实审视

自 1922 年共青团正式成立以来，共青团结合党在革命、建设、改革和新时代不同历史时期的中心任务，在高校间接或直接地培养时代发展所需要的有用人才，引导青年大学生开展各种运动。一代代青年大学生不负党和国家的期望，在党的关注关心关怀下和共青团的带领下，积极投入到革命、建设、改革和新时代中华民族伟大复兴的宏图伟业中来。随着我国第一个百年奋斗目标的实现，第二个百年奋斗目标已经开启。习近平指出："一百年来，在中国共产党的旗帜下，一代代中国青年把青春奋斗融入党和人民事业，成为实现中华民族伟大复兴的先锋力量。"③

---

① 教育部思想政治工作司组编：《加强和改进大学生思想政治教育重要文献选编（1978—2014）》，知识产权出版社 2015 年版，第 1—8 页。

② 《习近平在中国政法大学考察时强调立德树人德法兼修抓好法治人才培养　励志勤学刻苦磨炼促进青年成长进步》，《人民日报》2017 年 5 月 4 日第 1 版。

③ 习近平：《在庆祝中国共产党成立 100 周年大会上的讲话》，人民出版社 2021 年版，第 21 页。

那么，以青年大学生为代表的新时代青年是否具备承担起实现第二个百年奋斗目标的使命任务的综合素质呢？他们在思想政治、理想信念、文化观念、法治素养、心理健康等方面的素质状况如何，以及高校共青团协同育人的现状及其效果怎么样？要回答这几个问题，笔者在调查研究的基础上进行了分析研判。

（一）高校共青团协同育人的抽样调查情况

要想了解和解决一个问题，就必须进行调查研究。毛泽东说："你对于那个问题不能解决吗？那末，你就去调查那个问题的现状和它的历史吧！"① 为了了解和把握高校共青团协同育人的现状，本书通过问卷星系统采用问卷抽样调查方法，从宏观和微观层面进行定量与定性相结合，既强调数据分析，又注重价值判断，把数据描述与评价论述有机结合起来。

1. 调查对象的基本情况

笔者在全国部分地区 20 所高等学校采集了 2000 份在校大学生填写的调查问卷。调查问卷为自行编辑的《高校共青团协同育人现状调查问卷》。本问卷用于调查当前高校共青团在协同育人方面的现实情况，包括三大部分：第一部分为调查对象的基本信息；第二部分为调查高校大学生对所在高校共青团协同育人基本情况的认知；第三部分主要了解大学生对自身所存在的问题、所在高校共青团在思想政治教育、参加校内外实践活动、网络新媒体运用、对高校党政机构协同育人评价等。问卷回收后，主要从答题是否完整、答题中的逻辑度和相关度对问卷进行质量和效度的检验。根据题目的性质和类型，采用一定的编码方式将问卷结果导入 SPSS 27.0 版本软件进行分析。经审核回收 2000 份问卷，有效填写问卷 2000 份，有效率与合格度达到 100%。

问卷样本第一部分的基本情况：问卷填写的性别比：男生 560 名，占 28%；女生 1440 名，占 72%。调查对象的政治面貌：中共党员（含预备党员）179 名，占 8.95%；共青团员 1576 名，占 78.8%；普通学生 337 名，占 16.85%。其中共青团干部（团支部书记、团支部副书记、

① 《毛泽东选集》（第一卷），人民出版社 1991 年版，第 110 页。

宣传委员、组织委员) 346 名，占 17.3%。调查对象就读高等学校层次："双一流"高校 195 名，占 9.75%；中央部属本科院校 91 名，占 4.55%；省属本科院校 1264 名，占 63.2%；高职（高专）13 名，占 0.65%。调查对象所学专业学科门类：涵盖 8 大门类（见图 1-1）[①]。调查对象年级分布情况为：一年级占 51.25%；二年级占 25.4%；三年级占 14.45%；四年级占 4.6%；研究生占 4.3%。调查对象高校所在位置分布情况（见图 1-2）。接受调查的高校所在地理位置直辖市占 4.65；省会城市占 28%；地级市 63.7%；县域城市占 3.65%。全部调查对象就读所在高校设立共青团组织的占 94%；有学生会组织的占 99.05%；有学生社团的占 99.25%；调查对象中加入学生会或学生社团组织的占 73.6%；加入其他学生自治组织的占 36.35%。以上信息的设定及其调查获取的信息，比较全面地从横向和纵向考虑到调查对象的性别差异、政治身份、学科背景、学校层级、区域特点、城市差异、个体参与等基本因素，为后面探索不同地域、学科、专业等方面存在背景差异的大学生对高校共青团协同育人的整体认知、存在的问题提供基础性资料，并针对这些问题提出加强和改进高校共青团协同育人实效提供基本研究思路。

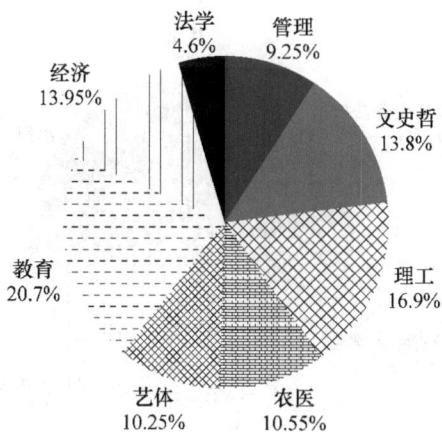

图 1-1 您所学专业的学科门类

---

① 注：文中没有图表的地方，一律用数字说明。下同。

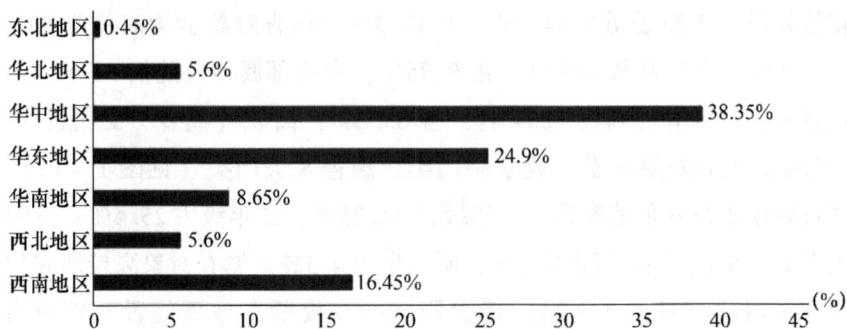

图 1-2　您所在的高校区域

2. 从问卷结果审视高校共青团协同育人现状

第一，大学生对高校共青团组织属性的基本认知情况。对于高校共青团是一个什么性质的组织的认识，有96.1%的调查对象认为是"高校共青团是中国共产党领导下的先进青年大学生的群团组织"。对于高校共青团的根本任务的认识，有55.15%的调查对象认为是"进行思想政治引领"，有29.15%的调查对象认为是"协同培育时代新人"，有13.55%的调查对象认为是"立德树人"，有0.9%的调查对象认为是"进行科技创新"。① 对于高校共青团协同育人的基本功能的认识基本情况（见图1-3）。

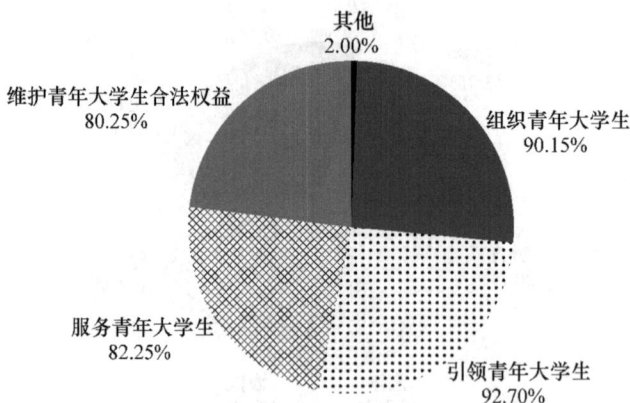

图 1-3　您认为高校共青团协同育人的基本功能

————————

① 注：此处未用图表，直接运用调查数据说明。

　　第二，大学生对高校共青团协同育人工作的评价。对于高校共青团是否应当承担协同育人职责，98.35%的调查对象认为高校共青团应该承担协同育人职责，仅有1.65%的认为不应当承担协同育人的职责。大学生和团员对于当前高校共青团协同育人工作的满意度评价实际情况如（见图1-4）。对于高校共青团协同育人工作应遵循什么样的要求，排在前三位的分别是：先进性占96.10%；政治性占94.20%；群众性占93.55%（见图1-5）。对于高校共青团协同育人所开展的主要育人活动

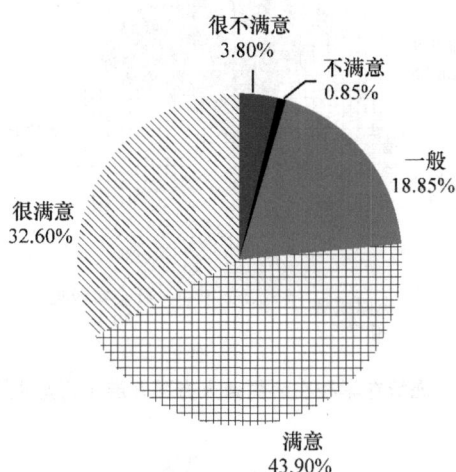

图1-4　请您对您所在学校共青团的协同育人工作进行评价

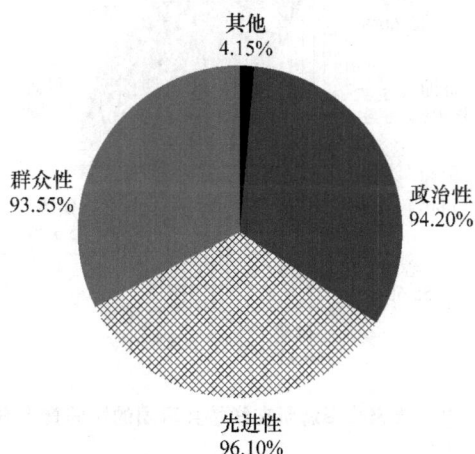

图1-5　您认为高校共青团在协同育人方面应当遵循什么样的要求

内容评选方面，思想政治引领占95.05%，文化艺术类活动占85.70%，社会实践类占89.30%，志愿服务方面占88.75%，维护大学生权益方面占65.60%，就业创业方面占68.85%，科技创新方面占63.95%，其他占2.30%（见图1-6）。高校共青团协同育人载体类型主要有组织、制度、管理、团课、网络等（见图1-7）。

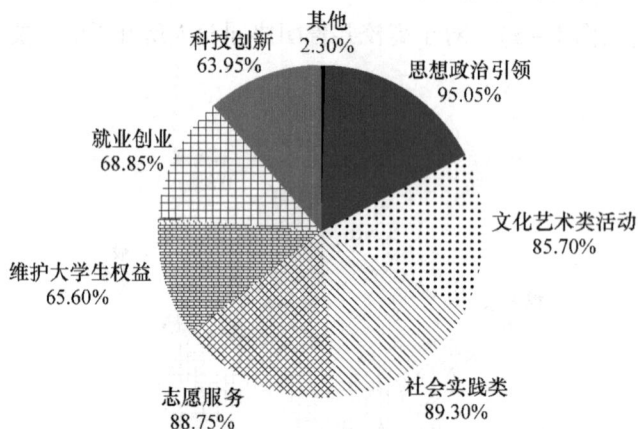

图1-6　您所在学校在协同育人方面开展了哪些主要活动

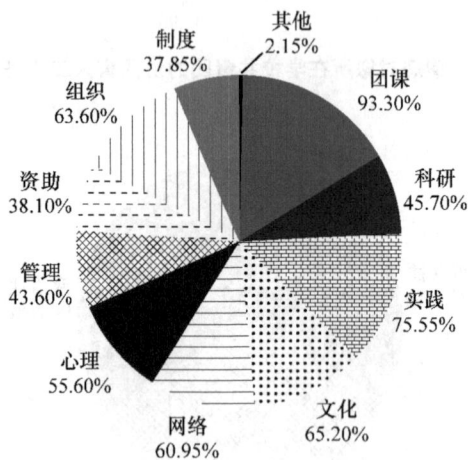

图1-7　请您选择您所在学校共青团的协同育人方式

在高校共青团协同育人的价值取向方面，认为高校共青团协同育人应该做好理想信念教育的占 90.7%，政治参与导向的占 84.4%，道德修养提升的占 89.1%，能力素质拓展的占 85.2%，成长服务关怀的占75.9%，其他占 1.8%①。对于高校共青团协同育人的内容要素建构方面的认知（见图 1 - 8）。对于高校共青团育人工作协同主体选择方面，调查对象认为高校共青团要同高校党组织、行政部门、工会、后勤等协同，高校共青团要与学生会、研究生会、学生社团等自治组织、班委会等协同。根据下图数据显示，调查对象对于高校共青团需要与哪些部门或组织开展协同，高校党组织 90.85% 排在第一位；高校教务部门 83.35% 排在第二位；高校学生工作部门 80.25% 排在第三位；高校科研部门 69.40% 排在第四位；高校班委会 67.60% 排在第五位；高校二级教学学院 61.85% 排在第六位；高校工会组织 54.45%排在第七位；高校后勤部门排在第八位；其他相关实习单位 1.80%（见图 1 - 9）。

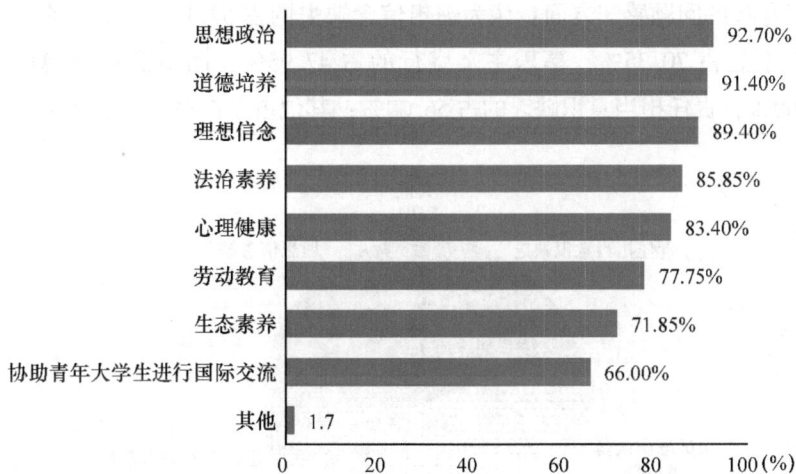

图 1 - 8　您认为高校共青团协同育人应包括的内容

---

① 注：此处数据为 2021 年 11 月，笔者开展的《高校共青团协同育人现状调查》调查问卷真实数据。

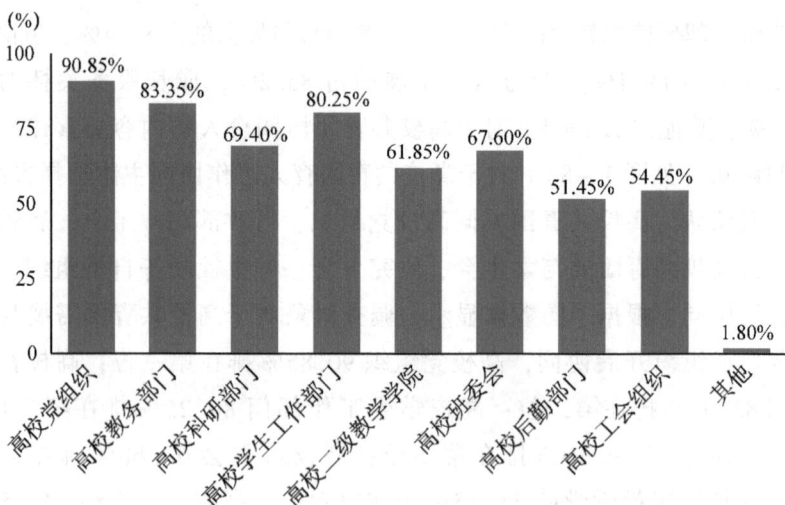

图 1-9 您认为高校共青团做好协同育人工作需要同哪些单位进行协作

第三，大学生对自身成长发展的自我感知。高校共青团员和大学生对自身存在的问题感知方面：认为理想信念缺失的占 52.15%；艰苦奋斗的动力不足占 70.35%，享乐主义盛行的占 47.95%，团员意识淡薄的占56.60%，责任担当意识缺乏的占 56.00%；其他占 3.60%（见图 1-10）。

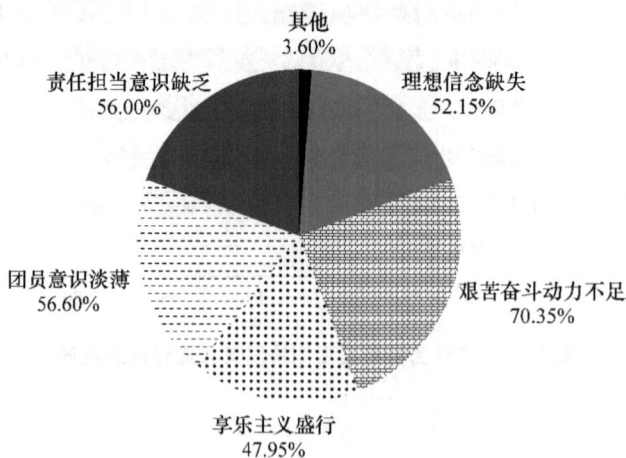

图 1-10 您认为当前高校共青团团员和青年大学生存在的问题有

在参加高校共青团协同组织的育人活动方面：经常参加的占53.1%，偶尔参加的占43.75%，不参加的占3.15%；对这些活动参加频率较高的顺序依次为思想道德修养类活动、文体艺术类、社会实践类、志愿公益类、学术交流类、科技创新类、就业创业类。对于高校共青团开展的主题教育印象较为深刻的感知方面：红色革命文化活动占75.25，习近平新时代中国特色社会主义思想主题学习活动占71.75%，社会主义核心价值观主题教育与实践占75.1%，弘扬中华优秀传统文化活动占68.9%，中国梦主题教育实践占60.3%。[①] 在高校共青团协同开展的系列活动助力个人综合素质提升方面：调查对象认为思想道德修养类、文体艺术类、学术交流类、科技创新类、社会实践类、志愿公益服务类、就业创业类活动受到共青团员和大学生的喜爱（见图1-11），并且认为这些活动使得自身的思想理论、道德修养、政治素质等综合素质得到整体提升（见图1-12）。

第四，高校共青团员和大学生对校内外相关组织协同育人工作评价。对于高校共青团与校外组织、机构、政府部门协同满意度评价：很

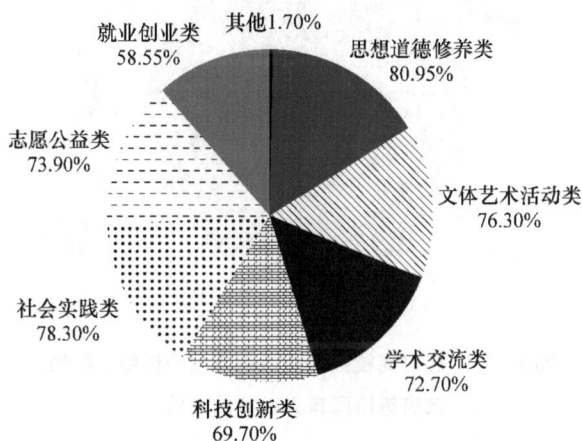

就业创业类
58.55%

其他1.70%

思想道德修养类
80.95%

志愿公益类
73.90%

文体艺术活动类
76.30%

社会实践类
78.30%

学术交流类
72.70%

科技创新类
69.70%

图1-11　您认为哪些活动有助于提升个人综合素质

---

① 此处数据为笔者2021年11月所进行的《高校共青团协同育人现状调查》调查问卷真实数据。

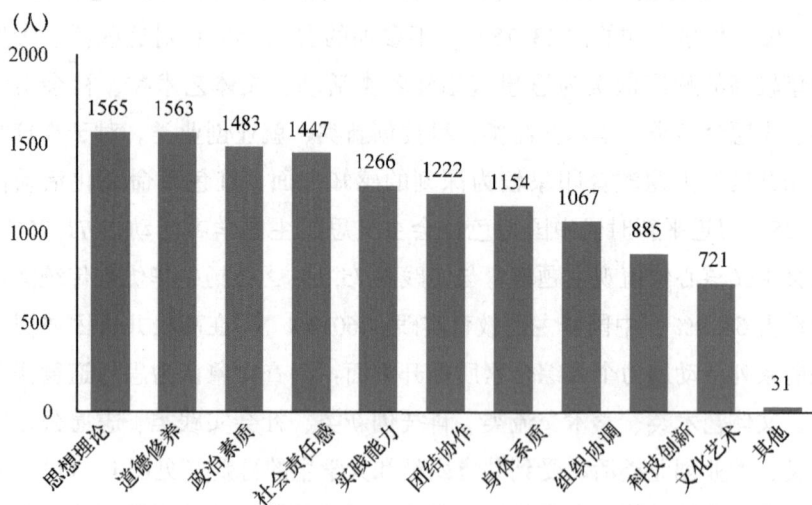

图 1 - 12 您认为在高校共青团组织的培养下哪些方面的素质得到了提升

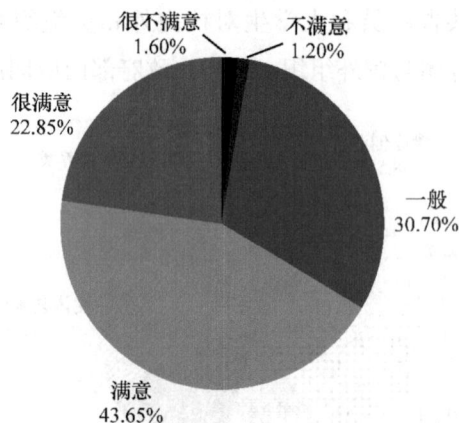

图 1 - 13 您对高校共青团组织与校外组织、机构、
政府等协同育人现状的评价

满意占 22.85%；满意占 43.65%；一般占 30.70%；不满意占 1.20%；
很不满意占 1.60%（见图 1 - 13）。对于高校共青团组织与校内党政部
门和其他机构的协同现状满意度：很满意占 24.40%；满意占 44.65%；
一般占 28.10%；不满意占 1.45%；很不满意占 1.40%（见图 1 - 14）。

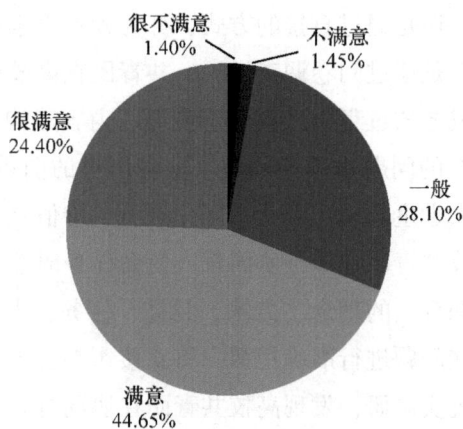

图 1 - 14 您对高校共青团组织与校内党政部门和
其他机构协同育人现状的评价

对于高校学生会、学生社团和其他学生自治组织发挥协同育人方面的作用评价：很满意占 24.20%，满意占 44.30%，一般占 28.75%，不满意占 1.30%，很不满意占 1.45%（见图 1 - 15）。

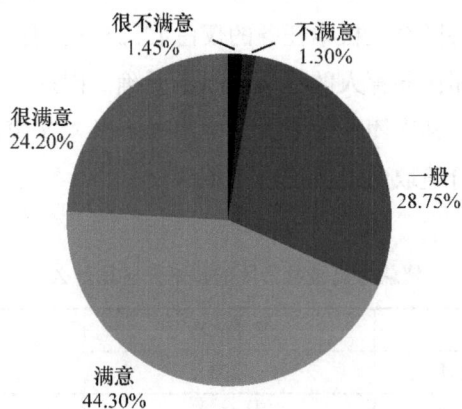

图 1 - 15 您对高校学生会、学生社团和其他学生自治组织发挥
协同育人方面的作用评价

（二）高校共青团协同育人存在的主要问题

共青团组织在高校近百年的为党育人、为国育才的实践中，无论是

通过间接的方式，还是通过直接的方式，都为青年大学生的健康成长作出了极大贡献，但是通过问卷调查发现，共青团在高校或高校共青团在服务大学生成长成才的过程中，在理念遵循、内容建构、系统建构、机制建构等方面存在的问题也不能回避。随着历史的前进，时代的变化，不同时代的高校大学生的思想观念、文化观念、价值观念等方面也发生了极大变化。高校共青团在履行协同育人使命任务时能不能及时适应时代的变化，对协同育人的理念、方法、目标、任务、内容、机制、主体等方面存在的一些问题进行准确把握，将直接影响协同育人成效。笔者经过历史分析和现实调研，发现高校共青团在协同育人过程中仍存在以下需要把握的问题。

1. 立德树人的价值理念不十分明晰

协助党培养德智体美劳全面发展的时代新人是新时代高校共青团协同育人的根本任务和铸魂育人的价值取向。笔者根据调查问卷获取的数据分析，当前高校共青团员、团干和大学生、学生干部对高校共青团协同育人的价值理念认知还存在一定的偏差，他们将高校共青团核心工作"思想政治引领"视为"立德树人"的根本任务，明确把"立德树人"视为高校共青团协同育人根本任务的仅占13.55%；有19.30%的调查对象认为高校共青团协同育人的价值取向不明确。因此，高校共青团在教育引导学生干部、共青团干部或大学生清晰认识"立德树人"是协同育人的根本任务和价值取向上待须进一步深化。

表1-1　　　　　　您认为高校共青团的根本任务是什么

选项	选填人次	比例（%）
进行思想政治引领	1103	55.15
开展文化艺术活动	25	1.25
协同培育时代新人	583	29.15
进行科技创新	18	0.90
立德树人	271	13.55
本题有效填写人次	2000	

2. 协同育人的内容供给守正创新不足

高校共青团协同育人内容供给既是内容供给要素的供给，也是内容供给方式的供给。长时间以来，一些高校共青团对于协同育人内容要素的供给缺少整体设计和合理规划，基本上是按照上级的安排"不折不扣"执行之，或者模仿其他高校依样画葫芦，同样的工作基本上是年复一年重复之，毫无变化。这样的工作方式，无论从内容要素上还是内容供给方式上，都无法满足代际青年大学生的需要。根据调查数据分析：调查对象虽然在整体上认为思想政治、道德培养、理想信念、法治素养、心理健康是高校共青团协同育人的内容，但是在劳动教育、生态素养、国际交流、志愿精神等方面有新的诉求；有42.95%（见表1-2）的调查对象认为高校共青团协同育人的内容体系较为陈旧，需要结合时代特点进行创新。例如，调查对象认为高校共青团协同思想政治教育存在灌输太多、实践太少，内容陈旧、缺少新意的问题；存在宣传教育方法创新不足，与自己所学专业结合不足，且娱乐性过多、思想性较少；存在缺乏相应的结构体系，没有进行分层分类教育等问题（见表1-3）。

表1-2　　您认为高校共青团协同育人工作存在哪些主要问题

选项	小计	比例
育人价值取向不明确	386	19.3%
育人主体队伍不健全	588	29.4%
育人内容体系较陈旧	859	42.95%
育人模式建构缺特色	1132	56.6
育人方法载体不丰富	862	43.1%
育人长效机制不健全	597	29.85%
其他	137	6.85%
本题有效填写人次	2000	

表 1 – 3　　　　您认为高校共青团组织在开展思想政治教育
工作方面还存在哪些欠缺

选项	填写人次	比例（%）
灌输太多，实践太少	1024	51.20
内容陈旧，缺少新意	921	46.05
娱乐性过多，思想性较少	384	19.20
宣传教育方法创新不足	1078	53.90
与自己所学专业结合不足	938	46.90
其他	64	3.20
本题有效填写人次	2000	

3. 协同育人工作主体队伍建设不稳固

高校共青团在开展协同育人过程中面临的重要的问题是协同育人主体队伍不稳定或能力不足问题。调查对象认为高校共青团协同育人存在主体队伍建设不健全问题的占 29.40%。主要表现：高校共青团专职团干部因身兼多种职务，出现工作倦怠；兼职团干部的流动性大，业务不精湛；整个团干部队伍过于年轻化，理论知识功底不够深厚，等等。还有少数团干部思想脱离原则、工作脱离实际，服务青年团员意识淡薄，在平时的工作和交往中存在官僚主义习气。例如，调查对象对高校共青团组织领导下的学生自治组织在协同育人工作方面满意度不是很高，很满意的仅占 24.20%；满意的只有 44.30%；一般满意的仅 28.75%；很不满的也有 1.45%。这从某种意义上表明，高校学生自治组织在协同配合做好服务大学生自身成长发展方面还有很多方面工作可以加强和改进。

4. 协同育人工作长效机制建构不健全

各个历史时期，高校共青团协同培育新人方面作出了有目共睹的努力，取得了不错的成绩，但是在协同育人制度机制方面仍存在不健全不完善问题，以及制度机制运转不畅等问题。一是党团组织的协同机制不完善，虽然高校共青团是协助党做好青年大学生的组织、凝聚、沟通和服务工作，但是从高校共青团工作现实状况观察，高校共青团已然淡化了群团组织的功能，缺少一定的工作独立性和特色性，更像高校的一个行政部门，而且"四化"问题较为突出，对于自身如何更好与党同向同行缺少整体思考。二是共青团领导下的学生会、研究生会、学生社团、其他学生自组织之间缺乏协同沟通、互促互进的激励约束制度机制，有时相互之间甚至会出现掣肘、冲突等问题，导致"一心双环"运转效果不佳。三是高校共青团在"三全育人"大格局下，还没有完全形成一套行之有效的"团教""团学""班团""党团""团工"等职责明确、分工协作、资源共享的长效机制。四是高校共青团与校外企事业组织、政府部门等协同育人缺少长效沟通、协作机制。此种情况从本次问卷调查中可见一斑。调查对象样本中有38.00%对高校共青团与校外组织、机构、政府等协同育人为"满意"，一般样本的比例是36.00%（频数分析见表1-4），整体的满意度不是非常理想，这表明高校共青团需要在协同育人的长效机制构建上做整体规划和进一步健全完善。

表1-4　　　　您对高校共青团组织与校外组织、机构、
政府等协同育人现状的评价

选项	频数	百分比（%）	累积百分比（%）
很不满意	1	2.00	2.00
不满意	4	8.00	10.00
一般	18	36.00	46.00
满意	19	38.00	84.00
很满意	8	16.00	100.00
合计	50	100.00	

（三）高校共青团协同育人存在问题的原因

随着我国高等教育综合改革的进一步深化，高校共青团协同培育时代新人的改革创新和实践探索也如火如荼地推进，但是当前高校共青团协同育人工作还有以上诸多问题需要克服。问题的克服需要对症下药，需要深入分析问题存在的原因和症结。笔者在根据调查问卷和访谈获得

的信息做深入客观分析后，总结出影响高校共青团协同育人实效的原因如下。

1. 深刻把握党和国家的立德树人理念不透彻

党的十八大以来，以习近平同志为核心的党中央提出要优先发展教育、把教育放在改善民生和加强社会建设之首的理念，让人民群众深受鼓舞。习近平要求："全国高等院校要走在教育改革前列，紧紧围绕立德树人的根本任务。"① 落实立德树人的根本任务，高校坚持改革创新，坚持育人为本，统筹各种育人资源，协同努力。但是高校有关协同育人组织主体对立德树人理念的认识还有待深入。第一，高校立德树人的育人综合平台尚未建立。高校要履行好立德树人的根本任务，不是哪一个部门单打独斗就能实现的，需要在一个平台上相互配合、相互协调，协同发力。调查研究发现，当前高校共青团作为践行立德树人的协同育人重要组织之一，尚未构建立体化、协同化的立德树人教育平台，在协同育人活动中共青团与党政、学工、后勤、工会等部门或单位联系不够紧密；"一心双环"格局下的学生会和学生社团两大学生自治组织之间貌合神离，有时两者还存在恶性竞争；高校共青团与校外企事业、社会组织之间真正意义上协同育人的实效并不理想，多元主体的协同育人支撑作用的综合效果没有很好地发挥出来。第二，立德树人教育理念的普及深度不够。高等教育领域"立德树人"根本任务已经深入推进落实，但是从实际情况来看，高校共青团组织在实际开展立德树人协同教育实践的过程中对于立德树人育人理念的普及推广宣传不够深入。这也就是为什么在调查研究中，一些高校共青团干部、共青团员和青年大学生以及学生干部对高校共青团协同育人的根本任务认识不清的重要原因。因此，高校共青团组织要加强对"立德树人"协同育人理念做系统性研究，推进高校共青团员和大学生的德育工作的系统化，将"立德树人"教育理念的研究成果融入协同育人实践。第三，立德树人活动开展缺乏周密的思考。一些高校共青团

---

① 习近平：《青年要自觉践行社会主义核心价值观——在北京大学师生座谈会上的讲话》，人民出版社 2014 年版，第 13 页。

基层组织开展立德树人工作习惯于感性认知，他们思考问题、谋划工作，在思维方式上存在一定的局限性，有的团干部"干工作不是基于全面的情况了解和数据推演，而是习惯建立在感性认识和抽象思维的基础上"①。因此，高校共青团开展协同育人工作同样要进行思维革新，要将感性认知与理性思考紧密结合起来，从工作开展到活动安排设计，要注重在调查研究基础上将立德树人理念蕴含进活动内容，并进行精细化设计。

2. 高校团学组织改革创新整体推进的速度缓慢

自 2016 年 11 月共青团中央着手推进高校共青团改革创新以来，高校共青团改革创新取得了不错成绩，协同育人工作也取得新进展，但同时仍然还存在诸多迟缓改革创新进程的不利因素。

第一，高校共青团组织在一定程度上存在行政化倾向。高校共青团在资源配置上仍然主要参照一般行政单位，跟高校大学生和团员培养实际仍不相称；在队伍建设方面，高校的团干部队伍的选拔考核仍然依照行政化模式，团干部队伍的管理方式存在机关化倾向。实际上，共青团干部同党政干部存在差别，共青团干部的选拔、考核、管理应该采用符合共青团的组织特点进行。

第二，高校共青团的组织动员能力需要进一步强化。应对中华民族伟大复兴道路上存在的可以预见和难以预见的风险挑战，党需要组织和动员青年先锋力量。高校共青团要"广泛动员青年建功新时代……主动配合党和国家重大工作部署，动员广大青年把报国之志转化为实际行动，努力成为担当民族复兴大任的时代新人"②。从当前的实际观察，高校共青团应对重大风险挑战的组织动员体制机制还是沿袭传统，未能根据时代变化发展实际构建研判、预测、分析预案，组织和动员能力有待改进和加强。例如，在参与抗击新冠疫情的过程中，高校基层团学组织

① 贺军科：《在共青团十八届五中全会上的报告和讲话》，共青团中央办公厅，2021 年 2 月 20 日。

② 《习近平在同团中央新一届领导班子成员集体谈话时强调　代表广大青年赢得广大青年依靠广大青年　让广大青年敢于有梦勇于追梦勤于圆梦》，《人民日报》2018 年 7 月 3 日第 1 版。

的作用不是非常明显，青年先锋和"桥头堡垒"的作用不是十分突出，高校共青团组织也缺少系统动员组织大学生参与到抗击疫情中来的整体规划。部分基层团组织在利用新媒体进行线上宣传组织动员过程中存在唯流量、唯影响力的倾向，忽视深入大学生群众工作的基本方法。

第三，高校持续推进共青团改革攻坚重视不够。党政重视是高校共青团事业发展和改革创新的重要支持。习近平要求："各级党委要把高校思想政治工作摆在重要位置，加强领导和指导，形成党委统一领导、各部门各方面齐抓共管的工作格局。"[1] 然而，一些高校党政在持续重视、推动和督促高校共青团改革方面还存在一些不足。一是部分高校党政领导对于高校团学组织改革重要性和紧迫性认识不够、站位不高，特别在校院级团干部配备等方面支持协调力度不足，未能高度重视共青团组织在高校"立德树人"大格局中的重要位置，把高校共青团工作视为"锦上添花"的错误观念；二是协同改革合力尚未真正形成，负责高校共青团工作的省级团组织部门同教育、组织部门的协同沟通方面有待加强；地市级负责高校共青团工作的部门着眼高校共青团改革大局，深入推进高校共青团综合改革创新的指导不足。校级团委层面主动联动宣传、组织、学工、教务、教务、财务、后勤等相关部门，争取在人财物、场地设备等方面的支持不够；三是改革创新推进不平衡不充分。不同类型、不同区域高校之间，公办和民办高校之间，本科和专科高校之间存在协同改革创新不平衡不充分现象。[2]

3. 建构整体运转有效的协同配合机制的能力不足

高校共青团协同育人是一个系统性工程，健全完善、运转高效的协同机制是确保协同育人质量的关键。当前，无论是从高校共青团组织内部，还是从外部来审视，都存在影响高校共青团协同育人机制运转不畅的多种因素。

从内部来看，高校共青团协同育人机制尚待完善。第一，组织动员

---

① 《习近平谈治国理政》第二卷，外文出版社 2017 年版，第 379 页。
② 温录亮：《新时期高校共青团改革攻坚的实践和思考——以广东高校为例》，《广西青年干部学院学报》2020 年第 3 期。

机制需要探索重构。组织动员青年服务于党和国家工作大局，是高校共青团的重要职责。在全团抓学校的背景下，高校共青团需要构建有效的青年动员机制，把青年的青春力量组织起来动员起来。"青年动员机制，指动员组织者（国家政府机关、群团组织或某一社会组织）以提高青年积极性为中心，通过宣传、鼓动、教育、组织等手段引导青年有序参与国家经济、政治、文化等社会活动的制度体系和载体集合。"① 虽然共青团在参与国家政治经济文化等方面作出了努力，但是高校共青团实质性通过宣传、鼓动、教育、组织青年大学生参与国家政治、经济、文化等方面的事务或活动的制度体系和载体还很缺少，大多还是局限在校园内部的有限空间，这一定程度上限制了青年大学生参与社会的积极性，从某种意义上来说，继承和弘扬高校共青团领导下的青年大学生有序组织动员起来，围绕党和国家工作大局推行学生运动的机制需要重构。第二，育人服务协同机制有待完善。服务青年团员和大学生，确保青年团员和大学生成长成才是高校共青团的功能职责。高校共青团如何做好服务青年大学生的成长成才呢？从组织本身来看，高校共青团应重视学生会、研究会和学生社团的价值，构建体系健全的基于学生会组织、学生社团组织、研究生会组织的学生自我服务机制；重视高校共青团组织自身的制度体系建设和完善，发挥共青团制度育人的优势；重视青年志愿者协会、学生兴趣社团等学生自组织自我服务制度建设，构建全面的共青团内部协同一体的育人服务机制。然而，在深入推进高校共青团改革的过程中，虽然高校学生会、学生社团等组织也在深入推进改革，制定了一些新的制度，调整了机构设置，但是目前其整体协同服务大学生自我成长发展的运转良好的一体化协同机制尚未完全建构，仍然存在各自为政、各怀心思的现象，有限的资源和多元力量没有很好地整合起来，这必然影响"一心双环"格局下高校共青团协同育人机制的运转效能。第三，协调管理机制尚需完善。高校团的领导机关负责对基层团组织和学生组织的管理。引导支持大学生社团规范有序发展；在团组织指导下

---

① 李东霖、李玉雪：《"有序式"动员：高校共青团青年动员机制的时代重塑共青团视野下的大学生政治敏感度探究　新时代高校学生团干部增强"四个意识"的对策研究构建高校共青团与关工委工作的契合机制探索》，《高校共青团研究》2020年第Z1期。

加强对大学生社团引导服务是学生会的重要职责；已成立校级学生社团联合会的，校级学生会负责学生社团工作的主席或副主席兼任其主要负责人。这是高校共青团、学生会、学生社团改革后的新的管理要求。一些高校虽然在程序上已经按照《高校共青团改革实施方案》完成了团学组织管理改革，然而实质上很难说团学组织在目标管理、过程控制、考核监督、效果评估、激励惩戒等方面已经建构起来了一整套有效的协同管理机制。

从外部来看，高校共青团协同育人机制改进创新不足。第一，党团班组织协同机制不畅。高校共青团有着"党旗所指，团旗所向"的光荣传统，高校党建与团建工作密切相关，本应相互配合、协调开展，但是党团工作联系与配合脱节、各行其是现象较为突出。其一，党团工作联系与配合脱节、各行其是现象突出。由于双方缺乏必要的顶层设计和相互沟通，在实际工作中往往存在工作同质重复，甚至有时会发生工作上的相互冲突，未形成强有力的教育合力。这不仅不利于对学生的培养，更容易降低学生对党团组织的信任和信赖。其二，党课和团课协同育人运行机制不完善。通过党校党课和团校团课在共青团员和大学生积极分子中广泛宣传马克思主义和马克思主义中国化时代化的理论创新成果，有利于强化共青团员或者大学生积极分子的理想信念和理论武装。然而，现行"两课"在目标设计、效果评估、结果反馈上缺乏协同性和差异性。其三，学生班级组织的党团组织缺乏协同行动。高校学生学习基本上以行政班级为组织单元，传统的班级委员会的作用在管理者眼中要高于党小组和团支部。在班级这个组织单元中，团支部和党小组作用弱化，即使现在为了克服这一弊端，团中央出台"班团一体化"制度，但是根据实际调查，班团之间的这种不协同问题没有实质上的改观，班团协同育人的效果还不是很明显。第二，共青团与校内其他部门之间的协同机制不畅。高校共青团作为一个直接负责组织大学生、引领大学生、凝聚大学生和服务大学生的群团组织，担负着大学生与学校沟通的桥梁纽带作用，时时要注重倾听学生的心声，并及时负责同学校党政沟通，维护学生的合理正当诉求和利益。但是通过调查走访发现，虽然一些高校通过学生代表大会、团员代表大会提案形式建立了沟通渠道和沟通机制，但是多数高校未能建立直接的沟通联系机制，对大学生的合理诉求不能得到及时地反馈和妥善解决。其一，团教协同机制不畅。高校教学和团学的工作之间缺少融合、联系的现象仍十分普遍。一些高校专业课教师在开展教育教学工作过程中，对于自身在协同育人工作中扮演的角色，以及承担的责任，尚未有十分清晰的定位和思考。专业教师和团组织、辅导员之间无法形成合力，这在很大程度上影响了协同育人的效果。团学与教学尚未构建完善的团学教学一体化机制，难以形成良好的协同育人氛围。[①] 其二，共青团与学生管理部门之间协同机制不畅。在部分高校共青团和学生处是统合于学生工作部，校团委书记兼任学生工作部副部长。这样的机制设置初衷是为了便于协调高校共青团组织和学生工作部门之间的工作，但是从现实的工作状况来观察，高校共青团组织和高校学生工作部门仍然是"两张皮"，各自只管扫好门前雪，缺乏统一步调和顶层设计的协同机制，甚至时有部门之间工作的矛盾冲突发生，导致团学协同育人呈现不协调的不良影响。其三，共青团与工会、后勤等部门之间的协同机制不畅。工会、后勤部门都是高校育人的力量。以高校工会组织来说，党的群团工作会议要求工会、共青团发挥作用，形成合力优势。但是高校共青团和工会组织职能存在一定交叉，实际工作中常常出现"条块分割、各自为战"的现象，彼此各自经营"一亩三分地"，横向合作不够，资源整合不够，协同机制尚未建立。二者应当自觉在大学生思想政治教育、维护大学生合法权益、服务大学生健康成长等领域拆除"篱笆墙"，构建长效协作机制，加强实质性协同合作。第三，高校共青团与校外主体协同育人缺乏持久性。高校共青团与校外育人主体协作主要有与地方共青团的协作、与地方高校共青团之间的协作、与地方企事业单位的协作、与地方团体的协作、与家庭之间的协作、与地方基层政府部门之间的协作。高校共青团不论是跟校外哪一个主体协作，都需要有一套完整的协作机制，确保校地主体之间围绕一个目的，那就是共同服务于大学生的综合素质的提高。根据调查研究分

---

① 范烨：《基于共青团改革背景下的高校团教协同育人研究》，《湖北开放职业学院学报》2021 年第 16 期。

析，影响高校共青团协同育人机制运转效率的主要因素还是这类主体之间缺乏协作的持久性。基于以上相关问题及其原因的分析，下文从理念遵循、内容供给、主体建构、机制完善等方面提出解决高校共青团协同育人存在的问题的思路和方案。

第二章

高校共青团协同育人的理念追求

理念是"人们对于某一事物或现象的理性认识、理想追求及其所形成的观念体系"①。先进的理念能指引人们正确地从事实践活动。教育活动是一项培养人、塑造人的育人实践活动。培养人、塑造人的育人实践活动需要在先进育人理念的指导下进行。中国特色社会主义的育人理念是迄今为止人类历史上最为先进的育人理念,它以马克思主义教育思想为根本指导,从中华民族五千多年的教育智慧中汲取了丰厚的营养,批判吸收了世界其他民族国家包括资本主义社会的先进育人理念,并在此基础上进行了创造性转化和创新性发展。

中国共产党人把马克思主义"促进人的全面发展"育人价值理念融入中国特色社会主义育人实践之中,把"立德树人",大学生德智体美劳全面发展作为我国高等教育的育人价值取向。习近平在全国教育大会上指出:"新时代新形势,改革开放和社会主义现代化建设、促进人的全面发展和社会全面进步对教育和学习提出了新的更高的要求。"② "要把立德树人融入思想道德教育、文化知识教育、社会实践教育各环节。"③ 高校共青团组织作为党的后备力量,在大学生群体中开展思想政治工作、道德养成实践、科技文化实践、社会实践教育等育人活动具有良好的传统和较大的协同优势。新时代高校共青团要继续发挥思想引

---

① 韩延明:《大学理念论纲》,人民教育出版社 2003 年版,第 58 页。

② 《习近平在全国教育大会上强调 坚持中国特色社会主义教育发展道路 培养德智体美劳全面发展的社会主义建设者和接班人》,《人民日报》2018 年 9 月 11 日第 1 版。

③ 《习近平在全国教育大会上强调 坚持中国特色社会主义教育发展道路 培养德智体美劳全面发展的社会主义建设者和接班人》,《人民日报》2018 年 9 月 11 日第 1 版。

领、沟通协调、桥梁纽带作用，把"立德树人"作为协同育人价值理念的根本遵循和协同序参量。

一 中西高等教育育人理念的演进

人类文明的每一次升华，人类社会的每一次前进，人类个体素质的每一次提高，都离不开教育的向前发展，而教育在每一个时代的历史性进步都离不开比前一个时代更为先进、完善，更加符合人类共同的价值追求的教育理念的进步。所谓育人理念，是指"人们对于教育现象（活动）的理性认识、理想追求及其所形成的教育思想观念和教育哲学观点。它是教育主体在教育实践、思维活动及文化积淀和交流中所形成的教育价值取向和教育价值追求，是对教育'应然状态'的理性认识和观念整合，是一种具有相对稳定性、延续性和指向性的教育认识、理想观念体系，具有民族性、国际性、导向性、前瞻性、规范性的特征"[1]。在人类整个教育活动层次结构体系中，高等教育育人理念则代表着人类社会整体教育价值追求的最高水平。高等教育理念内在规定着高等教育的育人价值理念和追求。一般意义上，人们习惯于将高等教育的育人理念等同于大学教育的育人理念，认为高等教育育人理念抑或大学教育育人理念是"人们对那些综合性、多学科、全日制普通高等学校的理性认识、理想追求及其所形成的教育观念和哲学观点"[2]。它内在包含着人们对高等教育的宗旨、目标、任务、功能、精神的认知和理解，且本质上规定着高等教育培养什么人、为谁培养人以及怎样培养人问题。高等教育育人理念对高等教育的发展和高素质人才培养具有潜在的价值导向作用。大学组织内部各种组织系统的活动都要遵循育人价值理念，开展各种协同工作，以有效培养人才，但这种价值导向不是自然的自发行为，而是随着人类历史进程的推进和人类深入开展教育实践活动的自觉行

---

① 韩延明：《大学理念论纲》，人民教育出版社 2003 年版，第 64 页。

② 韩延明：《大学理念论纲》，人民教育出版社 2003 年版，第 69 页。

为，具有丰富的历史逻辑和实践逻辑。

（一）中国传统高等教育育人理念的演进

中国高等教育有着悠久的历史传统。任何一个民族、国家，由于人类在不同的历史时期物质资料生产方式、社会文化、地域环境、人口因素等方面的差异，其高等教育的育人价值理念在不同历史与现实中也必然存在一定差异。中国高等教育可以分为古代高等教育、近代高等教育，以及现当代高等教育。中国古代高等教育的育人价值理念是基于封建统治阶级培养维护其阶级统治利益的官吏和知识分子的需要。中国近代高等教育的育人价值理念一方面是为维护摇摇欲坠的封建统治培养人才的需要；另一方面是为挽救民族危亡而培养社会革新人才的需要。

1. 中国古代高等教育育人理念

中国古代的高等教育与西方古代的高等教育在育人价值理念等方面的差异还是非常明显的。严格意义上讲，"中国古代没有近代意义上的高等教育，因为近代高等教育是近代学制确立后的产物。但是，古代却有发达的大学教育"①。我国一些学者为了便于中外高等教育的比较鉴别、交流互鉴，一般把古代大学教育等同于古代高等教育。整体观照，"中国古代高等教育萌芽于夏商周，形成于春秋战国，正式确立于两汉，发展于唐宋，瓦解于明清"②，具有浓厚伦理色彩，将修齐治平、忠君爱国的人才培养视为其育人的最高价值追求。

第一，先秦时期高等教育的育人理念。中国古代高等教育起始于先秦时期（涵盖夏商周）。春秋战国以前，中国高等教育的记载始于"五帝时期，相传五帝时的学校名称为成均。夏、商、周时期，学校开始区分大学、小学。庠、序、辟雍、泮宫、瞽宗等就是当时大学的名称"③。东周以前，古代的高等教育基本被奴隶主阶级所统治，下层百姓和奴隶

---

① 郑登云编著：《中国高等教育史》（上），华东师范大学出版社1994年版，第1页。
② 转引自刘尧《中国高等教育发展历史述评》，《南阳师范学院学报》2009年第2期。
③ 转引自孙丽芝《"大学之道"：中国古代高等教育的纲领》，《煤炭高等教育》2007年第3期。

阶级是没有资格去高等学府学习知识、接受良好的教育，整个奴隶社会只有上层奴隶主、王公贵族子弟才有条件、有机会、有资格接受高等教育，教育活动基本被统治阶级上层垄断和控制。高等教育基本目的是适应奴隶主统治阶级人才培养的需要，其人才培养的核心理念又在于"明人伦也"①（《孟子·滕文公上》）。所谓"明人伦"就是孟子所倡导的"父子有亲，君臣有义，夫妇有别，长幼有序，朋友有信"，把这种"人伦"理念融入大学生的日常社会生活之中，从而达到维系整个社会结构与秩序的和谐稳定。及至西周末年，诸侯势力强大起来，周王室势力衰微，各地诸侯争权夺利，整个社会礼崩乐坏，原来周天子掌控的人才流散到各诸侯国，出现了"天子失官，学在四夷"的新局面，原来服务朝廷高等教育的一部分人才出走天子之后，开始通过兴办私学的方式培养人才、传播思想。在各种私学高等教育中，以孔夫子为代表的儒家聚众讲学的规模最大，其教育教学思想及其育人理念也最为契合百姓的需要。孔子的高等教育思想及其育人理念集中体现在《大学》《论语》中。《大学》一书阐述了儒家大学教育的核心要旨："大学之道，在明明德，在亲民，在止于至善。"②虽然《大学》中所提之"大学"并非近现代意义上的"大学"教育机构，但是"大学"其实质含义作为对更高层次学问的一种追求，目的在于使教育对象品行更为端正，具有更高的善性；获得更高深的学识和修养，能获得新知、启迪民智，改良社会；把实现"至善"作为终极价值追求和人生的最高境界。从孔子的育人理念来看，儒家经典《论语》所体现的育人理念可以用"修身、齐家、治国、平天下"一句话来揭示。这句话蕴含了多个层面的丰富内涵，从育人的任务来讲教育要为国家、社会培养治国理政的有用人才；从育人目标上来讲要实行分类培养，注重培养君子型人格社会个体和培养能管理好家庭、治理国家的管理人才，以及培养能结束天下分裂局面的治世之才；从育人的过程来讲，育人活动是一个循序渐进的过程，不可能一蹴而就，个体首先要锤炼好自身的德行修养，然后把良好的德行修养运用

---

① （战国）孟子：《孟子》，顾长安整理，万卷出版公司2009年版，第67页。

② （战国）曾参：《大学》，傅佩荣主译解，东方出版社2012年版，第3页。

于管理好小范围的家庭方面，只有管理好了家庭，才能进一步参与治理国家和担负统一天下的大任；从育人内容的择取上讲，主要围绕"仁、义、礼、智、信""温、良、恭、俭、让""忠、孝、勇、恭、廉"构建教育教学内容。整体上看，以孔子为代表的儒家把育人和育才统一的育人理念渗透在他日常的教育教学和人才培养的过程之中，力图为国家社会培养具备"内圣外王"素养的理想人才。

第二，汉唐时期高等教育的育人理念。从西汉武帝元朔五年（公元前124年）"太学"建立到唐代贞观年间，是我国古代官方高等教育最为兴旺发达的鼎盛时期，这一时期中国古代高等教育制度建设、学科建设、内容选择、理念设计等方面都日臻完备。"汉代是我国中央政府命令设置高等教育机制的创始时期，它为中国官立高等教育奠定了基础。"① 公元前124年，西汉汉武帝创立了"太学"，"太学"成为当时国家官方办学最高层次的高等教育机构，其"本义就是儒家经典中所说的大学"②。王莽时期，"太学"办学规模进一步扩大。王莽失败后，"太学"随之衰微，中间"太学"虽短暂中兴，但到东汉灵帝广和元年（公元178年）新型的中央官学"鸿都门学"产生后，太学再次衰败。"鸿都门学"是东汉"党锢之争"的产物，其主要是"专门学习和研究文学艺术，教学内容是辞赋、小说、尺牍、书画等"③。无论是"太学"还是"鸿都门学"，其人才培养理念跳不出适应庶族地主阶级的需要。弟子通过举孝廉、举明经、举茂才等察举入仕的方式获得高官厚禄。这种教育从育人理念到制度设计，直接为统治阶级的人才选拔服务。三国、两晋、南北朝及至盛唐，高等教育基本沿袭了汉代的太学，只是名称被更改为"国子学"。盛唐贞观年间，高等教育机构国子监下设"国子学、太学、四门学、书学、算学、律学等'六学'，还设贵族学校弘文馆、崇贤馆，在太医署设医学，司天台负责培养天文、历法等人才，太仆寺培养兽医，门下省培养掌管整理典籍勘正错误的人才，中书省设文学馆培养艺术人才。等级界限进一步制度化，正式确立专门学院，行

---

① 熊明安：《中国古代高等教育散论》，《教育研究》2002年第3期。
② 熊明安：《中国古代高等教育散论》，《教育研究》2002年第3期。
③ 刘尧：《中国高等教育发展历史述评》，《南阳师范学院学报》2009年第2期。

政、教育、研究机构结合"①。唐朝的高等教育对人才的选拔沿用了隋朝的科举取士制度，但在隋朝科举制度基础上得到进一步发展，在教育教学、制度管理、人才培养理念等方面较前代更为完备。越来越多的社会底层弟子通过科举取士，也有机会接受更高等的教育，但是这不能改变封建官府高等教育剥削阶级的本质和属性，也改变不了"科举支配下的学校教育，束缚着学生思想的发展，障碍着学生开阔眼界。很难培养出思想活跃，视野宽广，又具有真才实学的人才，而只能培养记诵经典章句的书蠹"② 和压迫人民群众、剥削人民群众的封建官吏。

第三，宋元明清时期高等教育的育人理念。在人类社会发展历史进程中，由于不同时代的生产力发展水平的差异，服务于一定生产力与生产关系的高等教育的育人理念也存在差异。宋元明清时代同以前时代经济社会发生了极大变化，决定了宋元明清的高等教育人才培养的理念变革。宋代在继承隋唐高等教育传统的基础上，发展了高等教育人才培养模式，也就是书院这种高等教育的组织形式得以产生发展。书院"以研究学问为宗旨，教学重在自修，自由讲学。讲究身心修养"③。宋代高等教育先进育人理念的代表是朱熹。朱熹认为高等教育要使学生明义理，深入理解"父子有亲、君臣有义、夫妇有别、长幼有序、朋友有信"的为人规范与道理；大学阶段要使学生在明事理的基础上，达到修己治人的培养目标，为国家培养"仁人""圣贤"的治理之才，这种育人理念是同儒家"修身、齐家、治国、平天下"的思想一以贯之。元朝秉承了宋代的高等教育的书院模式，且规模进一步扩大，但是其性质则更加官方化了。书院开设课程的教学内容主要是宋代书院开设的"四书""五经"。之所以如此，原因在于元代的统治者试图以宋代较为先进人才培养理念和人才教育内容获得大多数汉人知识分子的认可，从而有效维护元代蒙古族对国家的思想控制和统治。中国古代历史走向明代及至清代中叶是中国封建主义经济形态由高度发展向衰退灭亡的历史时期，同时蕴含着资本主义因素的新的生产关系开始萌芽。商品经济在自给自足自

---

① 刘尧：《中国高等教育发展历史述评》，《南阳师范学院学报》2009 年第 2 期。
② 熊明安：《中国高等教育史》，重庆出版社 1988 年版，第 209 页。
③ 刘尧：《中国高等教育发展历史述评》，《南阳师范学院学报》2009 年第 2 期。

然经济基础上发展起来，农业、手工业、商业日益兴盛，但是封建统治者为了延缓封建主义生产关系和封建地主阶级的阶级统治，不断在政治上强化封建主义中央集权，在社会文化观念上强化思想控制。明清统治者为了在思想上对社会进行严厉控制，培植大批知识分子为其进行思想控制服务，高度重视学校教育对于教化民众的重要作用。朱元璋曾在给中书省的命令中写道："朕惟治国以教化为先，教化以学校为本。京师虽有太学，而天下学校未兴，宜令郡县皆立学校，廷师儒，授生徒，讲论圣道，使人日渐月化，已复先王之旧。"① 明代统治者重视通过学校以儒家思想来培养人才、教化民众，但是"明朝官办高等教育机构，只设有两京国子监，初年还比较兴盛，但到明宪宗成化之后就逐渐废弛而徒具形式了"②。如果说在明代国子监这种高等教育还具备一定形式，那么到了清代国子监这种高等教育办学形式则已经腐朽了，清代国子监学生的选拔"来源复杂，有依父官阶级别入学的荫监生，有逢皇家庆典恩赐而入学的恩监生，有经过考试入学的优监生，有各地按名额选送的例监生，有用钱捐来的捐监生等，国子监成为藏污纳垢的地方"③。这标志着中国古代为统治阶级培养治国理政人才，实现阶级统治的高等教育工具基本丧失了原有的价值，开始沦落为封建贵族统治阶级子弟谋取个人荣华富贵的平台。

　　纵观两千多年来中国古代高等教育发展的历史，虽然在不同的历史时代中国高等教育的形式不尽一样，但中国古代高等教育的育人理念却是一以贯之的，始终把为封建统治阶级培养具有良好道德修养和精通经史知识的"德政"人才作为育人价值追求。"德政"人才的内涵要从两个层面来理解，第一个层面是高等教育要把教育对象培养成为具备君子型人格和勤政爱民的理想人才，这种理想人才的特征是"格物致知、正心诚意、敬业乐道"；第二个层面是教育对象学有所成后，要"学而优则仕"，要有"忧国忧民"情怀，积极参与国家社会治理，维护服务于封建统治阶级的阶级利益，为封建统治阶级的统治和利益辩护。中国古

---

① 熊明安：《中国高等教育史》，重庆出版社1988年版，第321—322页。
② 熊明安：《中国高等教育史》，重庆出版社1988年版，第322页。
③ 刘尧：《中国高等教育发展历史述评》，《南阳师范学院学报》2009年第2期。

代高等教育的育人理念在一定的历史时代有其积极合理的一面，但随着历史的前进和新的生产力和生产关系的产生，这种育人价值理念在内容和形式上潜在的消极因素日益成为制约历史发展和新型人才培养的桎梏，阻碍了社会的进步和人的全面发展。

2. 中国近代高等教育育人理念

中国近代社会历史以 1840 年鸦片战争爆发为开端，以 1949 年中华人民共和国的成立为终点，历经晚清王朝、中华民国临时政府、北洋军阀时期和国民政府四个阶段，这四个阶段的历史是中国社会逐步沦为半殖民地、半封建社会的历史，是中国人民遭受帝国主义的侵略、蹂躏、压迫的屈辱史，是中国人民遭受封建主义、官僚资本主义剥削、压迫的历史，是中国人民争取民族独立的反抗史、斗争史。这几个阶段习惯上被学界划分为旧民主主义革命时期（1840—1919 年）和新民主主义革命时期（1919—1949 年）。马克思主义认为，"随着每一次社会秩序的巨大历史变革，人们的观点和观念也会发生变革"①。中国近代社会秩序发生了史无前例的剧烈变动，中华民族在外敌入侵环境下面临亡国灭种的生存危机，客观上促进了中国高等教育及其育人理念的近代变革。

第一，旧民主主义革命时期高等教育的育人理念。1840 年以后到1911 年辛亥革命前的晚清政府处于风雨飘摇之中，一方面古老的中华民族在西方列强船坚利炮的入侵之下，腐朽无能的晚清政府无力与之抗衡，只能签订一系列屈辱的不平等条约，以割地赔款的方式换得苟延残喘；另一方面是内部不堪帝国主义、封建主义势力压迫剥削的人民群众的革命反抗，晚清政府为了维护其摇摇欲坠的封建统治，对外向帝国主义妥协投降，勾结西方列强，对内极力镇压人民群众的反抗。这时封建统治集团内部一批睁眼看世界的有识之士，如魏源、洋务派、维新派等认识到要抵抗外来侵略、维护晚清政府的统治，必须革新思想观念、创办新式高等教育，以培养新式人才。19 世纪 60 年代到 20 世纪初，晚清统治者在"中学为体，西学为用"的理念指导下，借鉴西方高等教育理

---

① 《马克思恩格斯全集》（第十卷），人民出版社 1998 年版，第253 页。

念创办了京师大学堂、福建船政学堂、天津水师学堂、上海南洋公学等一批新式高等教育机构，各省也创办了高等学堂，这些大学成为中国近代大学的雏形，它们从教学内容、教学目标、教学方式、育人理念等同古代高等教育都有所区别，"最明显的特征是西方近代社会科学的各个门类被大量引进高等教育的课堂，政治学、法学、教育学、哲学、心理学、经济学等社会科学被作为大学或高等学堂的教学内容"①，同时，物理、化学、动物科学、地质学、矿物、农学、医学等科目也成为自然科学和理工科教学内容，它们以造就通才为宗旨，以培养各项专门人才为目的，把专业人才和通才培养结合起来，但是，张百熙、张之洞等人明确地提出："至于立学宗旨，无论何等学堂、均以忠孝为本，以中国经史之学为基。俾学生心术壹归于纯正，而后以西学渝其智识，练其艺能，务期他日成材，各适实用，以仰副国家造就通才、慎防流弊之意。"② 洋务运动和戊戌维新运动的失败证明：不触动封建思想根基的高等教育革新是无法挽救民族危亡的命运。

1911 年孙中山先生领导的辛亥革命推翻了中国长达两千多年的封建帝制，为中国近代高等教育的发展开辟了新的道路。一批直接或间接接受过西式先进教育理念的资产阶级知识分子把西方近代高等教育育人理念引进中国，提倡"学术自由，兼容并包""教授高深学术，培养硕学闳才和专门人才"的育人价值理念，要通过研究各种学术，"以期发明真理，造就人才"③，"摒弃了清末大学堂'以忠孝为本'、'以经史之学为基'的封建性"④ 育人价值理念。蔡元培任北京大学校长，他在陈独秀、李大钊、胡适等革新派支持下对北京大学的教育理念、管理制度、教学内容等进行了一系列根本性变革并取得重大成效，"蔡元培在改革北大领导体制和学科体制的同时，还认为研究学理的人，要有一种活泼的精神，不去学古人'三年不窥园'那种死读书，而大力地提倡思想自由和学术自由，鼓励学术研究。为了改变昔日北大学生的旧习气，他号

① 刘尧：《中国高等教育发展历史述评》，《南阳师范学院学报》2009 年第 2 期。
② 郑登云编著：《中国高等教育史》（上），华东师范大学出版社 1994 年版，第 80 页。
③ 刘尧：《中国高等教育发展历史述评》，《南阳师范学院学报》2009 年第 2 期。
④ 郑登云编著：《中国高等教育史》（上），华东师范大学出版社 1994 年版，第 101 页。

召和提倡组织各种社团、各种研究会"①。蔡元培在大学提倡大学生成立各种学生社团和研究会，为近代高等教育注入了一股清朗新风，为活跃大学生思想开辟了新的领地，为在全国范围内掀起新文化运动和"五四"青年爱国救亡运动积累了青年先锋力量，为后来共青团组织协助党组织在高校开展工作、发展革命力量创造了良好条件。

第二，新民主主义革命时期高等教育的育人理念。1919 年五四运动的爆发，标志着新民主主义革命的开端。新民主主义革命时期中国的高等教育情况比较复杂。1919 年到 1927 年，中国的高等教育被北洋军阀控制，高等教育遭到极严重的摧残，师生的爱国救国运动也遭到残酷镇压，中国近代高等教育基本处于停滞状态。在这种内忧外患的时代背景下，蔡元培、陈独秀、李大钊、胡适、吴稚晖、陶行知等一批知识分子认为"近代中国落后的原因是科学技术不发达，科学精神没有得到培养，为此，解决中国问题，首先应从教育问题入手，通过教育'开启民智'，使国人掌握科学，从而拥有社会发展的钥匙"②。他们把这一教育理念渗透入育人理念当中，并打出了"德先生"和"赛先生"（民主和科学）的大旗；"他们对传统儒家的'圣人'人格进行批判，而将科学与民主视为理想人格不可或缺的因素"③。恽代英认为"教育的目标是培养'国家的主人翁'，而主人翁最关键的是有独立精神、创造精神和自尊自信"④。如何"培养国家的主人翁"呢？一些教育人士引入了欧美的"职业教育""实用主义教育""工读主义教育""平民的教育""生活教育"等育人理念并加以实践与推广。与此同时，随着马克思主义在中国的深入传播，在高等教育的育人价值取向方面开始呈现一种不同的声音，陈独秀、李大钊、恽代英、毛泽东等人开始探索运用马克思列宁

① 郑登云编著：《中国高等教育史》（上），华东师范大学出版社 1994 年版，第 132—133 页。

② 尹艳秋：《必要的乌托邦——教育理想的历史考察与建构》，福建教育出版社 2004 年版，第 10 页。

③ 尹艳秋：《必要的乌托邦——教育理想的历史考察与建构》，福建教育出版社 2004 年版，第 127 页。

④ 尹艳秋：《必要的乌托邦——教育理想的历史考察与建构》，福建教育出版社 2004 年版，第 128 页。

主义教育理念培养革命时代先进青年的路径和方法。

然而，中国先进知识分子的希望之花在 1927 年随着以蒋介石为首的国民党反动派的叛变而枯萎凋谢。蒋介石的国民政府在反革命政变后攫取了高等教育的管理权，加强了对高等教育的控制，直到中华人民共和国成立前夕，蒋介石的国民党政府都丝毫没有放松对高校师生的严密控制。在新民主主义革命阶段，国民党反动派根据不同阶段的形势变化，对高等教育的育人理念也做出相应调整。1927 年国民政府在高等学校实行实施"党化"教育，推行大学院制，蔡元培任院长，他提出大学要实行科学教育、劳动教育、艺术教育的育人理念。蔡元培的人才培养理念在国民党反动派的反动思想控制下是无法真正落到实处，无法真正起到培养救国救民人才的作用。1928 年 5 月，国民党第一次全国教育大会决定废止"党化教育"，提出"三民主义教育"方针。1930 年蒋介石提出："改革教育当用革命手段整顿学风，要十分注意党义教育，要以'三民主义统一青年思想'。"① 蒋介石这里指的"学风"实际是指大学生参与或发起的反对蒋介石叛变革命的爱国救亡学生运动，蒋介石对此是严厉禁止，甚至不惜镇压屠杀爱国青年学生；蒋介石的"三民主义"实际是伪"三民主义"，本质是法西斯独裁主义，他是要把接受高等教育的青年学生驯化成为国民党政府反共反人民的工具。即使是抗日战争和解放战争时期，蒋介石"国民党政府不仅没有放弃其封建法西斯的高等教育政策，反而利用高校内迁加以调整，合并和控制，更加强化其封建法西斯教育"②。"1938 年 2 月，国民党政府教育部公布了《青年训练大纲》，要在大中学校施行'青年训练'，要求通过日常生活训练，培养学生信仰三民主义、服从领袖（蒋介石）的思想，进而树立新的人生观、民族观、国家观和世界观。"③ 为了强化国民党对学校师生的控制，国民政府"在全国各高等学校成立了国民党，'三青团'组织"④，其目的一方面是为了加强国民党政府对国统区高等教育的法西斯控制；一方面是为了增强同共产

①　郑登云编著：《中国高等教育史》（上），华东师范大学出版社 1994 年版，第 238 页。
②　郑登云编著：《中国高等教育史》（上），华东师范大学出版社 1994 年版，第 248 页。
③　郑登云编著：《中国高等教育史》（上），华东师范大学出版社 1994 年版，第 248—249 页。
④　郑登云编著：《中国高等教育史》（上），华东师范大学出版社 1994 年版，第 249 页。

党、共青团的对抗力量，遏制共青团组织利用国统区高校领导进步青年学生开展革命运动，打击共青团协同共产党在国统区高校开展"第二条战线"的斗争运动。国民党在国统区发展高等教育，贯彻的高等人才培养理念完全是从服务国民党法西斯独裁政治目的出发，根本上违背了人民群众反抗侵略、争取和平，建立民主共和国的意愿，因而是反动的。

（二）西方社会高等教育育人理念

西方社会的历史分为古代史、近代史和现当代史。任何一个时代高等教育的价值理念都不是一成不变的，而是随着时代的变化发展其具体的内涵和外延都会得到丰富和拓展。西方社会高等教育及其育人理念经历了古代高等教育育人理念、近代高等教育育人理念和现当代高等教育育人理念的发展脉络。

1. 西方古代高等教育育人理念

西方古代历史是 1640 年英国资产阶级革命以前的欧洲社会演进历史，又分为古希腊和古罗马时期的历史、欧洲中世纪时期的历史和文艺复兴时期的历史三个历史分期。

第一，古希腊和古罗马时期的高等教育育人理念。促进个性自由、追求理性智慧是古代希腊和古代罗马时期高等教育育人理念的特质。在整个西方教育理念演进历史上，古希腊和古罗马的教育理念和实践是西方国家教育理念的典型代表。公元前 220 年希腊的雅典大学是西方奴隶社会最早的国家大学，它标志着希腊教育文化巅峰时代的来临，同时古希腊私立高等教育机构和一些对后世影响深远的自由著名学者创办的学术团体、教育机构也大量产生，例如"斯多葛学派""伊壁鸠鲁学派""阿卡德米学园""吕克昂哲学学园"等。这使得希腊化时期高等教育呈现出一派繁荣的景象。希腊化时期的雅典大学是国家或政府教育意识的反映，体现了大规模、综合性和学术自由的理念；由学术团体和学者个人创办的高等教育机构，体现了办学与教学形式的灵活自由，追求学术研究、知识传播和促进个性自由发展的理念。① 在这方面，柏拉图和亚

---

① 韩延明：《大学理念论纲》，人民教育出版社 2003 年版，第 94—95 页。

里士多德的教育理念具有代表性。柏拉图认为高等教育应关注人的灵魂中的理性、意志和情欲，要培养人的智慧、勇敢和节制的品德，教育最终是要把接受教育的人培养成为具有理性精神和哲学智慧的公民，使他们的"灵魂运用理性思维本身去达到真理本身"①。亚里士多德认为，教育的目的不在于为实际有用，而在于发展理性，使人的心灵得到充分的、自由的、和谐的发展，享受闲暇生活；理性灵魂的培养是教育活动的最后阶段和终极目标。② 而且"亚里士多德有系统地论述的对儿童施行体、德、智、美全面和谐发展的教育思想则是对雅典教育的概括，发展了人的全面和谐发展的思想"③。古罗马时期的高等教育育人理念是古罗马人在征服希腊的过程中，开始认识到创办高等教育结构的重要意义，并深受古希腊高等教育育人理念的影响，并在其基础上对其育人理念进行了吸收和创新。古罗马早期高等教育机构雏形——修辞学校主要着重培养"博学人才"，也即"雄辩人才"，其中西塞罗以其高超的雄辩艺术才能推动了共和时期古罗马博学育人理念的发展。帝国时期，古罗马创办了具备大学性质的高等教育机构（后来的罗马大学），产生了以昆体良为代表的教育家，在昆体良的教育理念影响下，古罗马的高等教育把培养具有"雄辩"能力的社会高级专门人才作为高等教育的主要任务。"然而，与昆体良生活在同一个时期的普鲁塔克所关注的是普通教育的目的问题，强调对儿童进行德育、智育和体育全面和谐发展的教育，表达了罗马人对新的一代人的要求。"④ 普鲁塔克的教育理念对古代罗马的高等教育育人理念的创新起到一定程度的推动作用。

第二，西方中世纪时期的高等教育育人理念。博雅人才与教会人才培养的复杂融合是这一时期高等教育育人理念的基本特征。在西方历史上，中世纪一般是指公元5世纪的西罗马帝国灭亡到15世纪东罗马帝国灭亡1000多年。实际上，西方高等教育，尤其是大学这种类型的教育机构是在11—15世纪才得到发展，因为这一时期欧洲的经济得到复苏、

---

① ［古希腊］柏拉图：《理想国》，岳麓书社2010年版，第339页。
② 韩延明：《大学理念论纲》，人民教育出版社2003年版，第95页。
③ 单中惠主编：《西方教育思想史》，山西人民出版社1996年版，第10页。
④ 单中惠主编：《西方教育思想史》，山西人民出版社1996年版，第37页。

学术开始复兴。这种变化主要以意大利的"博洛尼亚大学"和"萨勒诺大学"、法国的"巴黎大学"和"蒙比利埃大学"、英国的"牛津大学" 5 所大学的创立为标志。这些大学的创立，推动了中世纪西方大学教育运动的兴起和高等教育育人理念的变革。但是，强大的教会势力和封建势力试图通过各种手段控制传播世俗文化和进步思想的大学，达到限制或者禁止大学传播世俗文化和自由理性精神的目的。中世纪的高等教育是在同教权和皇权的斗争中捍卫大学自治、学术自由、理性精神和职业分途的教育价值理念。① 尽管如此，这一时期西方的高等教育的育人理念仍然不可能同宗教教会和封建文化完全脱离关系，其教育理念和育人理念深深烙上了经院哲学和宗教信仰的印记。例如，中世纪大学课程设置的育人科目主要有修辞、语法、逻辑、医学、法律、天文、几何、艺术等，但是"神学"是其核心课程。不难看出，中世纪西方高等教育以"神学"为核心课程，是要为教会势力培养大量牧师和僧侣，确保教会的势力地位；同时开设"七艺"课程则是着眼于博雅人才的培养，一定程度上也体现出早期的大学关注社会、服务社会，为社会训练培养一批懂得法律、医学、艺术、数学等领域的专业人才的责任意识。英国历史学家科班在他的著作中说道："中世纪大学在很大程度上是职业性学校。它们训练学生掌握一定的知识，以为以后从事法律、医学、教学这些世俗专业或献身教会工作所用。"② 因此，中世纪的高等教育育人理念一定程度上得到了创新发展，但是仍然具有妥协性和不彻底性。

第三，文艺复兴时期的高等教育育人理念。反对宗教教义教规的绝对依赖和盲目信仰，提倡人的个性解放，培养具有开拓精神的资产阶级活动家是文艺复兴时期西方高等教育育人理念的价值追求。从公元 1453 年东罗马帝国的灭亡至 1640 年的英国资产阶级革命，是西欧封建社会向资本主义社会过渡时期，即西欧历史的"文艺复兴"时期。这一时期的欧洲，资本主义生产关系开始萌芽，资产阶级社会生产方式开始产生发展。马克思主义认为，生产力决定生产关系，经济基础决定上层建

---

① 韩延明：《大学理念论纲》，人民教育出版社 2003 年版，第 100—102 页。
② ［美］克拉克：《高等教育系统——学术组织的跨国研究》，王承绪等译，杭州大学出版社 1994 年版，第 20 页。

筑，上层建筑是经济基础的集中反映。新兴的资产阶级为了巩固其经济基础的地位，开始在政治上同教会势力和封建势力进行斗争，试图获得应有的政治地位和政治权利。这种解放斗争运动开始蔓延渗透至经济、政治、社会、文化、艺术、教育等各个领域。高等教育育人理念从中世纪无边的黑暗和思想严厉禁锢中开始迎来解放的曙光，从中世纪大学昙花一现的自由理性之光中迎来了"觉醒的理性时代"。高等教育开始举起反神学的思想禁锢、反封建专制统治的旗帜，提倡人文主义文化精神；提倡尊重学生的人格尊严、崇尚人的个性自由、发挥人的聪明智慧、提倡人的世俗幸福、促进人的身心和谐，这一时期的高等教育育人理念充满了人文主义的理性光辉。在高等教育领域实现育人理念变革突破的重要代表是捷克的大教育家夸美纽斯，他认为，人是造物中最崇高、最完善、最美好的，要使人成为真正意义上的人，就必须由教育去塑造。教育"就是一种把一切事物交给一切人类的全部艺术，是一种教起来使人感到愉快的艺术，它不会使教育感到烦恼，或使学生感到厌恶，它能使教员和学生全都得到最大的快乐；此外，它又是一种教得彻底、不肤浅、不铺张，却能使人获得真实的知识、高尚的行谊和最深刻的虔信的艺术"[1]。他还引用格累哥利·那齐恩（Gregory Nazianzen）的话说："教育人是艺术中的艺术，因为人是一切生物之中最复杂和最神秘的。"[2] 学校要把培养"心性聪明、行为谨慎、精神虔敬"的人作为目标任务，获得了这三种要素的人才能不断涌现出一切最完美的快乐之流。同时他还深刻地认识到：教育作为"描绘艺术中的艺术是一件烦难的工作，需要非凡的批判"[3] 才能真正实现以上育人的目的。夸美纽斯把"发现人""尊重人""培养人""塑造人"，使人能够获得快乐自我作为教育的育人理念，其理念本身蕴涵了深厚的人文主义情怀。在人文主义教育育人理念的推动下，西方以大学为根基的高等教育人文主义之火燃烧得越来越旺，蔓延得也越来越广，最终在德国维也纳大学、莱比锡大学、法兰克福大学等大学，法国的法兰西学院、居耶拿学院

---

[1] ［捷］夸美纽斯：《大教学论》，傅任敢译，教育科学出版社1999年版，第3页。
[2] ［捷］夸美纽斯：《大教学论》，傅任敢译，教育科学出版社1999年版，第4页。
[3] ［捷］夸美纽斯：《大教学论》，傅任敢译，教育科学出版社1999年版，第4页。

等高等教育机构，英国的牛津大学、剑桥大学等高等学府掀起了人文主义育人理念思潮，人文主义教育育人理念在高等教育领域获得了绝对优势地位和广泛认可，为近代西方高等教育育人理念的变革奠定了思想基础。

2. 西方近代高等教育育人理念

马克思主义世界历史观认为，西方近代历史开端以 1640 年英国资产阶级革命为标志，结束以 1914 年第一次世界大战的爆发为标志。在资本主义的发展历史进程中，西方资本主义的高等教育制度和高等教育育人新理念伴随着资本主义生产力的快速发展和新的资本主义生产关系的确立而得以形成、成熟和发展。

经过文艺复兴运动的思想奠基和资本主义生产关系的进一步发展，西方资产阶级革命终于率先在英国爆发并取得成功，资产阶级的革命烈火随后蔓延到法国、德国等其他国家，这标志着以欧美为代表的西方世界进入到了资本主义社会阶段。从 18 世纪最后 30 年起，西欧各主要资本主义国家开始了产业革命，机器大工业代替了工场手工业，并在国民经济中逐渐取得统治地位，使资本主义生产方式建立起自己的物质技术基础。资本主义经济凭借机器大生产的优越条件和自然科学的深入发展，资本主义生产关系终于完全战胜了封建主义自然经济和小商品经济的生产关系，确立了资产阶级在经济、政治、教育等各领域的绝对统治地位。伴随而来的是西方各国资产阶级开始主导经济、政治、文化、教育等社会各个领域的深刻变革。从高等教育领域来看，资产阶级的高等教育变革一方面要同封建势力和教会势力在政治上争夺教育的领导权，另一方面要同封建势力和教会势力争夺思想意识形态的控制权，他们希冀按照新兴资产阶级的价值理念变革大学的教育理念和育人理念。以英国、法国、德国为代表的资产阶级在同教会势力和封建势力的反复激烈斗争中逐步获得了对高等教育的领导权，他们在高等教育的教育模式、教育制度、教育理念、教育方法、育人目标等方面进行了改良与重构。英国在资产阶级革命和新的高等教育理念的推动下，加上培根的唯物主义哲学思想和牛顿的数学、物理学的新成就，以牛津大学和剑桥大学为代表的大学育人理念逐渐从博学文雅为主逐渐转向"培养资本主义发展所需要的高级实用人才，注重实科教育，传授现代自然科学课程"①。但是因资产阶级革命的不彻底性和妥协性，英国高等教育育人理念仍残存"绅士"培养目标和浓郁的贵族气息，保留有厚重的古典主义特征。法国因思想启蒙深入，资产阶级革命彻底，资产阶级通过革命获得教育领导权后，启蒙思想家意识到必须在新兴的法国构建新的教育制度，提出新的教育构想，他们在高等教育方面另辟蹊径，"大量开办各类高等专科学校，以培养适应当时生产力发展需要的各种高级专门技术人才"②。卢梭认为，教育要"培养自然人、自由人为其目的"③，"从人的善良天性出发，培养博爱的道德和对劳动的尊敬，在民主制度下更对青年进行公民教育和爱国主义教育"④。德国虽然资本主义生产关系和资产阶级革命发生较英法晚，"但其带有浓重资本主义性质的教育发展水平却远远超出当时发达的英、法等国，其中也突出地表现在大学理念的拓展上"⑤。德国高等教育奠基者托马修斯认为，大学教育应与社会的需要紧密联系，科学应当走进大学课堂，以开明的思想和实用的知识影响和教育学生。洪堡在创建柏林大学的过程中提倡"教学与科学研究相结合"新的教育教学理念，在教育教学内容的设置上突出近代哲学和近代科学，倡导思想自由和教学自主的教学与育人的方针，为高等教育教学理念和育人理念开辟了新的思路。柏林大学的共同创立者费希特认为，"大学教育的终极目的不在于传授知识，而在于唤醒和激发学生对知识的渴求，培养学生处理知识、追求科学、主动学习和抽象的归纳与理解力，使之能分辨知识的真与伪、有用与无用、主要与次要，进而实现对知识的创新"⑥。德国大学这些先进的育人理念在哈勒大学、哥廷根大学、埃朗根大学得到大力倡导与支持。美国从 1636 年创建哈佛学院

---

①　韩延明：《大学理念论纲》，人民教育出版社 2003 年版，第 109 页。

②　韩延明：《大学理念论纲》，人民教育出版社 2003 年版，第 110 页。

③　滕大春主编，任钟印、李文奎本卷主编：《外国教育通史》（第 3 卷），山东教育出版社 1990 年版，第 107 页。

④　滕大春主编，任钟印、李文奎本卷主编：《外国教育通史》（第 3 卷），山东教育出版社 1990 年版，第 82 页。

⑤　韩延明：《大学理念论纲》，人民教育出版社 2003 年版，第 107 页。

⑥　韩延明：《大学理念论纲》，人民教育出版社 2003 年版，第 124 页。

（哈佛大学前身）到"18世纪70年代独立战争前，美国所拥有的9所高教机构（学院）全部都是设立在北美大陆上的英国大学的学院，其大都被把持在宗教势力手中"[①]。其大学教育理念深受其宗主国英国高等教育理念和育人理念的影响，或者基本上是完全复制英国的教育模式和育人理念，缺少对高等教育育人理念的独立创新性。这种状况，直到19世纪中后期才开始转变，这一时期"美国高等教育继续面临着工业革命和民主自由思想的冲击，其结果是德国式的现代大学开始成为改造美国大学的样板"[②]。其标志是1876年霍普金斯大学的成立。霍普金斯大学效仿德国"研究型大学"模式和育人理念，提出大学要注重研究生的培养、教育要与科学研究结合起来的教育理念，注重"培养高级学术性和实用性人才"[③]。贺拉斯·曼是这一时期美国教育界的代表，他力主发展美国的公共教育事业，认为道德培养、心智教育、体育教育、政治常识教育、宗教教育是良好公民培养的根本任务，为美式新兴资产阶级高等教育育人理念的确立奠定了基础。总体上来说，这一时期的西方新兴资产阶级高等教育育人理念的新发展并取得优势地位是基于资产阶级革命在西方社会的普遍胜利和新的资本主义生产关系的普遍建立。

3. 西方现当代高等教育育人理念

到19世纪40年代欧美主要资本主义国家相继完成工业革命，从19世纪70年代开始，以欧美为代表的西方社会从自由资本主义进入帝国主义阶段，经过帝国主义阶段的发展，欧美西方资本主义社会的经济、政治、文化等方面得到空前发展和巩固。适应经济政治文化的新发展，西方发达资本主义国家的高等教育及其育人理念出现了新变化，进入现代阶段。经济社会的变化发展决定了高等教育育人理念的变化发展，高等教育育人理念的变化发展反映了经济社会的变化发展。随着世界经济政治文化中心向美国转移，世界资本主义高等教育的大潮流亦转移到了美国。美国高等教育的育人理念一定程度上反映了世界高等教育的育人

---

① 韩延明：《大学理念论纲》，人民教育出版社2003年版，第111页。

② 滕大春主编，任钟印、李文奎本卷主编：《外国教育通史》（第3卷），山东教育出版社1990年版，第378页。

③ 韩延明：《大学理念论纲》，人民教育出版社2003年版，第112页。

理念的新变化，其中具有代表性的理念是杜威的实用主义教育思想和威斯康星理念。19 世纪末期 20 世纪初，美国大工业生产方式的迅速发展和科学技术的巨大进步，使得美国社会对接受过高等教育的高素质应用型人才的需求极为渴求，这就对美国的高等教育提出了新的要求："学校的全部生活方式，从培养目标到课程内容和教学方法都需要进行改革。"① 美国实用主义教育家杜威在其著作《学校与社会》一书中把他的教育思想称为"现代教育"。杜威认为："今天我们的教育才是非常专门化的、片面的和狭隘的。这是一种几乎完全被中世纪的学术观念所支配的教育。这种教育大体上只能投合人性的理智方面，投合我们研究、积累知识和掌握学术的愿望，而不是投合我们的制造、做、创造、生产的冲动和倾向，无论在功利的或艺术的形式上都是这样。"② 因此，杜威认为教育的育人理念需要进行改革，教育需要塑造符合实际生活需要的人，他说道："如果我们的教育对于生活必须具有任何意义的话，那么它就必须经历一个相应的完全的变革。"③ 这种变革体现在教学内容上，就是要"采用主动作业、自然研究、科学常识、艺术、历史，把单纯的符号和形式的课程降低到次要的地位"④；体现在师德师风、校风学风方面，就是要"改变学校的道德风尚、师生关系和纪律，引进更生动的、富于表情的和自我指导的各种因素"⑤。从某种意义上看，杜威的实用主义育人理念在"威斯康星大学"及在其实验基础上形成的"威斯康星理念"结合得非常明显。"威斯康星理念"首次提出是在 1912 年，威斯康星州公共图书馆委员会主管立法资料的查尔斯·麦卡锡在其介绍威斯康星州立法改革方面的著作《威斯康星理念》中。麦卡锡第一次使用"威斯康星理念"一词来总结威斯康星大学的办学经验。"威斯康星理念"

---

① 单中惠主编：《西方教育思想史》，山西人民出版社 1996 年版，第 618—619 页。

② ［美］杜威：《杜威教育论著选》，赵祥麟、王承绪编译，华东师范大学出版社 1981 年版，第 26—27 页。

③ ［美］杜威：《杜威教育论著选》，赵祥麟、王承绪编译，华东师范大学出版社 1981 年版，第 28 页。

④ ［美］杜威：《杜威教育论著选》，赵祥麟、王承绪编译，华东师范大学出版社 1981 年版，第 28 页。

⑤ ［美］杜威：《杜威教育论著选》，赵祥麟、王承绪编译，华东师范大学出版社 1981 年版，第 28 页。

主张高等学校应该为区域经济与社会发展提供直接的服务，使大学与社会生产、生活实际更紧密地联系在一起；高等学校要为经济社会发展培养应用型人才，这是世界高等教育史上具有划时代意义的思想。由此，世界高等教育的职能从教学、教学与科研相结合扩展到服务社会，高等教育的第三大职能得以形成。服务社会的教育理念深刻改变了西方资本主义国家高等教育育人理念，它们开始把培养社会实际需要的人才作为大学的育人使命和任务。

从20世纪后20年至21世纪初，互联网的产生和发展，使人类社会进入信息时代。伴随着世界经济一体化、政治多极化、信息网络化、文化多元化时代的深入演进，知识经济、网络经济深刻影响世界上每一个国家，把发达国家和发展中国家推向了同一个竞争的舞台，彼此之间有开放合作，也有激烈的竞争。这种新的变化趋势要求在新的历史环境中迅速发展的现代高等教育做出回应。现当代的高等教育以一种什么样的理念来应对信息时代的竞争与合作，需要培育什么样的人才来促进信息时代各个国家之间的竞争与合作，是各国亟待回答的时代之问。西方主要发达资本主义国家凭借先进技术优势，率先对高等教育及其育人理念进行了思考与积极探索，并逐渐形成了国际化新的育人理念。20世纪80年代后，美国掀起了第三次教育改革浪潮，美国国家教育质量委员会在一篇题为《国家在危急中：教育改革势在必行》的提高教育质量的报告中指出："我们的国家正处在危急之中。我们在商业、工业、科学和技术创新方面往日不受挑战的领先地位正在被全世界的竞争者赶上。"[1]美国决策者意识到在世界一体化背景下，改革创新信息时代高等教育模式和育人理念，培养具有国际竞争能力和素质的国际化人才是赢得领先地位的关键所在。在此背景下，高等教育国际化理念应运而生，"目前教育现代化程度较高的国家，在教育目标上都普遍提出了要培养具有国际视野和全球意识，能够对国际交流、合作与竞争有正确理解的开放型人才"[2]。因此，在信息技术革命时代，无论是发达国家还是发展中国家，都十

---

① 滕大春、王桂主编：《外国教育通史》（第6卷），山东教育出版社1994年版，第111页。

② 韩延明：《大学理念论纲》，人民教育出版社2003年版，第479页。

分重视国际化人才的培养，它们在高等教育的教育内容建构、教育目标设置、培养方案规划、人才培养标准等方面进行整体设计，同时推进本国的高等教育同其他国家的高等教育交流合作，目的在于促进本国大学教育及其人才培养适应能力的提高和竞争能力的增强。

二 马克思主义高等教育育人理念

古往今来，在不同的社会形态下，统治阶级不遗余力地把教育活动纳入本阶级的严密控制之下，通过创建发展本阶级的不同层次的教育体系，为本阶级统治集团的利益培养所需各种人才。"一个阶级是社会上占统治地位的物质力量，同时也是社会上占统治地位的精神力量。"① 教育实践活动作为培养人的特殊社会实践活动，在阶级社会具有深刻的阶级属性，本质上是统治阶级特殊的精神实践活动，主要目的是把教育对象培养成为具有统治阶级意识形态的人才。马克思、恩格斯、列宁等无产阶级革命家站在无产阶级人民大众的立场，对西方高等教育育人理念进行批判继承，并在同资产阶级以及其他一切反动势力的革命斗争实践过程中形成了马克思主义育人理念。中国共产党在把马列主义的育人理念融入中国高等教育实际过程中，形成了中国特色的高等教育育人理念。

（一）人的全面发展理念的思想渊源及意蕴

教育的本质是促进人的全面发展，教育要与生产劳动相结合，要高度重视青年的思想政治教育；教育要在共产党的领导下进行，要发挥共青团组织在育人实践中的作用。

1. "人的全面发展"理念的提出

人的全面发展是马克思列宁主义育人理念的根本价值追求，是马克思列宁主义教育思想的重要原则。马克思关于人的全面发展的育人理念

---

① 《马克思恩格斯选集》（第一卷），人民出版社 2012 年版，第 178 页。

是在批判继承自古希腊以来的西方教育哲学思想中关于人的教育培养理念的精髓基础上形成的。

第一，德智体全面发展育人理念的提出。亚里士多德提出体育、智育、德育要和谐发展，培养真、善、美"三位一体"的完善的人。西塞罗提出教育要最大限度激发个人才能。文艺复兴时期，西方启蒙思想家提出人的个性自由和谐发展，教育要培养造就体力、智力、道德和谐发展的全才。三大空想社会主义者在揭露资本家在对工人及其子女在体力和智力上进行摧残的黑暗现实基础上，提出了人的全面发展及其教育问题。圣西门认为，15 世纪的欧洲人，因为在物理科学、数学、艺术和手工业方面有惊人的成就，同时还在人类理性可及的一些最重要和最广泛的部门十分热心地工作，他们是全面发展的人。圣西门着眼于批判资本主义教育把人训练得自私贪婪的弊端，首次提出要培养"全面发展的人"。另一位空想社会主义者傅立叶也提出教育要把培养人的全面发展作为其根本目的，而且提出了育人工作需要进行"协作"，认为教育将是人们首先要加以组织的结构部门，他认为"协作教育的目的在于实现体力和智力的全面发展"①。欧文从资本家工厂主对青少年儿童体力、智力和道德方面的摧残和毒害，使青少年片面发展，提出要通过教育来"培养体、智、德全面发展的有理性的男男女女"②。圣西门、傅立叶、欧文三大空想社会主义理论家都认识到资本主义对青少年乃至儿童在德智体方面的毒害，同时提出了改变这种状况的途径，他们认为"全面发展的人将会从事多种职业，既能从事体力劳动也能从事脑力劳动，预测在理想社会里，人人都受教育，人人都参加劳动、参加管理"③。"人人都接受教育，人人都参加劳动"是消除剥削者与被剥削者，压迫者与被压迫者鸿沟的根本途径。空想社会主义理论家虽然提出了"德智体"全面发展的育人理念，但是缺乏

① 赵俊欣编译：《傅立叶选集》（第2卷），商务印书馆2009年版，第2页。
② 马清槐、吴忆萱：《欧文选集》（第3卷），黄惟新译，商务印书馆2017年版，第133页。
③ 厉以贤主编，国家教育委员会人事司组织编写：《马克思主义教育思想》，北京师范大学出版社1992年版，第75页。

对资本主义生产力和生产关系的深刻认识，因而他们美好的育人理念根本不可能成为现实，只能是在资本主义私人占有制下育人理念的昙花一现。

第二，马克思"人的全面发展"育人理念内涵。马克思人的全面发展的育人观是在批判继承自古希腊以来西方育人价值理念，尤其是空想社会主义理论家关于"人的全面发展"育人理念基础上发展而来，是指"消除和克服人的发展中的矛盾，这些矛盾都是以私有制为核心展开的；从而达到人的智力和体力的统一，精神劳动、物质劳动和享受的统一，生存和发展的统一；使人的潜能和天资、兴趣和才能得到空前未有的充分发展；使人的身心、精神（道德）、才能、个性全面而丰富地发展"①。马克思、恩格斯通过深刻洞察、揭露资本主义制度下人的体力、智力、精神、情感等方面受到残酷折磨和毒害乃是根源于生产资料资本主义私人占有制和资本主义生产社会化这个无法克服的固有矛盾。受教育者要在德、智、体、美方面得到协调、均衡、全面发展，首要前提是从根本上消除造成人片面发展的社会经济根源，即消除资本主义私人占有制，在教育上实现脑力劳动和体力劳动的统一，全体受教育者都要积极参加劳动。但是在资产阶级力量还十分强大的资本主义机器大工业时代（自由竞争的资本主义），资产阶级不可能自行废除对生产资料的私人占有制度。马克思、恩格斯认为只有通过壮大起来的无产阶级进行暴力革命，推翻资产阶级对整个社会的物质资料和精神资料的占有，破除资产阶级对上层建筑——教育——这个特殊意识形态领域控制的经济基础，消灭旧的生产关系和旧的社会分工，才能为占人口大多数的无产阶级劳苦大众的子弟创造接受公平、平等教育的机会，为他们获得"体力和智力、能力和志趣、道德精神和审美情趣"② 等方面的自由全面发展创造有利条件。所以，"马克思的全面教育观也是一个历史维度和现实维度结合的多维概念。它的基本含义是以人的全面发展为目标，从德、

---

① 厉以贤主编，国家教育委员会人事司组织编写：《马克思主义教育思想》，北京师范大学出版社 1992 年版，第 87 页。

② 厉以贤主编，国家教育委员会人事司组织编写：《马克思主义教育思想》，北京师范大学出版社 1992 年版，第 87 页。

智、体、综合技术、美、劳等方面进行教育"①。尤其重视生产劳动在人的全面发展过程中的重要作用。

2. 教劳结合是促进人的全面发展根本途径

马克思主义认为，劳动是人的类本质特性，具有促进人的全面发展的重要价值。人的自由全面发展，需要将教育与生产劳动相结合。人的自由全面发展是包括德、智、体、美、劳等素质在内的整体性发展。要实现人的整体性发展，需要将知识教育、智力发展、审美情感、道德品质的培养与生产劳动实践结合起来。

第一，生产劳动同智育和体育相结合能促进人的全面发展。马克思在批判继承空想社会主义思想家劳动学说基础上，创造性地提出，劳动是人的自由自觉的有意识的生命实践创造活动，但是在资本主义私有制条件下，异化劳动从人那里夺去了他的类生活，使人失去了自由自觉的实践创造特性，劳动者感受到的只有肉体和智力的折磨和摧残，其体力、智力呈畸形和片面发展状态。如何彻底改变这种状态？马克思、恩格斯认为，只有经过彻底的无产阶级革命，彻底消灭资本主义私有制，建立共产主义社会，将生产劳动同智育和体育相结合，"使他们摆脱现代这种分工为每个人造成的片面性"②。从而促进人的全面发展。马克思、恩格斯以辩证唯物主义和历史唯物主义理论视角，一方面批判资产阶级对工人阶级的劳动进行无情的压榨，把工人（包括妇女儿童）扭曲成为单纯制造生产价值的机器，使人在劳动中丧失了自身；另一方面又提出教育与生产劳动相结合是恢复人的类生活本质，"造就全面发展的人的唯一方法"③。因此，马克思、恩格斯为克服人的片面发展，实现全面发展提供了方法论指导。

第二，普及生产劳动同普及教育结合是人全面发展的条件。列宁在继承马克思、恩格斯教育与生产劳动相结合思想理论的基础上，结合俄国社会发展现实，提出了将普及生产劳动同普及教育相结合的新思想。

---

① 周小李：《马克思教育观与当代大学生素质教育》，湘潭大学出版社 2014 年版，第 55 页。

② 恩格斯：《共产主义原理》，人民出版社 1973 年版，第 16 页。

③ 马克思：《资本论》（纪念版）（第一卷），人民出版社 2018 年版，第 557 页。

1897 年底，列宁在批判"民粹主义者"的劳动观时认为："为了使普遍生产劳动同普遍教育相结合，显然必须使所有的人都担负参加生产劳动的义务。"① 而不能仅仅是针对穷人的体力劳动。列宁一方面提出了生产劳动要与教育相结合；另一方面还要求对所有人开展普及义务性生产劳动和普及教育相结合，生产劳动不能仅仅针对穷人，教育也不能仅仅是富人享有的特权。只有所有人从事生产劳动，人的生命活动的类本质特性才能真正得以体现；只有所有劳动者都能接受教育，人的智力和现代劳动技术水平才能得以整体提升，才能进行更高级的自由创造实践活动，人的本质力量才能得到更充分的确证。所以，"列宁强调，教育与生产劳动的普遍结合是'人的普遍和全面发展的条件'"②。十月革命的胜利，苏维埃社会主义政权的建立，为列宁实践"普遍生产劳动同普遍教育相结合"思想提供了现实基础。

第三，劳动教育是实现人从必然向自由飞跃的途径。马克思、恩格斯认为人类只有在共产主义社会，才能实现自由全面发展，才能实现从必然向自由的飞跃。共产主义社会是人类社会最高级社会形态。但是，共产主义不会自动实现，仍然需要社会个人共同劳动、共同创造才能实现。实现共产主义社会，需要大批各种能力全面发展的劳动者，"整个社会……更加需要才能得到全面发展、能够通晓整个生产系统的人"③，但是，全面发展且通晓整个生产系统的人怎样才能产生，并且全面地发挥他们的才能呢？马克思、恩格斯认为只有把教育同物质生产结合起来，才能使年轻人能够很快熟悉整个生产系统。只有通过教育，新一代工人才能认识劳动的意义，才愿意主动劳动，才会创造性劳动，才能感受到劳动的快乐，从而促进人类社会全面进步，实现人从必然向自由的飞跃。

3. 发挥共青团在育人过程中的重要作用

列宁在领导布尔什维克进行革命斗争实践的同时，十分注重青年共产主义者的培养教育，尤其重视苏联共青团在协助布尔什维克组织教育

---

① 《列宁全集》（第二卷），人民出版社 2013 年版，第 464 页。

② 李建国：《列宁保护和教育劳动者的思想对当代中国的启示》，《马克思主义研究》2010 年第 10 期。

③ 《马克思恩格斯选集》（第一卷），人民出版社 2012 年版，第 308 页。

培养青少年成为共产主义者过程中的重要作用。列宁 1903 年在《关于对待青年学生的态度的决议草案》中要求所有的党组织千方百计地协助这些青年实现其组织起来的愿望，并向所有学生组织、团体和小组，并向它们提出要把培养自己成员的完整而彻底的革命世界观当作首要任务、切实研究马克思主义。

第一，共青团要带领青年学习共产主义。列宁指出，要在消灭建筑在剥削上面的资本主义旧生活方式的基础上进行新的建设，只有靠在新的条件下参加工作的新一代青年去完成。青年一代要很好地承担起这样的任务，全体青年，尤其是共产主义青年团及其他一切组织的首要任务就是学习。为此，列宁提出了几点建议。一是要学习共产主义知识。学习共产主义的知识既要领会共产主义的著作、书本和小册子，要把这些知识融会贯通，要联系日常各方面的工作和斗争，保持理论与实践的紧密结合。怎样才能做到理论与实际相结合呢？一方面要学会运用马克思批判的治学精神，不能从学校生吞活剥地学习共产主义。二是要接受现代科学技术教育。共产主义青年团青年面临着恢复工业和农业，建设共产主义社会的艰巨任务，要把学习现代科学技术成就、现代电力技术作为年轻一代共青团员的重要任务。三是要养成共产主义道德。共产主义道德是一种在消除一切剥削和压迫之后，能够把全体劳动者团结起来创立共产主义新社会的高尚道德。列宁要求把"培养、教育和训练现代青年的全部事业"[①] 发展成为培养青年团员共产主义道德的事业。

第二，在沸腾的实际生活中建设共产主义。沸腾的实际生活就是参加各种共产主义建设的实践活动。"共产主义星期六义务劳动"就是沸腾的实际生活的一部分。列宁将"共产主义星期六义务劳动"称为"伟大的创举"。列宁要求学校应将全体青少年的教学教育与社会生产劳动紧密结合起来，不能把学生仅仅局限在学校，只局限于学习共产主义书籍和小册子，要在沸腾的实际生活中提高共产主义青年团团员建设共产主义的综合技术能力。这一伟大创举在培养新一代劳动者的共产主义劳

---

① 人民教育出版社教育室编：《马克思恩格斯列宁论教育》，人民教育出版社 1993 年版，第 127 页。

动态度、发扬共产主义劳动精神、促进社会主义进步方面意义重大。

4. 注重青年大学生的思想政治教育工作

马克思、恩格斯、列宁等革命导师放眼于共产主义伟大事业后继有人的宏阔历史视野，把青年的思想政治工作视为共产主义伟大事业的一个不可缺少的重要组成部分。

第一，马克思、恩格斯对青年思想政治素质的要求。虽然马克思、恩格斯在理论创建和革命实践过程中"没有提出和使用思想政治教育这一概念"①，但是其思想理论中实实在在地蕴含了思想政治教育内容。其一，青年要树立崇高的理想信念。从青年职业理想来说，马克思认为青年要选择最能为人类谋福利的职业。1835年马克思中学毕业时在毕业论文中表达了自己对未来人生的深入思考和规划设计，他认为青年选择未来的职业不能只满足一时的虚荣心理和一时的热情、幻想，而要遵循"人类的幸福和我们自身的完美"，要选择"最能为人类福利而劳动的职业"。这是青年马克思对自身未来人生理想和职业理想的郑重而又激情的宣告，这一宣告为大学生对未来人生理想和职业价值的追求指明了奋进方向。其二，青年要树立正确的世界观、人生观和价值观。马克思、恩格斯在领导无产阶级革命斗争实践中确立了辩证唯物主义和历史唯物主义世界观。辩证唯物主义和历史唯物主义是无产阶级认识世界和改造世界的思想武器和行动指南。马克思和恩格斯希望青年能掌握这一"思想的闪电"去击中自身思想的"素朴园地"，成为一个思想纯洁而高尚的人和真正的青年马克思主义者。1890年9月21—22日，恩格斯在给德国柏林大学的大学生约·布洛赫写的回信《致约·布洛赫》中，为布洛赫详细地解释了经济基础和上层建筑的辩证统一关系，社会意识形态的相对独立性和历史发展合力论等具体问题。恩格斯在信中告诫布洛赫等青年大学生，要真正理解马克思的理论，就需要根据马克思的原著而不是第二手资料来理解马克思的历史唯物主义；要把马克思的理论运用到现实生活之中，当作"研究工作的指南"，不能把马克思的理论当作

---

① 陈万柏、张耀灿主编：《思想政治教育学原理》（第三版），高等教育出版社2015年版，第2页。

教条。其三，十分关心无产阶级大学生的成长。1893 年 12 月，恩格斯受邀参加国际社会主义者大学生代表大会，虽然当时恩格斯因"有一些刻不容缓的和重要的事情要做"① 而没能出席大会，但是恩格斯对国际社会主义者大学生代表大会的召开给予了热情关注，并给大会写去了贺信，并向社会主义者大学生提出了要"从他们的行列中应该产生出脑力劳动无产阶级……在即将来临的革命中同自己从事体力劳动的工人兄弟在一个队伍里肩并肩地发挥重要作用"②。恩格斯首次从大学生的成长视角要求社会主义者大学生在成长的过程中要将"脑力劳动和体力劳动结合起来"，并积极加入从事体力劳动的工人阶级兄弟队伍之中去锻炼自身无产阶级革命情感。恩格斯的这一思想对列宁乃至中国共产党和共青团如何促进青年大学生成长发展具有方向性指导意义。

第二，列宁的大学生思想政治工作理念。列宁在沿用马克思、恩格斯"宣传工作"概念基础上，于"1902 年前后，在创立布尔什维克党的过程中，提出了'政治工作'和'政治教育工作'这两个术语"③。列宁认为，"所谓教育'不问政治'，教育'不讲政治'，都是资产阶级的伪善说法"④。教育的阶级属性决定了培养人的教育工作一开始就与政治密不可分。列宁在领导俄国人民革命和苏联社会主义建设过程中对青年大学生的思想政治教育给予了极大关注。其一，注重培养青年大学生的革命主动精神。列宁要求社会民主工党要注重培养青年学生的革命主动精神，要把培养青年学生"完整而彻底的社会主义世界观当做首要任务"⑤，"完整而彻底的社会主义世界观"的培养要通过认真研究马克思主义、同民粹主义和机会主义进行斗争，通过对青年学生进行认真的革命教育，加强对青年学生革命工作的指导，促使青年学生锻炼严整的革命人生观，竭力使大学生更加自觉更加彻底地开展一切民主主义运动。其二，注重培养青年大学生的共产主义道德素养。列宁在建立布尔什维

---

① 《马克思恩格斯选集》（第四卷），人民出版社 2012 年版，第 301 页。
② 《马克思恩格斯选集》（第四卷），人民出版社 2012 年版，第 301 页。
③ 张耀灿等：《现代思想政治教育学》，人民出版社 2006 年版，第 49 页。
④ 《列宁选集》（第四卷），人民出版社 2012 年版，第 302 页。
⑤ 《列宁论青年》，中国青年出版社 1961 年版，第 92 页。

克党和建设苏维埃国家的实践中，十分关心青年学生的教育和素养，尤其重视以共产主义道德精神培养青年学生。共产主义道德是用来凝聚和团结全体劳动者同资产阶级私有者、剥削者进行斗争，教育和培养共产主义者，为实现共产主义社会奋斗的精神力量。其三，注重青年大学生思想政治意识"灌输"。大学生作为青年中接受教育程度较高的特殊群体，加强对他们的思想政治教育有着极其重要的意义。大学生的思想政治素养的高低直接影响无产阶级革命事业的薪火相传。因此，无论什么时候，无产阶级革命导师都十分重视青年大学生思想政治意识的"灌输"，而且认为"这种意识只能从外面灌输进去"[1]。对于青年大学生来说，这种情况是同样存在的，列宁1908年在对发动大学生参与政治运动的讲话中认为，"社会民主党"的大学生的政治发动，必须"十倍地加强社会民主党大学生小组的鼓动，并且利用整个鼓动，使人们领会从三年历史中得出的革命结论，使人们懂得新的革命斗争是不可避免的"[2]道理。加强对"社会民主党"大学生的政治鼓动工作在这里等同于加强对"社会民主党"大学生的政治思想灌输。其四，注重培养青年大学生的爱国主义和国际主义情感。列宁的爱国主义思想是其运用历史唯物主义立场、观点、方法，对俄国存在的"小资产阶级爱国主义情感"，"哪里好，哪里就是祖国"的国家虚无主义情感，"保卫祖国"的狭隘民族主义情感批判基础上形成的，体现了无产阶级社会主义革命的爱国主义思想，表达了"真正的爱国主义是爱社会主义苏联，是坚持布尔什维克的领导，是支援世界社会主义革命运动"的思想意蕴。列宁的爱国主义是"立足于世界趋势，与无产阶级的国际主义紧密联系在一起"，是爱国主义和国际主义的有机统一，体现了列宁作为国际共产主义运动的领袖的宽广胸怀和高尚境界。列宁对大学生爱国主义情感培养的思想蕴含在《怎么办?》《青年团的任务》《伟大的创举》等论著以及有关教育论述之中。

---

[1]　《列宁选集》（第一卷），人民出版社2012年版，第317页。

[2]　苏联教育科学院编：《列宁论教育》（上），华东师范大学《列宁论教育》辑译小组辑译，人民教育出版社2001年版，第256页。

（二）党对人的全面发展理念的继承与发展

中国共产党是马克思主义政党，其创办的高等教育是为中国大多数劳动人民群众所创办的高等教育，育人理念是对马列主义高等教育育人理念的继承发展，始终把"立德树人"作为高等教育育人理念的根本遵循，把培养共产主义伟大事业的建设者和接班人作为根本目的，把培养德智体美劳全面发展的时代新人作为育人具体目标。中国共产党创办、领导的高等教育的育人理念和价值追求蕴含着马克思主义高等教育哲学思想。

1. 注重发挥高校思政课程与课程思政的协同合力作用

思想政治工作是中国共产党高校工作的重中之重。党要在高校达成"立德树人"的根本任务，需要思想政治工作提供坚实的"生命线"保证。中国共产党在长期的革命、建设、改革的实践中始终把思想政治工作这条"生命线"贯穿于高校人才培养全过程。

中国共产党创办高等教育是立足于党的千秋伟业后继有人的长远需要。加强和改进大学生思想政治教育工作正是适应这一伟大事业的根本需要。在高等教育教学过程中实施课程思想政治教育是培养具有马克思主义信仰、共产主义信念高质量人才的重要方式，而"思想政治理论课是落实立德树人根本任务的关键课程"[1]。把思想政治理论课作为高校立德树人的关键课程是党在革命、建设、改革和新时代生动实践中的经验总结。新民主主义革命时期，中国共产党在革命根据地创办了自己的高等教育体系，提出了开展共产主义高等教育的教育理念和系统培养领导革命斗争的高级干部和专业人才的育人任务。1933 年 9 月，《中华苏维埃共和国中央人民委员会训令（第十七号）》指出："文化教育在整个苏维埃运动中占着极重要的位置……培养革命的新后代，应成为目前我们最主要的战斗任务之一。"[2] 1933 年 10 月 20 日，中华苏维埃中央人民教

---

① 《习近平主持召开学校思想政治理论课教师座谈会强调　用新时代中国特色社会主义思想铸魂育人　贯彻党的教育方针落实立德树人根本任务》，《人民日报》2019 年 3 月 19 日第 1 版。

② 张挚、张玉龙主编：《中央苏区教育史料汇编》（上），南京大学出版社 2016 年版，第 6 页。

育委员部通过《中央文化教育建设大会决议案》，提出苏维埃教育的性质"应当是共产主义的教育"，苏维埃教育"目前重要的任务，必须进行有系统的培养工农的干部"，其中"大学。他的任务，是培养高等专门人材"。党以马克思列宁主义教育思想为指导，在革命根据地发展高等教育事业，将革命根据地的高等教育服从于和服务于党的革命斗争、阶级斗争和生产建设实践。因此，开展共产主义教育、系统培养工农革命干部和高等专门人才是新民主主义革命时期党在根据地发展高等教育的重要任务和目的。为贯彻这一教育理念和教育任务，革命根据地"当时的各种不同类型高等学校……以马列主义和时事政治为主的政治思想教育一直是学校的主干课程"①。当时的中央负责同志毛泽东、周恩来、刘少奇、任弼时等还经常被邀请去红军大学、苏维埃大学、马克思共产主义大学等高等学校讲授马克思主义理论、苏维埃建设、国际国内形势等课程。在革命根据地高等学校开设马克思主义理论思想政治教育课程是党的高等教育事业的鲜明特点，是提高学员阶级觉悟和思想政治理论水平的需要，是为党的革命事业培养又红又专的高级革命人才的实际需要。党所开创的高等学校思想政治理论教育课程既为新民主主义革命事业培养了一批又一批理想信念坚定、不怕流血牺牲、保持艰苦奋斗作风、富于革命斗志、热爱人民群众的高级领导干部和专业人才，形成了高等学校良好的思想政治教育优良传统，又为中华人民共和国成立之后党在全国范围内的高等学校开展思想政治教育提供了可资借鉴的丰富经验。社会主义革命和社会主义建设时期，中国共产党根据新的历史时期新的历史任务，把培养大批社会主义建设者和接班人作为高等教育的价值追求。1950年6月，时任教育部副部长钱俊瑞指出："为工农服务，为生产建设服务"是新民主主义教育方针。时任教育部部长的马叙伦指出："我们的高等教育……以培养高级的建设人才为目的……培养出全面发展的、有真才实学的、富有分析力和创造力的专门人才来。"② 新中

① 李海芬：《革命根据地高等教育对新中国高等教育体系建立的影响》，《兵团教育学院学报》2005年第4期。
② 何东昌主编：《中华人民共和国重要教育文献（1949—1975）》，海南出版社1998年版，第26页。

国高等教育的这一人才培养理念的具体要求是"不能为学术而学术""要理论与实际相一致""开设革命的政治课程",其中对"开设革命的政治课程"是这样规定的:"全国高等学校应……开设新民主主义的革命的政治课程,借以……发展为人民服务的思想。"① 这一规定明确了开设革命课程的目的是要从思想上根本改造新中国青年大学生的主观世界,帮助新中国高等教育培养下的青年大学生确立为人民服务的成才动机和价值追求。1950 年 5 月 19 日,教育部颁发的《北京师范大学规程》规定政治课为全校本科各系的共同必修课,在文化业务课中,也应贯彻革命的思想与政治教育。② 北京师范大学的这一规定,包含了"思政课程"和"课程思政"协同育人两方面的要求。改革开放新时期和中国特色社会主义新时代,高等学校开展思想政治理论课教育这一优良传统从制度设计到教学实践各方面不断得到加强和改进,在理论和实践方面进行了重大改革创新。这一重大创新成果就是思想政治教育在科学化实践进程中发展成为一门独立的学科,其标志是 1983 年暑期教育部在召开的政工专业论证会上将思想政治教育学科名称确定为"思想政治教育学",专业名称为"思想政治教育专业"。但是,随着改革开放的深化和中国特色社会主义建设事业的发展,原有的思想政治教育学科专业设计已经难以适应时代大势的变化和现代化人才培养的需要,必须根据新时期新的经济社会发展实际进行加强、改进和创新。"思想政治理论课教育教学所依托的学科是我国特有的一门政治性、科学性和实践性很强的学科,只能加强,不能削弱,"③ 党明确要求设立马克思主义理论一级学科,"高等学校思想政治理论课课程设置,要体现马克思主义与时俱进的理论品格,更好地适应时代发展的要求"④。据此,国务院学位办和教

① 何东昌主编:《中华人民共和国重要教育文献(1949—1975)》,海南出版社 1998 年版,第 48 页。

② 石云霞:《新中国成立以来高校思想理论教育史研究》,人民教育出版社 2005 年版,第 12 页。

③ 教育部思想政治工作司组编:《加强和改进大学生思想政治教育重要文献选编(1978—2014)》,知识产权出版社 2015 年版,第 294 页。

④ 教育部思想政治工作司组编:《加强和改进大学生思想政治教育重要文献选编(1978—2014)》,知识产权出版社 2015 年版,第 294 页。

育部将马克思主义基本原理、马克思主义发展史、思想政治教育等几门学科作为马克思主义理论二级学科，这标志着高校思想政治教育进入到了一个新的发展阶段，思想政治教育学科建设和课程建设也更加成熟。2019 年 8 月，中共中央办公厅、国务院办公厅颁发《关于深化新时代学校思想政治理论课改革创新若干意见》，要求整体规划思政课课程目标，强调高校思想政治理论课重在增强使命担当，引导学生矢志不渝听党话跟党走，争做社会主义合格建设者和可靠接班人；在保持思政必修课程设置相对稳定基础上，加强以习近平新时代中国特色社会主义思想为核心内容的思政课课程群建设，重点围绕习近平新时代中国特色社会主义思想，"四史"，宪法法律，中华优秀传统文化等设定课程模块，开设系列选择性必修课程；要解决好各类课程与思政课相互配合的问题，发挥所有课程育人功能，构建全面覆盖、类型丰富、层次递进、相互支撑的课程体系，使各类课程与思政课同向同行，形成协同效应。高校思想政治教育学科建设的发展和课程体系建设的日臻完备为党培养思想政治素质过硬的高素质人才提供了厚实的学科支撑；全面推进高校课程思政协同育人建设是深入落实立德树人根本任务的重要战略举措，也是对习近平总书记提出的"如何培养人"这一时代命题作出的回答和新的探索。新时代高校课程思政建设需要在高校党委的统一领导下，贯彻落实《高等学校课程思政建设指导纲要》通知精神，统筹规划、顶层设计、密切协作，构建管理、协调、激励一体化长效运作机制，有效发挥课程思政在大学生价值塑造、知识传授和能力培养方面的潜移默化作用，为大批德智体美劳全面发展的社会主义建设者和接班人的培养提供课程思政和思政课程保证。

2. 注重生产劳动教育在促进大学生全面发展中的作用

中华人民共和国成立后，教育与生产劳动相结合成为党快速培养新型建设人才的一种重要方式。新中国成立以后，国家百废待兴，经济政治社会建设已提上日程，需要大批具有社会主义觉悟的有文化知识的新型劳动者。毛泽东等党和国家领导人十分重视教育与生产劳动相结合来培养国民经济社会发展所需的新型劳动者。第一次全国教育工作会议提出教育要为工农服务、为生产建设服务，要培养出大量工农出身的新型知识分子。这个"新型知识分子"就是在学校接受过良好的教育、掌握了一定科学文化知识，能与工农群众打成一片，能服务于人民、服务于社会主义建设的有觉悟、有文化的新型体力劳动者和脑力劳动者。1950年，中央人民政府颁发《关于改革学制的决定》，提出各级各类学校应提倡实施教育与生产劳动相结合。1958年，中共中央、国务院根据毛泽东的意见作出指示："党的教育工作方针，是教育为无产阶级的政治服务，教育与生产劳动结合；……共产主义社会的全面发展的新人，就是既有政治觉悟又有文化的、既能从事脑力劳动又能从事体力劳动的人。"① 不难发现，毛泽东不仅继承了马列主义教育与生产劳动结合思想，而且根据中国社会主义革命和建设的实际进行了理论提升和实践创新。

为适应改革开放和社会主义现代化国家建设的需要，党和国家对教育与生产劳动相结合提出了新的要求。1978年邓小平同志指出，为了培养社会主义建设需要的合格的人才，我们必须认真研究在新的现代经济和技术的迅速发展条件下，在教育与生产劳动结合的内容上、方法上要不断有新的发展，并指出学生的学习和将来的职业要能紧密结合起来。② 为贯彻党的这一教育方针，党和国家先后发布了系列文件。1998年教育部颁发了《关于普通中学开设劳动技术教育课的试行意见》，指出开设劳动技术教育课程的目的在于培养德、智、体全面发展的一代新人。1985年《中共中央关于教育体制改革的决定》，指出社会主义现代化建设的宏伟任务，就是大规模地造就数以亿计的工业、农业、商业等各行各业有文化、懂技术、业务熟练的劳动者。1993年《中国教育改革和发展纲要》要求劳动教育必须与经济建设和科技密切结合。1999年中共中央、国务院《关于深化教育改革全面推进素质教育的决定》，提出教育与生产劳动相结合要加强和改进对学生的生产劳动与实践教育，从德智体美劳等方面推动实现素质教育。2001年国务院颁发了《关于基础教育改革与发展的决定》，强调必须坚持教育与生产劳动和社会实践相结合，

---

① 中共中央、国务院：《关于教育工作的指示》，人民出版社1958年版，第3页。
② 《邓小平文选》（第二卷），人民出版社1994年版，第107页。

加强劳动教育。2010 年《国家中长期教育改革和发展规划纲要（2010—2020)》进一步强调了坚持教育教学与生产劳动、社会实践相结合，要加强劳动教育，培养学生热爱劳动、热爱劳动人民的情感。总体来看，通过对改革开放新时期党和国家领导人的系列重要讲话和出台的一系列重大政策的研究，不难发现，新时期教育与生产劳动相结合有了新的发展，体现出鲜明的时代特征，着重顶层设计、总体规划，突出重视青少年技术劳动教育和综合素质教育。

党的十八大以来，以习近平同志为核心的党中央从中华民族伟大复兴和人类社会全面进步的战略高度，十分重视青少年的健康成长，高度重视教育与生产劳动相结合在培养德智体美劳全面发展的时代新人过程中的重要价值和意义，并根据当今时代中国和世界发展实际对青少年教劳结合思想进行了创新性发展。第一，实现中华民族伟大复兴梦想要靠劳动创造。经过改革开放 40 年的发展，虽然中国特色社会主义进入了新的历史方位，但是以习近平同志为核心的党中央深刻认识到"中国社会主义仍处于并将长期处于社会主义初级阶段"的基本国情仍然没有变，实现为中华民族谋复兴、为人民谋幸福的初心和使命仍重任在肩。青年是国家的未来和希望。党要充分激发青少年的奋斗热情，焕发青年未来主人翁的精神，调动青少年劳动和创造的积极性。习近平指出："劳动是推动人类社会进步的根本力量。"① 这成为新时代我国对青少年开展劳动教育、塑造劳动精神、培育劳动观念、端正劳动态度、推动劳动实践的根本遵循和价值旨归。因此，全体青少年都要发挥主人翁的劳动精神，崇尚劳动、懂得劳动并积极参加劳动。第二，美好幸福生活要靠辛勤劳动创造实现。百年来，中国人民在党的正确领导下，辛勤劳动、艰苦创业，社会生产力得到极大提高，创造了丰富的物质财富，GDP 稳居世界第二位，实现了中国从站起来、富起来到强起来的伟大飞跃。但是随着我国社会进入现代转型期，新的问题和新的矛盾也呈现叠加状况，社会主要矛盾转变为"人民日益增长的美好生活需要和不平衡不充分的发展之间的矛盾"，经济、政治、文化、社会、生态文明等方

---

① 《习近平谈治国理政》（第一卷），外文出版社 2018 年版，第 44 页。

面的发展与人民群众对"更好的教育、更稳定的工作、更满意的收入、更可靠的社会保障、更高水平的医疗卫生服务、更舒适的居住条件、更优美的环境"的美好需要还存在一定差距。劳动是幸福的源泉,"人世间的一切幸福都需要靠辛勤的劳动来创造"①。由此,对青少年一代实行教育与生产劳动的结合,帮助新时代青少年掌握丰富劳动知识、树立正确劳动观念、懂得劳动创造幸福的道理,重塑青少年一代劳动精神是当务之急。第三,教劳结合能有效促进青少年全面发展。新时代教育的根本任务是为中国特色社会主义建设全面发展的劳动者。习近平认为,人的全面发展将是德育、智育、体育、美育、劳动教育"五育并举"的全面发展,其中劳动教育是基础,"具有树德、增智、强体、育美的综合育人价值"②。这充分体现了习近平对马克思主义劳动教育理念的继承和创新。从马克思、恩格斯有关论述中我们不难发现,其所指劳动主要是物质性生产劳动,属于体力劳动范畴,且教育内容仅涉及智育、体育和技术教育。同样,列宁为了克服苏维埃刚成立时物质匮乏的困境,鼓励大力开展共产主义星期六义务性生产劳动。他所指的劳动也主要是指物质性生产劳动。而习近平提出的"五育并举"理念,则对人的全面发展内涵涵盖更为全面,是对马克思、恩格斯、列宁的劳动教育促进人的全面发展理论在内涵方面的进一步深化。

3. 注重大学生的成长成才与生动社会实践的有机统一

马克思主义认为,实践是认识的来源,也是检验认识正确与否的唯一标准。重视大学生科学文化知识的学习和实践应用的有效结合,把大学生的成长成才与生动的社会实践结合起来,使大学生成为"知行合一"的有用人才是中国共产党高等教育的重要育人理念。大学生只有把理论学习和社会实践相结合,做到知行合一,才能成为德才兼备、与时俱进的有用人才。中国共产党在革命、建设、改革和新时代不同历史时期总是根据时代主要矛盾的变化,要求大学生把知识学习深度融入火热的社会实践之中,鼓励大学生积极到基层、到祖国最需要的地方去磨炼

---

① 《习近平谈治国理政》(第一卷),外文出版社 2018 年版,第 4 页。
② 中共中央、国务院:《关于全面加强新时代大中小学劳动教育的意见》,人民出版社 2020 年版,第 4 页。

自己、提升自己，激励大学生在丰富多样的社会实践中检验所学的科学文化知识，在生动的社会实践中成长为积极服务祖国、服务人民的合格的社会主义建设者和接班人。

第一，要求青年大学生在血与火的革命斗争实践中成长成才。注重带领大学生在血与火的革命斗争实践中培养共产主义理想信念、厚植大学生挽救民族危亡的爱国情感、鼓动大学生投入人民解放战争、建立独立自主的新中国的伟大实践是新民主主义革命时期中国共产党利用高等学校培养人才的核心任务。其一，引导青年大学生积极深入工人群众。中国共产党成立之初，就十分注重引导青年学生把文化知识的学习与工农革命运动实践结合起来，重视发挥具有共产主义思想的先进青年大学生的作用，鼓励他们"到民间去，与工农相结合"[1]，同工农群众在血与火的斗争实践中成长。在城市，大学生群体中的先进分子率先走入工厂，走进工人队伍，自觉在同工人群众的斗争实践中改造自身同时积极参加改造社会。毛泽东认为，现在青年的出路，做社会主义实行家，必定要亲身进入工厂去工作，以促醒工界同胞的觉悟，而实行社会改造。毛泽东还亲自到安源煤矿参加劳动，宣传革命道理，发动大学生深入到纺纱厂、造纸厂、火车头修理厂、面粉厂，到铁路工人、泥木工人、搬运工人及其他工人中了解情况，交朋友、开办工人夜校和建立工会组织。在毛泽东的带领下，青年学生中涌现出许多与工人群众相结合的典范，为城市学生参加民主革命运动指明了正确方向。[2] 这一时期最先觉醒的青年大学生在中国共产党的指引下亲身加入工人阶级队伍，了解工人阶级的现实苦难，向他们宣传、灌输无产阶级革命斗争思想，在促进工人阶级思想的觉悟、推动工人阶级掀起反对帝国主义压迫剥削的罢工斗争、协同促成工人阶级最终成为中国革命中坚力量方面起到不可替代的青年先锋力量作用。其二，组织大学生协同开展第二条战线的斗争运动。高校大学生的先进分子通过组建学生联合会、学生社团、青年学生团体等大学生自组织在高校组织发起反对帝国主义侵略、封建主义、官

---

① 翟作君、蒋志彦：《中国学生运动史》，学林出版社1996年版，第77页。

② 于学仁：《中国现代学生运动史长编》（上），东北师范大学出版社1988年版，第151—153页。

僚资本主义对中国人民的剥削压迫的爱国救亡运动。其中影响深远、规模宏大、范围广泛的几次学生革命运动分别是"五卅"反对帝国主义运动、"九一八"学生反日救亡运动、"一二·九"华北学生抗日救亡运动和"一二·一"昆明青年学生运动和国民党统治区大学生的反美抗暴、争取和平民主斗争运动,以及"五·二〇"反饥饿、反内战学生运动。其中"五·二〇"运动爆发在中国革命即将发生历史性转变的时刻,是学生运动史上规模最大的一次示威游行,它喊出了人民群众"要饭吃、要和平、要自由"的呼声,沉重地打击了美蒋反动派的内战、独裁、卖国政策。这次伟大的运动,"显示了共产党领导下的北平学生运动和人民力量的强大"①。中国青年大学生在革命年代所掀起的大学生反帝爱国运动一方面为党领导人民群众在第一条战线的革命斗争中取得胜利作出了不可磨灭的贡献,使党更加深刻地认识到"党要依靠忠诚于革命事业的进步学生,在广大学生群众中做艰苦细致的思想政治工作"②,力争把同情革命、支持革命的大学生积极分子团结起来、组织起来、凝聚起来,壮大党在第二条革命战线的青年力量;另一方面也使得生活在城市中带有小资产阶级弱点的大学生知识分子思想和行动两方面都在血与火斗争实践中得到锻炼,其中一批先进分子在不屈不挠、流血斗争中逐渐成长为党和人民革命事业的中坚和核心力量。其三,组织大学生投入到农村生产建设和敌后斗争实践。土地革命时期,在中央苏区革命根据地,党在自己创办的红军大学、苏维埃大学、马克思共产主义大学、列宁师范学校等高等教育中坚持理论学习与综合实践并重,在注重课堂教育教学的同时,打破传统教学只注重学术的模式,更加突出学员参加根据地一线生产建设、前线斗争实践,培养出了大批既具备科学理论知识,又懂得农村革命根据地实际和富有实际革命斗争素养的高级人才。抗日战争时期,随着抗日战争进入持久战阶段,国际国内形势发生了深刻变化,为着保护和团结更多的青年力量,我们党号召青年学生到农村去,实行从城市的学生运动到把广大的农村青年组织起来的转变,组织

---

① 于学仁:《中国现代学生运动史长编》(上),东北师范大学出版社1988年版,第674页。

② 于学仁:《中国现代学生运动史长编》(上),东北师范大学出版社1988年版,第676页。

动员青年大学生深入农村、深入敌后开展新的革命斗争实践。1939 年 5 月 4 日，包括中央党校、马列学院、抗日军政大学、鲁艺女子大学等高校全体学员，以及奔赴延安的各界青年一万多人，聚集在抗大举行"五·四"运动 20 周年纪念大会。毛泽东在大会上发表《青年运动的方向》的演讲中指出，延安的青年学生们，每天都在学习革命理论，研究抗日救国的道理和方法，还在实行生产运动，他们与敌后抗日根据地的青年们一道，成了抗日救国的先锋。毛泽东要求全国青年学生一定要和广大工农群众结合在一起，把自己的工作和工农民众结合起来，变为工农民众的宣传者和组织者。根据党和毛泽东的指引方向，陕甘宁边区和各抗日根据地的青年学生和知识青年，有组织地分批深入到敌后的广大农村，担负起宣传和组织工农群众的历史重任，开创敌后游击战争的新局面。在这一教育思想的指导下，整个边区"学生的活动已经成为抗战工作的组成部分。边区学生是为了革命而努力学习……是理论与实践的一致，学校与社会的一致，彻底消灭了'学非所用用非所学'的现象"①。中国共产党的诞生，深刻改变了近代以来中国革命的前途和方向，深刻改变了中国青年运动的前途、命运和方向，也深刻改变了中国青年大学生的成长成才方向，为新民主主义青年大学生找到了"理论与实践"相结合的正确成长成才道路。千千万万组织起来了的先进青年大学生成为党和人民取得革命胜利不可或缺的先锋力量，他们在血与火的革命斗争实践中唱响了嘹亮的青春之歌。

第二，激励青年大学生在民族复兴实践中将理论与实践结合。新民主主义革命的胜利和中华人民共和国的成立，为近代以来的中国高等教育的发展开创了全新局面，改变了新民主主义革命以来中国高等教育的复杂局面，代表封建地主和大官僚、大资产阶级利益的国民党反动高等教育被废除，代之以"新民主主义的、民族的、科学的、大众的文化教育。"② 在 1949 年 9 月 29 日中国人民政治协商会议第一次全体会议通过

---

① 于学仁：《中国现代学生运动史长编》（下），东北师范大学出版社 1988 年版，第537 页。

② 上海市高等教育局研究室等编：《中华人民共和国建国以来高等教育重要文献选编》（上），第 1 页。

的《共同纲领》文化教育政策部分第 46 条规定中华人民共和国的教育方法是理论与实际一致。1953 年 5 月 29 日教育部部长马叙伦在政务院第 180 次政务会议上作《高等教育部关于高等学校院系调整计划、改订高等学校领导关系和加强高等学校及中等技术学校学生生产实习工作的报告》时，提出高等学校要克服教学脱离实际问题，学校与实习机关企业要加强合作，密切校企联系，为教学与生产相结合及科学研究与技术改进相结合开辟道路。马叙伦的这一报告实际上已经充分意识到高校大学生理论知识的学习与生产实践的脱节问题，并提出了解决这一问题非常具体的方法要求。这为 1956 年正式进入社会主义社会的中国高等学校学生参与丰富多样的实践，将科学文化知识的学习与火热的社会主义生产建设实践和科学研究实践相结合积累了宝贵经验。大学生参加生产建设实践的主要途径是生产劳动，"参加生产劳动对学生来说，不论在德育、智育或体育方面都有好处，这是培养全面发展的新人的一条正确道路"①。在党的领导下，大学生要在全面建设社会主义生产劳动实践中检验所学科学技术文化知识，努力成为既能从事脑力劳动也能从事体力劳动的德智体全面发展的人才。这是党对新中国一代大学生的期望，也是大学生自身的成长成才之道。但是这一大学生成长成才的正确道路随着"文化大革命"的到来走向了错误的方向。社会主义社会的高等教育需要有政治立场，需要为无产阶级的政治服务，需要在生产实践中培育人才，但"四人帮"实行的教育极端政治化、教育理论与实践分离则背离了社会主义高等教育的育人规律。"四人帮"这一实践极端化高等教育育人观念背离了党对又红又专高等人才培养的初衷。随着"四人帮"反动集团被粉碎，高等教育招生考试得以恢复。中国高等教育事业迎来了发展的春天。党的十一届三中全会后，中国高等教育领域亦开始拨乱反正，高等教育理论与实践相结合的育人传统得以继承与弘扬，并赋予了"改革创新"这一新的时代内涵。20 世纪 80 年代，中国社会掀起了改革开放大潮，改革开放和中国特色社会主义现代化建设实践对大学生

---

① 上海市高等教育局研究室等编：《中华人民共和国建国以来高等教育重要文献选编》（上），第 236—237 页。

的综合素质和能力培养提出了更高的要求，需要大学生在社会实践活动中接受锻炼、砥砺奋进，需要大学生在社会实践中了解改革、支持改革、推进改革。大学生也渴望在实践中深入了解改革开放，进而投身改革开放大潮。改革开放新时期，面对新形势、新任务、新要求，国家也需要让大学生在参与社会实践过程中强化思想政治素质。在这一具体的时代语境之下，高校在抓好大学生科学文化知识学习的同时，组织大学生参加社会实践活动也在一定程度上得到恢复，但是由于多种不利因素的干扰，这一工作没有取得实质性效果，大学生思想政治素质也没有很好地得到提升，且在大学生群体中泛起资产阶级自由化思潮。60 年代到 70 年代的一代青年，大多相对缺乏对中国的历史、国情和社会实际的深刻认识和把握，缺乏社会实践的磨练，理想信念不坚定或理想与现实严重脱节。因此，高等学校把大学生理论知识的学习、理想信念的教育融入改革开放实践和中国特色社会主义现代化建设实践是一项异常紧迫的任务。1987 年 5 月 29 日，中共中央发布《中共中央关于改进和加强高等学校思想政治工作的决定》，要求高校要积极引导学生参加社会主义实践，认为青年学生只有积极参加社会实践，才能更多地了解国情，了解社会主义建设和改革的实际，了解人民群众的思想感情，才能树立起为建设社会主义祖国而献身的信念，逐步锻炼成为有用人才。[1] 1994 年 6 月 14 日，江泽民在全国教育工作会议上指出："如果只是让学生关起门来读书……不接触社会实践，不了解工人农民是怎样辛勤创造社会财富的……是不利于他们健康成长和全面发展的。"[2] 大学生只有积极参加社会实践，自觉深入工农群众的意愿和热爱工农群众的深切情感，才能真正做到把所学的丰富的科学技术文化知识用于奉献社会、服务人民和民族复兴。对此，1998 年 6 月 19 日，胡锦涛在给中国共产主义青年团第十四次全国代表大会的祝词《赢得二十一世纪新的光荣》中继续勉励青年大学生："广大青年特别是青年学生要自觉走与实践相结合、与人民群众相结合的道路，在祖国和

---

① 教育部思想政治工作司组编：《加强和改进大学生思想政治教育重要文献选编 (1978—2014)》，知识产权出版社 2015 年版，第 71 页。

② 《江泽民文选》（第一卷），人民出版社 2006 年版，第 372 页。

人民最需要的地方，在改革开放和现代化建设的第一线，积累经验，经受锻炼，增长才干。"① 中国青年大学生积极响应党的号召，在世情、国情发生重大变化的 21 世纪头十年，在党的指引下积极参加抗击非典疫情、抗击冰雪灾害、抗震救灾、奥运志愿服务、科技创新、乡村建设等丰富多样的社会实践，为国家富强、民族复兴，全面建成小康社会作出了积极努力，他们把青春汗水挥洒在祖国大地，为中国青年增添了靓丽的青春色彩。

党的十八大以来，共圆中国梦成为新时代青年大学生新的实践主题。习近平经常深入青年大学生群体，同青年大学生谈理想信念、谈人生价值、谈道德情操、谈成长成才……对青年大学生寄予殷切厚望，希望新时代青年大学生在实现中华民族伟大复兴中国梦的生动实践中放飞青春梦想、谱写人生华章，把青春理想融入国家和民族的伟大事业之中。青年的理想信念、道德品质、政治素养、价值观念等核心素养只有在生动的实践中才能得到可靠检验和坚实锤炼，高校要"重视实践育人，广泛开展各类社会实践，让学生在亲身参与中认识国情、了解社会，受教育、长才干"②。新时代的大学生是国家最为宝贵的人才资源，是国家兴旺发达、中华民族伟大复兴的先锋力量。中国共产党要实现中华民族伟大复兴的中国梦，需要凝聚、激发青年大学生的青春正能量，激励青年大学生奉献青春智慧，把大学生，尤其是大学生中的先进分子——共青团员——培养成为可靠的接班人。历史和现实已经充分证明，温室里的花朵经不住风吹雨打，任何一个时代的青年大学生要想成长为国家的栋梁之材，成长为有益于人民、堪当大任的可造之才，都必须在艰难困苦中锤炼坚韧意志，都必须在社会实践熔炉中淬炼高尚品格，自觉地把个人的成长成才同国家、民族和人民的命运紧密联系在一起，在综合社会实践中形成正确的世界观、人生观和价值观。

4. 注重多方育人力量和资源的协调整合

人民群众是历史的创造者和推动者，是历史发展的决定性力量。从

① 《胡锦涛文选》（第一卷），人民出版社 2016 年版，第 324 页。
② 中共中央文献研究室：《习近平关于青少年和共青团工作论述摘编》，中央文献出版社 2017 年版，第 77 页。

群众中来到群众中去，从人民群众中汲取智慧和力量，发挥人民群众在协助培育时代新人过程中的重要作用，是中国共产党的育人优良传统。在革命、建设、改革和新时代各个历史时期，党领导下的中国高等教育始终重视从人民群众那里获取宝贵的育人资源和力量，注重发挥各种资源和力量育人的协同效应。

第一，注重发挥共青团的助手作用。共青团作为先进青年的群团组织，是协助党组织做好青年工作的得力助手。对于党的文化教育事业来说，"团的协助，首先应该是全团的，依靠于每个团员和支部的参加，依靠于团动员广大的青年群众来参加文化教育事业"①。在不同的历史时期，中国共产党十分注重通过共青团组织来协助做好青年的文化教育工作。例如，新民主主义革命进入"土地革命战争时期"，中国共产党第六次全国代表大会要求共青团应深入到广大工农兵群众中去，做到工作青年化和组织群众化。共青团组织迅速扩大团组织的覆盖面，中央苏区的团组织迅速发展，"1930 年已有团员 10 万之众。江西瑞金、胜利等18 县……各村各乡都建立了共青团的基层组织。它已经成了共产党在苏区各项工作中的主要助手"②，积极协助党组织开展各项文化教育建设工作。1933 年 8 月，教育部和共青团中央举行联席会议，提出"苏区要开展团对教育部工作的协助运动""担负对于学校的协助以及其他许多实际问题的协助"。③ 根据联席会议精神，中央苏区的共青团组织在大中小学校广泛开展学习马列主义理论、扫盲识字运动、组织生产劳动、文化艺术等各种文化教育活动，为苏区的文化教育建设作出了巨大努力，把苏区的文化教育、政治教育和革命战争的组织动员紧密结合在一起，协助党组织为土地革命战争的胜利培养、输送了大批思想政治立场坚定、不怕流血牺牲、英勇顽强斗争的先进革命青年。

第二，注重发挥企业协同育人作用。校企协同育人是党和政府为提

---

① 张挚、张玉龙主编：《中央苏区教育史料汇编》（上），南京大学出版社 2016 年版，第216 页。

② 董纯才主编：《中国革命根据地教育史》（第 1 卷），教育科学出版社 1991 年版，第176 页。

③ 张挚、张玉龙主编：《中央苏区教育史料汇编》（上），南京大学出版社 2016 年版，第216 页。

升高等教育的育人质量、培养高素质应用型人才的理念创新，目的是通过充分协调整合高校和企业两大系统的育人资源，有效化解高等教育的专业教育与职业需求匹配之间的矛盾，形成联系紧密的协同育人共同体，最终实现"1＋1＞2"的育人协同效应。中华人民共和国成立以后，中国社会各个领域即将开展大规模的建设，但是具有一定实践经验的高素质应用型人才缺口非常大，现有人才无论是数量还是从质量上来说，都难以满足大规模社会主义建设的需求。为了解决这一实际问题，在党的领导下，中国高等教育规模得到了快速发展，特别重视人才培养过程中专业知识的学习和企业生产的紧密结合。1958 年 9 月 19 日，中共中央、国务院发布的《关于教育工作的指示》要求一切学校，包括高等学校，"今后的方向，是学校办工厂和农场，工厂和农业合作社办学校。学校办工厂和农场，可以自己办，也可以协助工厂和农业合作社办。学生可以在学校自办的工厂和农场中劳动，也可以到校外工厂和农业合作社去参加劳动。学校办工厂和农场，要尽可能注意同教学结合。学校也要协助工厂和农业合作社开办学校。……工厂和农业合作社办学校，可以训练工厂和农业合作社自己所需要的人才，也应该为其他工业部门或农业部门训练人才……这是实现共产主义的远大目标所必需的"①。现在看来，那个时代这种教育教学理念似乎有点荒谬，甚至是违背教育规律和办学规律，但是考虑到新中国成立之初，党和国家对又红又专、知行合一人才的急迫需求，这种人才培养理念和教育教学方式又在情理之中。社会主义建设时期高校和企业互助培育人才的实践活动为改革开放以来党深入开展校企协同育人积累了宝贵经验，逐步形成了共建育人平台、实施专业化管理、校企联合导师制、联合教学质量评估体系、定期沟通协调机制等一体化协同育人模式。2018 年 9 月，李克强在全国教育大会上讲话提出要进一步"推进产教融合、校企合作，培养更多高技能人才"。中国特色社会主义事业虽然进入了新时代，但是同社会主义建设和改革开放新时期一样，党和国家同样注重发挥校企协同培育高素质技能型人才的重要作用。

---

① 上海市高等教育局研究室等编：《中华人民共和国建国以来高等教育重要文献选编》（上），第 237—238 页。

第三，注重发挥家校社协同育人作用。协同是指各方互相配合或甲方协助乙方做某件事。在这个过程中，各方或双方分工、配合。家校社协同育人是学校、家庭和社会为了达成共同把孩子培养成人的目的，而采取的相互配合、相互协调的手段或措施。家庭、学校、社会是培育孩子成长发展的重要渠道。在三者的相互关系中，家庭教育是学生成长的基础和起点，是最为基本的教育单元；学校是专门的教育机构，是青少年成长成才的主导性组织；社会为学生成长提供各种实践平台。"办好教育事业，家庭、学校、政府、社会都有责任。"① 只有三者协同起来，才能共同完成好立德树人的任务。党的十八大以来，家校社协同育人已然成为一个具有时代特色的显性话题。党和国家提出要"形成家校共育、学校社会协同的良好教育生态"②。新的时代环境下，家庭、高校和社会三方需要协调配合，整合资源，明确责任，分工协作，从而实现大学生的思想观念、政治素养、道德品质、劳动精神、心理健康、生命意识、社会适应等方面的能力的综合提升。

三　高校共青团以立德树人为协同育人的理念追求

立德树人是高校共青团协同育人的理念遵循。高校共青团在立德树人过程中的协同地位和作用是不可忽视的。高校共青团树立科学的协同育人理念对于做好"立德树人"工作至关重要。高校共青团只有坚守为党育人、为国育才的光荣传统，努力发挥自身优势，结合新时代大学生的实际，协同推进育人工作创新，才能更好地推动自身协同育人工作的科学发展，以契合新时代党和国家高等教育育人工作的综合改革创新发展需要。

（一）高校共青团追求协同立德树人的意义

高校共青团是在上级共青团组织和高校党委领导下的高校先进青年

① 《习近平在全国教育大会上强调　坚持中国特色社会主义教育发展道路　培养德智体美劳全面发展的社会主义建设者和接班人》，《人民日报》2018 年 9 月 11 日第 1 版。

② 教育部课题组：《深入学习习近平关于教育的重要论述》，人民出版社 2019 年版，第 159 页。

大学生的群团组织，是革命、建设和改革开放新时期充当党在高校领域进行革命、建设和改革创新的青年突击力量。中国特色社会主义伟大事业进入新时代，高校共青团要增强凝聚力、引领力、组织力、服务力，发挥协同育人的重要作用，需要在遵循协同育人理念方面既固守本分又培元创新。

1. 有助于实现中华民族伟大复兴的人才强国战略

青年是国家的希望和民族的未来。习近平在庆祝中国共产主义青年团成立 100 周年大会上指出："青春孕育无限希望，青年创造美好明天。一个民族只有寄望青春、永葆青春，才能兴旺发达。"[①] 到中华人民共和国成立 100 周年时要把我国建设成为社会主义现代化强国，实现中华民族伟大复兴的中国梦，需要把青年的力量组织起来、凝聚起来，尤其要培养好青年大学生。青年大学生是国家最为宝贵的人才资源。高校共青团要协助党和国家落实在高校培养"四为"人才的人才强国战略。

不同时期的共青团组织结合党在不同时期的战略任务，在高校协同为党育人和为国育才的育人工作作出了积极努力。革命年代，在党组织的领导下，成立了中国社会主义青年团。中国社会主义青年团一经成立，就着手在高等学校秘密开展活动，在高校组织先进青年学生组织，为党的革命事业培养后备力量、输送新鲜血液。社会主义建设时期，各条战线的社会主义建设热火朝天地开展，但是各条战线建设人才的短缺，成为制约社会主义建设的新问题。毛泽东对此高度重视，要求大力发展高等教育事业，解决社会主义建设人才短缺的问题。在党中央的关心支持下，新中国高等教育事业得到快速发展，对各级各类人才的培养也加快进行。高校共青团结合自身实际，协助党组织在高校培养"又红又专"的人才。主要做了以下工作：加强青年大学生的思想政治教育，提高青年大学生思想政治觉悟；在大学生中发展青年团员，壮大青年团组织；按照青年大学生实际，开展独立的科学知识教育、义务扫除文盲、组织参加生产劳动、开展体育卫生、参加绿化祖国的植树造林、文

---

① 习近平：《在庆祝中国共产主义青年团成立 100 周年大会上的讲话》，《人民日报》2022 年 5 月 11 日第 2 版。

化娱乐等各种有益于青年大学生成长为社会主义的合格建设者和可靠接班人的活动。改革开放和社会主义现代化建设新时期，高校共青团在协同育人方面做出了值得称赞的业绩，主要表现在：一是始终坚持高校党委的正确领导，加强和改进大学生思想政治教育的方式方法，用中国特色社会主义理论体系铸就青年大学生的精神支柱，牢牢把握青年大学生正确的教育方向，着力培养青年马克思主义者和社会主义事业的接班人。二是引导青年坚定不移地走中国特色社会主义道路。通过大学生团课、组织生活会、时事报告会，旗帜鲜明地抵制各种错误思潮；通过在大学生群体中选树先进典型，对大学生进行榜样示范教育；通过在校园开展丰富多样的科技文化艺术活动，对大学生进行科技知识教育和人文素养的熏陶、培植；通过对大学生进行成长关怀教育，帮助青年大学生树立正确的恋爱观、生命观和心理健康观念，等等。三是紧跟时代发展变化的实际，引导大学生在各种社会实践活动中成长历练。人民群众是历史的创造者，人民群众中蕴藏了丰富的思想智慧。高校共青团引导大学生深入城市基层社区、乡村田间地头、工厂工地车间、西部边远落后地区等，开展各种社会实践活动，促进大学生主动深入了解国情、社情、民情，增强大学生的爱国情感、爱民情怀，使大学生在生动的社会实践中长知识、长才干。

中国特色社会主义新时代，培养能堪当民族复兴重任的时代新人是新时代赋予高校共青团协同育人工作的新职责。2015 年 7 月，习近平在出席中央党的群团工作会议发表重要讲话时强调，中国特色社会主义事业是亿万人民的事业，新形势下，党的群团工作只能加强、不能削弱，我们必须根据形势和任务发展变化，加强和改进党的群团工作，把青年生力军作用和人才第一资源作用充分发挥出来，使之成为推进国家治理体系和治理能力现代化的重要力量。人类社会进入 21 世纪以来，以信息技术为表征的第四次科技革命已经到来，世界各国科技领域的综合竞争也愈益激烈。信息技术革命时代竞争成败关键在人才。高等教育又是人才支撑的基础，没有高等教育的支撑就不可能实现人才支撑。培养党和国家需要的高质量人才，一方面要推进高等教育综合改革，一方面要继续深化共青团改革，按照党的要求，根据高校共青团工作实际，适应青年大学生的新特点，协同推进人才强国建设。

2. 有助于全面落实"三全育人"的工作布局

新时代党和国家的伟大事业需要大批全面发展的人才。培养新人才关键要凝聚教育合力，这种新教育合力是家庭、学校、政府、社会齐抓共管的合力。高校落实"立德树人"的根本任务，为党和国家的伟大事业培养时代新人，不是某一个部门能完成的任务，党团、教务、学工、后勤等各部门需要打破一定程度上仍然存在的条块分割、各自为政的不利状况，整合各部门的力量和资源，要统筹协调，做好顶层设计，做到全员协同、全过程协同、全方位协同。《关于加强和改进新形势下高校思想政治工作的意见》要求高校要坚持全员全过程全方位育人，建立部门协作常态机制，形成党委统一领导、党政齐抓共管、职能部门组织协调、社会各方积极参与的育人工作格局；要积极发挥共青团、学生会组织和学生社团作用。高校共青团作为党在高校领域的得力助手，通过基层团组织和学生会、学生社团、大学生志愿者协会等学生自治组织，发挥自身优势和特长，可以在"三全育人"总体格局中大有作为。

革命、建设、改革开放新时期，高校共青团一直以来有着协同育人的光荣传统。新时代，面对新使命新任务，高校共青团仍然不忘初心，继承了这一优良传统，发挥高校共青团自身优势，在高校党委的统一领导下，积极协同参与到全员、全过程、全方位育人中来。主要表现在：第一，协同做好大学生思想政治引领。党的十八大以来，高校共青团始终把思想政治引领作为自身工作的核心，积极协同开展大学生学习习近平总书记系列重要讲话精神的"四进四信"活动、引导大学生坚定"四个自信"、开展我的中国梦——与信仰对话主题教育、培育和践行社会主义核心价值观、"四史"主题教育等思想政治教育活动，帮助青年大学生树立正确的世界观、人生观和价值观，扣好人生的"第一粒扣子"。第二，协同开展第二课堂育人活动。为全面贯彻落实党和国家的教育方针，强化实践教学环节，提高人才培养质量，促进学生成长成才，2018年7月，共青团中央、教育部印发了《关于在高校实施共青团"第二课堂成绩单"制度的意见》。高校共青团"第二课堂成绩单"制度是在充分借鉴第一课堂教学育人机理和工作体系的基础上，整体设计高校共青团工作内容、项目供给、评价机制和运行模式，实现共青团组织协同实施思想政治引领工作、素质拓展提升、社会实践锻炼、志愿公益服务和自我管理服务等方面的工作；是适应高等教育综合改革，全面落实立德树人根本任务，全面实施素质教育的必然要求；是从共青团组织服务高校人才培养大局出发，立足共青团组织实际工作领域和自身优势，积极适应教育体制机制改革要求，在构建高校"大思政"格局中，积极发挥协同育人功能的重要举措。① 第三，推进高校共青团改革，全面提升协同育人的能力和水平。党中央要求高校共青团根据形势和任务发展变化，加强和改进高校党的群团工作，把高校青年大学生生力军的作用和人才第一资源作用充分发挥出来。共青团中央、教育部为了贯彻落实习近平在中央党的群团工作会议上的这一重要讲话精神，更好地加强和改进高校共青团工作、提高高校共青团协同育人能力和科学化水平，制定了《高校共青团改革实施方案》（以下简称《方案》），制定这一《方案》的主要目的是要建设更加充满活力、更加坚强有力的高校共青团，巩固提升高校共青团在全团的战略性地位和作用，服务高等教育发展和学生成长成才的能力水平不断提高；《方案》在改革措施上明确了要加强团教协作，学校共青团研究中心和新媒体运营中心等专业化平台的协同作用，按照思想引领、素质拓展、权益服务、组织提升等主要任务合理设置和调整工作机构。除了高校共青团自身的改革，共青团中央、教育部和全国学联还联合制定了《学联学生会组织改革方案》，目的是强化高校学生自治组织在党的领导和团的指导下，坚持立德树人，紧扣时代主题，突出问题导向，创新体制机制，强化学生自治组织的"四自"职能（自我教育、自我管理、自我服务、自我监督），使引领和服务广大同学的水平和能力得到显著提升。②

中国特色社会主义进入新时代以来，高校共青团无论是加强和改进思想政治工作、推行"第二课堂成绩单"制度，还是推进自身改革和学

---

① 《团中央学校部负责同志就在高校实施共青团"第二课堂成绩单"制度答记者问》，《中国青年报》2018年7月5日第3版。

② 共青团中央学校部、全国学校共青团研究中心编著：《团十七大以来学校共青团文件制度汇编》，中国青年出版社2018年版，第12页。

联学生会组织改革等系列举措，其核心目的就是要更好地履行在"三全育人"整体格局中协同育人的职责努力发挥自身优势，为中华民族伟大复兴大计和社会主义现代化强国建设培养好时代新人。

3. 有助于全面推进"五育并举"的育人方略

"培养什么人，是教育的首要问题。"① 我国是中国共产党领导的人民民主专政的社会主义国家，这一国家性质决定了我国的高等教育必须把培养社会主义建设者和接班人作为根本任务，把培养一代又一代拥护中国共产党领导和我国社会主义制度、立志为新时代中国特色社会主义事业奋斗终身的有用人才作为奋斗目标。何为"有用人才"？"有用人才"的内涵是什么？"有用人才"即具有坚定理想信念、深厚爱国主义情感、高尚道德情操、丰富知识学问、强健的身心体魄、高尚劳动情感等优良品质的人才。怎样才能把新时代的大学生培养成为具备这样素养的有用人才呢？要通过五育并举的方式，努力构建德智体美劳全面培养的教育体系，把立德树人融入高校思想道德教育、文化知识教育、社会实践教育各环节。党的十八大以来，党和国家为培养德智体美劳全面发展的有用人才，出台了一系列有关文件，对大学生的德育、智育、体育、美育和劳动教育的发展进行了顶层设计，出台了《关于加强和改进新形势下高校思想政治工作的意见》《新时代公民道德建设实施纲要》《新时代爱国主义教育实施纲要》《关于深化教育领域综合改革的意见》《关于深化体教融合促进青少年健康发展意见的通知》《关于切实加强新时代高等学校美育工作的意见》《关于全面加强新时代大中小学劳动教育的意见》，等等。就大学生德育的培养来说，学校是大学生思想道德建设的重要阵地，如何做好大学生思想道德教育，需要遵循大学生年龄阶段的道德认知规律，把社会主义道德规范有效传授给学生，筑牢大学生的理想信念根基，引导大学生培育和践行社会主义核心价值观念，弘扬中国精神、传承中华传统美德；并且要注重把大学生道德培养贯通于课程教学过程，体现到大学生日常管理过程中，使传授知识过程成为道

---

① 《习近平在全国教育大会上强调　坚持中国特色社会主义教育发展道路　培养德智体美劳全面发展的社会主义建设者和接班人》，《人民日报》2018 年 9 月 11 日第 1 版。

德教化过程。总体来说，就是要把德育、智育、体育、美育和劳动教育贯穿于高校思想道德教育、文化知识教育、社会实践教育各环节和高校学科体系、教学体系、教材体系、管理体系建设之中，这是一个系统工程，需要各部门齐心协力、同向同行。

高校共青团在贯彻落实立德树人根本任务、协同培养德智体美劳有用人才方面，有自身的优势。第一，在协同德育培养方面，高校共青团可以深入开展理想信念教育，巩固和加强马克思主义在我国思想意识形态领域的指导地位；深入开展邓小平理论、"三个代表"重要思想、科学发展观、习近平新时代中国特色社会主义思想的学习，大力开展社会主义核心价值观教育，把远大理想和现阶段的奋斗目标结合起来；引导学生热爱社会主义祖国，拥护党的路线、方针、政策，遵守国家法律和法规，遵守校规校纪，遵守社会公德，尊师重教，明礼诚信，学习态度端正，勤俭自强；认真参加政治学习、组织生活、公益劳动和学校、学院、班级开展的主题教育、培训等集体活动；开展拾金不昧，助人为乐，参与基础文明、和谐校园等精神文明创建活动。第二，在协同智育培养方面，高校共青团可以开展学术科技和创新创造活动，以培养学生创造精神和实践操作能力，提高学生科学素质，主要内容包括鼓励学生参加学术研究、学术报告、学生科研立项以及科技作品竞赛等；组织学生参加"挑战杯"大学生系列科技学术竞赛、"数学建模"竞赛等知识性竞赛；协同专业教师组织学生参加科普创意创新活动，发表科技论文，开展各种科技发明创造，积极申报专利。第三，协同体育、美育培养方面，高校共青团可以广泛开展文体艺术实践活动，以培养大学生理性思维、审美能力、意志品质为重点，引导大学生健全人格、悦纳自我、强健体魄、健康生活，促进大学生身心素质协调发展，主要内容包括学生参加"书香校园"、演讲征文、文艺演出、书法绘画、运动会、体育竞赛、心理辅导等健康有益的比赛和活动。第四，协同开展劳动教育方面，高校共青团可以围绕劳动知识学习、劳动活动开展、劳动精神养成等方面，协同地方政府、工厂农场、城乡基层社区、社会公益组织等，组织学生参加力所能及的生产劳动、参与新型服务性劳动，尤其要鼓励大学生参与体验现代科技条件下劳动实践新形态、新方式，理解科技创新时代科技劳动实践在促进社会发展中的重要意义，引导大学生旗帜鲜明地反对一切不劳而获、贪图享乐、崇尚暴富的错误观念，树立懂得劳动、尊重劳动、崇尚劳动的正确劳动观。

（二）高校共青团协同立德树人要固本守正

高校共青团在高校党组织的领导下，结合时代需要、高等教育的改革发展、青年大学生的成长实际，在各种实践中形成了诸多优良传统。高校共青团的优良传统可以从高校共青团与党组织的关系、高校共青团与大学生的关系、高校共青团与学生自组织的关系、高校共青团与社会的关系四重维度来考察，具体体现在"以思想政治引领为核心""竭诚维护青年大学生的合法权益""不断增强团学组织的'三性'""积极组织开展社会实践活动""照顾青年大学生的代际特点"等优良传统。高校共青团要坚守好这些优良传统，使其成为新时代高校共青团协同育人工作的借鉴。

1. 坚持以青年大学生的思想政治引领为核心

"思想政治工作是党的优良传统、鲜明特色和突出政治优势，是一切工作的生命线。"① 也是共青团的优良传统、鲜明特色和突出政治优势。作为共青团组织主阵地的高校共青团，在不同的历史时期，始终把青年大学生的思想政治引领作为工作的重中之重，以此来协助党取得革命的胜利和扩大党执政的青年学生基础，并作为一种优良传统延续至今。

革命年代，共青团在高校向青年学生灌输无产阶级革命理念。1922年5月10日，中国社会主义青年团一大通过的《中国社会主义青年团纲领》，明确要求中国社会主义青年团要"养成青年革命的精神，使向为解放一般无产阶级而奋斗的路上走"，在政治教育方面要"特别讲述中国政治情形及其他种种情形，以启发并养成青年无产阶级的政治觉悟及批评力"。显然，中国社会主义青年团一经成立，很快就意识到并立即着手对青年进行思想政治方面的教育，以促进青年思想政治方面的觉

---

① 中共中央、国务院：《关于新时代加强和改进思想政治工作的意见》，《人民日报》2021年7月13日第1版。

醒和觉悟。中国社会主义青年团一大通过的《中国社会主义青年团章程》对中央执行委员会宣传部的主要工作做了明确规定：掌握教育及政治的工作，注意宣传及出版事业等事。在学校领域，青年团组织要求青年团员加入学生联合会，对青年学生的宣传"应从普通的文化宣传进而为主义的宣传"，即用马列主义来对青年学生进行思想政治方面的教育，帮助青年学生克服封建社会的旧道德旧习惯和"自由主义"的小资产阶级思想，矫正青年大学生"只读书不问社会的心理"，要把青年学生的思想引导到揭露和反抗帝国主义、封建主义、官僚资产阶级的压迫、剥削的政治斗争的道路上来，以期为青年学生群众"造成无产阶级的整个的世界观"。共青团在对青年学生进行马列主义无产阶级世界观的思想政治宣传过程中，还逐步克服"偏重抽象的理论"或"广泛的政治主张"的问题，注重从青年学生的日常生活具体问题出发，随时随地灌输党的理论主张。蒋介石发动"四·一二"反革命政变后，随着中国共产党的革命任务和革命形势发生新变化，共青团在高等学校进行思想政治工作的环境和任务也随之发生变化，即要通过各种方式开展思想政治工作，把广大青年学生团结在党的周围，"以发展我们在其中的阶级革命宣传和吸引广大青年学生群众走入革命斗争"①，以保证革命取得胜利。除此之外，这一时期共青团还在同组织自身内部一些团员身上存在违反马克思列宁主义与无产阶级的思想与意识——主要是取消主义、先锋主义、盲动主义——进行坚决的斗争，对青年团员，尤其是对青年学生团员进行"有系统的施行政治工作教育，使每一个团员都成为积极的政治宣传员"②，以促进新的革命高潮的到来。在土地革命时期、抗日战争和解放战争时期，共青团组织在两条战线的高校进行艰苦而卓有成效的思想政治引领工作，一条战线是国统区和敌占区的高校隐秘思想政治工作，一条战线是革命根据地和解放区的高校公开的思想政治工作。在革命根据地和解放区高校，共青团组织的思想政治教育工作主要围绕马克

①　共青团中央青运史档案馆编，胡献忠主编：《中国共青团历次全国代表大会概览》，中国青年出版社2012年版，第135—136页。

②　共青团中央青运史档案馆编，胡献忠主编：《中国共青团历次全国代表大会概览》，中国青年出版社2012年版，第142页。

思列宁主义理论的学习活动、抗日救亡思想宣传和维护青年学生抗日救国统一战线、日常军事组织和训练、动员大学生积极参加生产劳动教育等。1949 年 4 月 11 日，朱德在新民主主义青年团第一次全国代表大会上讲话指出："大革命时代和土地革命时代的共产主义青年团，'一二·九'时代和抗日战争初期的中华民族解放先锋队，抗日战争时期的青年救国会，都在每一时期中，起了积极的作用。"① 这个积极作用包括共青团在高校领域对青年学生所做的思想政治引领工作。历史已经充分证明，革命年代，高校共青团面向青年学生所开展的思想政治引领工作，把大批觉悟的爱国知识青年团结在了党的旗帜下，为协助党取得革命斗争的胜利作出了积极贡献。

社会主义建设时期，高校共青团在日常活动中加强政治学习。中华人民共和国成立后，面临的主要任务就是要把我国由一个落后的农业国建设成为一个工业体系完整的工业化国家。这就需要造就大量有知识、有文化、懂技术，且思想政治观念端正的社会主义建设者。思想政治素质过不过硬直接影响高校培养出来的人才能不能为党所用、为国奉献。因此，通过强有力的思想政治工作，把新中国的青年大学生引导到"四个现代化"社会主义祖国建设的正确道路上来，是社会主义建设时期高校共青团思想政治工作的新方向。因此，组织青年大学生有系统地进行生动实践的马克思列宁主义、毛泽东思想的学习教育，使每个团员具有坚定的辩证唯物主义的革命人生观和为人民服务的观点，懂得社会发展的规律，并自觉地按照这种规律去奋斗；引导他们成长为有高度的共产主义政治觉悟又有坚强的实际工作能力的优秀的革命后备军，把他们源源不断地补充到各种工作岗位上去，是这一时期高校共青团思想政治引领工作的主要任务。唯有如此，高校共青团才能成为团结与教育青年学生的核心和党在高校各项工作中的得力助手。高校共青团根据这一现实要求，协同有关方面，在青年大学生中开展"读革命书报，唱革命歌曲，演革命戏剧，开展各种内容健康、丰富多彩的文化娱乐和体育活

---

① 共青团中央青运史档案馆编，胡献忠主编：《中国共青团历次全国代表大会概览》，中国青年出版社 2012 年版，第 176 页。

动"。高校共青团将思想政治引领融入青年学生日常生产劳动实践、科学知识学习、体育文化娱乐等各种活动中，培养了青年学生高尚的革命情操，帮助青年学生克服了"小资产阶级""修正主义""轻视劳动""贪图安逸""脱离工农群众"等错误思想观念，促进了青年学生德育、智育、体育的全面发展。

改革开放和社会主义现代化建设新时期，高校共青团的思想政治工作要为社会主义现代化强国建设服务。1978 年 10 月 17 日，中国共产主义青年团十大筹委会主任韩英在中国共产主义青年团第十次全国代表大会上作《为伟大的新长征贡献青春》报告，要求大中学校的共青团要以"三好"为目标、以学习为中心开展活动，帮助学生牢固地系统地掌握知识，提高学习质量，协助党培养更多的德智体全面发展的人才，尽快补充和壮大工人阶级知识分子的队伍。韩英认为，新时期的青年应该是又红又专的新一代，既要有正确的政治方向，又要有先进的科学文化，两者缺一不可。因此，高校共青团从这一代青年的实际出发，把青年大学生的思想政治引领作为工作核心是时代的必然要求。1991年共青团中央、中共国家教育委员会党组发布的《关于加强高等学校共青团建设的意见》提出，加强对团员的思想政治教育，是提高高校团员素质的根本途径，要重点抓好团员的政治方向教育、爱国主义教育、马克思主义理论教育、成长道路教育、艰苦奋斗精神教育、团员意识教育等方面的思想政治教育。2005 年 1 月 13 日，共青团中央、教育部《关于加强和改进大学生社团工作的意见》指出，大学生社团是"新形势下有效凝聚学生、开展思想政治教育的重要组织动员方式，是以班级年级为主开展学生思想政治教育的重要补充"①。共青团中央要求高校共青团要从全面推进素质教育，实施科教兴国、人才强国战略视角，培育中国特色社会主义事业合格建设者和可靠接班人的高度加强和改进大学生社团思想政治教育工作。2005 年 4 月 8 日，共青团中央、教育部《关于进一步加强和改进高等学校共青团建设的意

---

① 教育部思想政治工作司组编：《加强和改进大学生思想政治教育重要文献选编（1978—2014）》，知识产权出版社 2015 年版，第 285 页。

见》，再次从党的事业长远发展的战略高度，强调要充分发挥团组织在大学生思想政治教育中的重要作用，必须始终把思想建设作为高校团的建设的首要任务。总的说来，这一时期的高校共青团大力增强思想政治引领力，引导和帮助青年大学生树立共产主义崇高理想、正确认识和理性处理现实生活中的各种问题、自觉增强抵制各种错误思想的能力、树立正确的人生价值观念，为维护高校的稳定和谐作出了积极努力，为造就一代有理想、有道德、有文化、守纪律的社会主义劳动者作出了重要贡献。

党的十八大以来，在新的历史方位，党和国家对德智体美劳全面发展人才的渴求更为迫切。以习近平同志为核心的党中央把高校思想政治工作作为一项重大的政治任务和战略工程，提出高校思想政治工作关系培养什么样的人、如何培养人以及为谁培养人的根本问题，把高等教育和思想政治工作紧密联系在一起，突出了思想政治工作在高校人才培养过程中的战略地位。高校共青团组织作为党的助手和后备力量，协助党做好大学生思想政治工作责无旁贷。2017 年，中华全国青年联合会发布《关于加强和改进新形势下高校共青团思想政治工作的意见》，从加强和改进高校共青团思想政治工作的极端重要性和现实紧迫性高度，提出高校共青团协同"参与做好高校思想政治工作，是高校共青团的核心使命任务"[1]。2018 年 7 月，习近平在同团中央新一届领导班子成员集体谈话时，要求共青团"要加强对青年政治引领"[2]。中国共产主义青年团十八大以来，高校共青团把加强和改进大学生思想政治引领作为高校共青团的政治责任和工作主线，紧密结合新时代青年大学生的思想特点和现实需要，树立"全团抓思想政治引领"意识，在抓好大学生思想政治工作方面，大力加强青年大学生的理论武装和理想信念教育，深化社会主义核心价值观宣传教育，推动高校共青团网络舆论引导工作创新，着力用习近平新时代中国特色社会主义思想构筑新时代青年大学生强大的精神支

---

[1]　共青团中央学校部、全国学校共青团研究中心编著：《团十七大以来学校共青团文件制度汇编》，中国青年出版社 2018 年版，第 153 页。

[2]　《习近平在同团中央新一届领导班子成员集体谈话时强调　代表广大青年赢得广大青年依靠广大青年　让广大青年敢于有梦勇于追梦勤于圆梦》，《人民日报》2018 年 7 月 3 日第 1 版。

柱，引导广大青年大学生切实增强"四个意识"、坚定"四个自信"、做到"两个维护"，坚定不移听党话、跟党走。[①] 在本次问卷调查中，有55.15%的大学生认为高校共青团要把思想政治引领作为核心任务。这也充分说明了新时代青年大学生对高校共青团思想政治引领工作的认同。

中国共产主义青年团成立100年来，高校共青团充分发挥对青年大学生思想政治引领的重要作用。不同时代的高校共青团始终坚守并大力弘扬这一优良传统，始终坚持用马列主义和中国化时代化马克思主义理论引领青年大学生、武装青年大学生，帮助青年大学生用马克思主义辩证唯物主义和历史唯物主义理论认清历史发展大势，引导青年大学生坚定对党的信赖和对党的信心，帮助青年大学生树立正确的"三观"、锤炼优良道德品质、提升思想政治素养。高校共青团所积累的这些宝贵的思想政治引领工作经验，值得在新时代思想政治引领工作中进一步继承创新。

2. 坚持以服务青年学生为工作生命线

"坚持服务青年的工作生命线"[②] 是共青团把自身建设成为团结教育青年的坚强核心的优良传统，也是共青团贯彻党全心全意为人民服务这一宗旨的具体体现。高校共青团在具体指导青年学生运动的过程中，从青年学生的实际需求出发，努力增强服务青年学生的意识和能力，深入挖掘服务青年学生发展的资源，积极为青年学生排除困惑困难，使高校共青团成为广大青年大学生的知心朋友和关键时候靠得住的组织核心。

社会主义建设时期，中国青年成长的环境迎来了翻天覆地的巨大变化。共青团组织要在党的领导下，充分照顾青年特点基础上，努力做好服务青年的工作。毛泽东强调："希望各地的党组织，协同青年团组织，注意研究如何特别发挥青年人的力量，不要将他们一般看待，抹杀了他们的特点。"[③] 作为直接指导青年运动的青年团，毛泽东要求"青年团要

---

① 共青团中央：《共青团十八大报告辅导读本》，中国青年出版社2018年版，第197—198页。

② 中国共产主义青年团：《中国共产主义青年团章程》，《中国青年报》2018年7月2日第1版。

③ 共青团中央、中央文献研究室编：《毛泽东邓小平江泽民论青少年和青少年工作》（增订本），中国青年出版社2003年版，第108页。

照顾青年的特点，要有自己的系统工作……你们现在有九百万团员，如果不注意青年的特点，也许就只有一百万拥护你们，八百万不拥护你们"①。在九百万青年团员中，高校青年学生团员又占有很大的比例。因此，高校共青团在开展工作时，尤其需要照顾青年大学生在知识学习、体育锻炼、文化娱乐、恋爱婚姻、就业安排等方面区别其他类型青年的实际利益。

改革开放和社会主义现代化建设新时期，高校共青团竭诚服务青年的学生成长成才。改革开放之初，共青团把经常了解青年的就业、学习、生活情况，积极协助有关方面解决这些问题，是共青团应尽的职责，是检验我们是否具体地为人民服务的一个标尺。1991年5月22日，共青团中央、中共国家教育委员会党组共同发布的《关于加强高等学校共青团建设的意见》指出，高校共青团组织的主要工作对象是学生，其中心任务是从共青团的性质和青年学生的特点出发，根据党和国家的教育方针，配合学校党组织和行政，协助学校改善和优化学生的学习、生活环境；开展健康有益的课外文化、科技、体育和勤工助（俭）学、公益劳动等活动；照顾青年学生的特点，注意他们在心理、生理、学习、生活、就业等方面的特殊要求，努力在服务团员、学生的过程中团结、教育他们。2005年4月8日，共青团中央、教育部联合发布《关于进一步加强和改进高等学校共青团建设的意见》指出，加强和改进高校团的建设，是服务大学生成长成才的需要。当代大学生具有鲜明的时代特点，在"四个多样化"（经济成分多样化、组织形式多样化、就业方式多样化、利益关系和分配方式多样化）的社会背景下，当代大学生的成长发展、学习生活、择业交友都遇到了一些新问题，迫切需要团组织的关心和帮助。高校共青团积极落实党和国家有关政策要求，采取帮助困难学生，开展勤工助学等切实有效措施，解决困难大学生上学困难问题；深入实施大学生心理健康服务，为大学生提供及时有效的心理咨询，解决大学生心理困惑；帮助大学生培养正确的就业创业观念，不断

---

① 共青团中央、中央文献研究室编：《毛泽东邓小平江泽民论青少年和青少年工作》（增订本），中国青年出版社2003年版，第99页。

提高大学生的创业素质和就业本领，等等。高校共青团组织通过一系列深受学生好评、卓有成效的措施，强化了协同育人的能力。

中国特色社会主义进入新时代，高校共青团重视通过学生组织服务大学生的全面发展。2014年，共青团中央、教育部办公厅转发《中华全国学生联合会关于加强和改进高校学生会研究生会建设的指导意见》，要求高校团组织要对高校学生会和研究生会建设给予充分重视，加强工作指导，帮助高校学生会和研究生会增强工作活力、促进工作创新，充分发挥学生会和研究生会在加强和改进大学生思想政治教育、服务大学生全面发展、促进大学生成长成才等方面重要的桥梁纽带作用。2016年，共青团中央、教育部印发《高校共青团改革实施方案》，要求深化以青年学生为中心的改革，把准青年学生脉搏，了解青年学生心声，坚持服务青年学生的工作生命线，实现直接联系服务引领青年学生取得重要成效，服务高等教育发展和学生成长成才的能力水平不断提高。

服务青年学生成长成才，是高校共青团在任何时代都需要坚守的优良传统。高校共青团只有尊重学生的主体地位，把服务青年的成长发展需求作为自身使命，才能更好地充当联系青年学生的桥梁和纽带，协同为党凝聚更多的青年学生力量，协同为国家培养更多德才兼备的建设人才。

3. 坚持以维护青年学生权益为责任担当

中国共产主义青年团自成立以来，就十分注重维护青年的合法权益。高校作为党和国家高素质人才培养的重要基地，注重青年学生的合法权利和合理利益的诉求是其重要工作之一。长期以来，高校团组织在党的领导下，已经形成了维护青年学生合法权益的优良传统和特色做法。

第一，为青年学生的受教育权益而奋斗。中国社会主义青年团成立伊始，就发出"要为青年学生的利益而奋斗"的呼声。1922年5月10日，中国社会主义青年团一大通过的《关于教育运动的决议案》提出，要为免除贫穷学生学膳费的利益与资本家的教育机关争斗，要为男女青年平等接受教育的权利奋斗，要为学生参加校务、打破牢狱式的学校制度而奋斗，要为非基督教青年学生享受平等的待遇开展运动，等等。革命年代，高校共青团指导青年学生为受教育权所开展的斗争赢得了青年学生的支持和信赖，为党的革命事业赢得了大批先进青年学生。

第二，成立维护青年学生权益的学生自治组织。在革命年代，由于反动派对青年学生思想控制非常严格，在反动军阀统治区、国统区、沦陷区的高校，青年团组织无法公开活动，只能借助青年学生自治组织开展维护青年学生权益的工作。早期青年团组织要求"在未组有学生联合会及只有有名无实的学生联合会之地方，各学校的青年团同志应提倡组织，或改组之"[1]，以使学生联合会能在青年团的领导下，聚合青年学生群众的力量，为维护青年学生的利益而奋斗，并把青年学生为自身利益的奋斗导向为受奴役、受剥削、受压迫的人民大众的解放而奋斗。中华人民共和国成立后，在党的关心支持下，高校共青团被赋予了维护青年学生权益的责任。通过学生会维护青年学生合法权益、合理诉求，已经成为高校共青团维护青年学生自身权益的一种有效方式。《中华全国学生联合会关于加强和改进高校学生会研究生会建设的指导意见》，要求高校学生会组织要健全和完善学生代表大会代表提案机制，及时向学校反映意见建议，推进学生会组织合理有序地表达和维护同学正当权益。[2]据调查走访了解，安徽省阜阳师范大学学生会组织在学校共青团的指导下，于2016年已经建立了相对成熟完善的学生代表大会提案工作落实机制，充分发挥了学代会、学生委员会在学校改革发展和民主决策中的重要作用，持续提高了学生权益维护工作的质量和水平。

（三）高校共青团协同立德树人要培元创新

党实现不同历史时期任务的关键因素在人。习近平在北京大学师生座谈会上明确指出："国势之强由于人，人材之成出于学。"[3] 也就是说国家的强大关键因素在于人，人才培养的关键又在学校，但学校教育必须培养社会发展所需要的人。在革命、建设、改革时期和新时代高校共

---

① 共青团中央青运史档案馆编，胡献忠主编：《中国共青团历次全国代表大会概览》，中国青年出版社2012年版，第15页。

② 教育部思想政治工作司组编：《加强和改进大学生思想政治教育重要文献选编（1978—2014）》，知识产权出版社2015年版，第652—653页。

③ 习近平：《在北京大学师生座谈会上的讲话》，人民出版社2018年版，第5页。

青团在协同育人方面完全是贯彻这一要求，把时代新人的培育同时代的发展、国家的需求、党的期望紧密结合起来，并在时代发展的历史进程中，改革不适应时代新人培养的弊端，创新培养时代新人的方式方法。

1. 改革创新协同育人的组织结构

组织结构的改革创新是高校共青团适应时代变化中协同育人工作的必然要求。一是变更共青团的名称。革命时期，共青团组织根据党的革命斗争需要，名称经过几次变更才最终确定为"中国共产主义青年团"。1922 年 5 月 5 日，中国社会主义青年团根据当时中国社会实际，将青年团名称正式确定为"中国社会主义青年团"。后来中国社会主义青年团组织在领导青年学生参加运动的过程中，认为青年团组织的名称需要与中国共产党的性质上趋于一致，并表明青年团组织是党的助手和后备力量，于是在 1925 年 1 月，青年团的第三次全国代表大会决定将中国社会主义青年团改名为中国共产主义青年团。抗日战争时期，为建立全国青年抗日民族统一战线，中国共产主义青年团组织被改组为全国青年抗日救国组织，名称更改为"西北青年救国会"。随着抗日战争的胜利和解放战争的进行，党中央适应革命斗争形势和任务的变化，适时重新建立青年团组织，并根据新民主主义革命要求将团组织名称确定为"中国新民主主义青年团"，这个名称直到 1957 年 5 月，中国新民主主义青年团第三次全国代表大会召开，团中央决定把团的名称改为中国共产主义青年团。青年团名称几经变更，其主要目的是适应革命形势和革命任务的新变化，为了更好地团结和培育青年。其中青年团组织在革命根据地、解放区和中华人民共和国成立后的高校团组织也根据这一变化对名称进行了调整。二是高校共青团组织工作格局的改革创新。自青年团组织在高等学校领域创建以来，其组织结构的改革创新是伴随党和国家大规模进行社会主义现代化建设、深入推进改革开放、实现中华民族伟大复兴的任务而进行的，同时也是围绕适应不同历史时期高等教育培育党和国家对人才培养要求而设计的。例如，2016 年 11 月 14 日，共青团中央、教育部为切实加强和改进高校共青团各项工作和建设，推进高校共青团改革创新和提高协同育人的能力，印发了《高校共青团改革实施方案》，其重要目的是积极适应新形势新变化，新使命新任务，以及高等教育综合改革新发展和青年学生新特点，推进组织创新和工作创新。

2. 改革创新协同育人的内容要素

根据党的要求和大学生的成长特点，选择合适的协同育人内容，是高校共青团开展协同育人工作的基础。在革命、建设、改革、新时代，青年团组织在高校或高校青年团组织在协同培育人才的过程中对育人内容的选择既有一以贯之的共性内容，也有适应不同时代要求的个性内容，但是无论是共性内容还是个性化内容都统一于大学生的全面发展。首先，从共性内容的角度来看，不同历史时期高校共青团协同育人内容都高度重视理想信念教育、爱国主义教育、道德传统教育等方面内容的学习传承。革命时期到中国特色社会主义新时代，共青团组织在高校间接通过高校学生会、学联组织、学生社团等青年团体创立马克思主义研究团体或高校青年团组织直接在高校创建马克思主义研究团体或社团，宣传学习马克思主义理论学说，尤其是把中国化时代化马克思主义作为学习的重点内容。例如，1992 年 6 月 18 日，中央宣传部和团中央联合发布的《关于进一步组织高等学校青年师生学习马克思主义理论的通知》，要求高校共青团组织要充分利用课余马列学习小组、业余团校、班级团支部、学生社团等，认真开展学习马列主义、毛泽东著作和邓小平等老一辈无产阶级革命家著作的活动，坚持用马列主义、毛泽东思想教育青年，不断提高他们的思想政治素质和理论水平，学会运用马克思主义的立场、观点、方法分析新情况，解决新问题，并指导自己的思想、学习、工作和生活。其次，从个性内容的角度来看，不同的历史时期青年团组织对高校共青团协同育人的内容的侧重点和具体内容也有所差别。这主要是根据不同时期党所面对和需要解决的主要矛盾来确定的。从马克思主义理论学习角度看，革命时期重点学习马克思列宁主义；社会主义建设时期，重点学习毛泽东思想；改革开放新时期，重点学习中国特色社会主义理论；中国特色社会主义新时代，重点学习习近平新时代中国特色社会主义思想，也就是在不同的历史时期，学习的重点内容是马克思主义中国化时代化的理论创新成果。从共青团开展协同育人活动内容来看，革命时代，青年团主要是培养青年学生骨干和积极分子，组织动员和发起学生革命运动，认识一切反动势力剥削、压迫、残害人民的真实面目，并培养他们参加反对军阀、反对国民党、反对帝国主义的能力，以及参加土地革命打土豪、分田地，促进根据地经济社会文化建设的能力。建设、改革、新时代各历史时期，高校青年团的主要任务就是更好地组织大学生开展阶级斗争、科学实验、生产劳动实践，尤其是协同高校做好德智体美劳全面发展人才的培养工作。随着经济全球化、文化多元化、网络信息化时代的深入演进和社会结构的转型，21 世纪青年大学生的价值取向趋于多元共生，在婚姻爱情、就业创业、心理健康、素质拓展、志愿服务、科技创新、文体活动、网络实践等方面产生了多元需要。党和国家对此有充分的掌握。为了适应青年大学生的变化，并做好正确引导工作，2017 年 6 月 1 日，共青团中央、教育部印发《关于加强和改进新形势下高校共青团思想政治工作的意见》，要求高校共青团围绕高校育人的中心任务，针对创新创业创造、社会观察实践、社会工作锻炼、身心素质拓展、志愿公益服务、兴趣培养和社会参与等普遍个性化需求，加强同学校相关部门、政府有关职能部门以及社会机构的协作，组织开展第二课堂活动，满足大学生日趋多样的价值取向和发展选择。高校共青团只有根据时代变化发展实际和青年大学生的代际变迁，适时调整协同育人内容，向大学生供给喜闻乐见、导向正确的优质内容，才能更好地吸引青年大学生、凝聚大学生，使青年大学生工作活起来、火起来。

3. 改革创新协同育人的制度机制

制度机制改革创新是高校共青团协同育人的重要方面。习近平指出："不忘初心、牢记使命，必须完善和发展党内制度，形成长效机制。制度优势是一个政党、一个国家的最大优势。"[①] 长期以来，作为育人工作重要的协同力量的高校共青团一直把制度、机制的创新作为育人的重要方面。当下，高校共青团改革着重将制度、机制的建构作为新时代协同育人工作的切入点和突破口，通过加强制度的设计和供给，确保高校共青团改革思路清晰、有章可循；通过构建长效机制，确保制度执行得顺畅和高效运转，从而提升新时代高校共青团的组织力、引领力和服务

---

① 《习近平谈治国理政》（第三卷），外文出版社 2020 年版，第 543 页。

力。一是改革领导体制机制。从加强团教协作的角度看，由共青团组织和教育部门共同成立高校共青团工作指导委员会，建立健全联席会议制度，加强工作统筹指导和督导。高校共青团与高校的教务部门从校风、学风、考风等多方面开展协同合作。充分发挥高校共青团研究中心、新媒体运营中心等专业化协同工作平台的作用。高校共青团要根据工作实际合理设置和调整工作机构。二是推行直接联系服务引领青年师生制度。共青团十八大以来，高校共青团实行"团干部直接联系青年""常态化下沉基层""向基层服务对象报到""驻校蹲班"等制度安排。三是建立健全高校共青团工作活动开展"众创众筹众评"制度，实行青年师生评议工作制度，使青年师生更多地参与到共青团工作的设计、决策、实施、评议全过程。四是实行"第二课堂成绩单制度"。"第二课堂成绩单制度"是高校共青团协同培养大学生综合素质、深度融入教育改革发展、服务国家经济发展大局的一项举措。第二课堂作为学校人才培养的重要组成部分，与第一课堂互动互补、互相促进，服务学校立德树人中心工作。五是构建扁平化、项目化、制度化的工作机制。高校共青团对重点工作实施项目化管理，促进项目的内涵提升和规范运行，着力打造有重大影响力的工作品牌。六是推行校级和院系团的代表大会定期召开制度，落实和完善高校共青团组织的代表大会制度，并且推行代表常任制、提案制和大会发言制度，建立校级和院系团组织定期向团的常任代表报告工作和听取意见建议的制度，畅通了大学生和团员与学校党政沟通渠道，深入推进高校民主治校，有利于全过程人民民主的实行。高校共青团的制度机制的改革创新，促进了高校共青团协同育人工作有序开展、有制可循、有效推进，增强了高校共青团的"三性"这一基本要求，突出高校共青团组织活力的提升和基础制度的创新。

高校共青团协同育人理念是高校共青团组织合理运用古今中外哲学家、思想家、教育家、革命家关于高等教育的育人哲学思想，尤其是马克思主义关于教育促进人的全面发展的育人哲学思想和中国共产党人在中国革命、建设、改革过程中开创的以"立德树人"为根本，以"五育并举"为目标，结合共青团工作实际和高校青年大学生实际，将协同学有关理论融入育人过程及实践的价值遵循，其最终目的是更好地协同高校党政做好为党育人、为国育才工作，使党的伟大事业后继有人，使社会主义现代化强国建设的高素质人才供给源源不断。高校共青团协同育人工作只有在理念上有了明确的定向，才能厘定"协同育人"内容边界，优选"协同育人"内容要素；才能确定"协同育人"主体力量，整合"协同育人"资源；才能建构"协同育人"长效机制，提升"协同育人"实效。因此，高校共青团"协同育人"内容要素的建构、"协同育人"系统组织结构耦合、"协同育人"机制的健全，都要在"协同育人"理念的指导下进行。

第三章

高校共青团协同育人的内容供给

　　高校共青团做好协同育人工作，首先要回答的一个基本问题是协同育人内容的供给问题。《辞海》对"内容"一词的解释是："内容是构成事物的内在诸要素的总和。它包括事物的各种内在矛盾的构成和发展，是较为活跃的方面。事物的发展变化一般首先从内容开始。"① 高校共青团协同育人内容是高校共青团协同高校党政各部门育人诸要素的总和，它体现了各种矛盾的运动变化发展规律，适应历史时代变化发展的趋势。高校共青团协同育人的内容要素作为高校共青团协同育人的基础，它对青年大学生正确三观的形成起着决定性的影响。因此，高校共青团要协同培育好青年大学生，使之成长为党和国家所期待的人才，首先要从青年大学生供给科学合理的内容要素着手。

一　高校共青团协同育人的内容供给动力

　　唯物辩证法认为，矛盾的对立统一是事物变化发展的根本动力。近代以来，中华民族伟大复兴和阻碍中华民族伟大复兴力量的矛盾、中国人民对美好生活向往和阻碍中国人民对美好生活向往的矛盾、代际青年健康成长和阻碍代际青年健康成长的矛盾、高校共青团科学化建设和阻碍高校自身科学化建设的矛盾，是高校共青团协同育人内容供给创新的

---

　　① 夏征农、陈至立主编：《辞海》（第六版彩图本），上海辞书出版社 2009 年版，第1650 页。

根本动力。高校共青团需要在充分认识这些矛盾的基础上，合理建构协同育人的内容要素。

（一）遵循中华民族伟大复兴的客观需要

实现中华民族伟大复兴是近代饱受屈辱的全体中国人民的梦想追求。为了把这一梦想变为现实，中国人民历尽艰辛、艰苦探索，筚路蓝缕、披荆斩棘，艰苦奋斗、辛勤工作，使饱经风霜的中华民族终于迎来从站起来到富起来，从富起来到强起来的伟大飞跃。在这一波澜壮阔的伟大历史征程中，高校共青团组织始终高举团旗跟党走，把青年大学生团结在党的周围，同人民群众一道，为中华民族伟大复兴的中国梦奉献青春能量。

1. "中华民族伟大复兴"的深刻内涵

近代以来，饱受屈辱的中国人民，在不同历史时期的奋勇抗争中，赋予了"中华民族伟大复兴"这一伟大梦想不同话语表达。1894 年，孙中山提出"振兴中华"之口号，1911 年，周恩来发出"为中华之崛起而读书"之口号，1919 年，毛泽东提出"中华民族的大联合"之口号。这些话语表述是"中华民族伟大复兴"概念生发之滥觞。[1]新民主主义革命时期，随着中国共产党在领导中国人民推翻压在头上的"三座大山"的革命斗争的节节胜利，中国人民对实现"中华民族之独立"的信心越发增强，对"振兴中华"的愿望也越发强烈。虽然在中华人民共和国成立之前，我们没有明确使用过"中华民族伟大复兴"这一概念，但是毛泽东在党的七届二中全会上用"中国的兴盛是可以计日程功的"[2]一句话来表示其中的含义。"兴盛"一词跟"复兴"词义是近似的。"中国的兴盛"是"中华民族大联合""大团结"的兴盛。

社会主义革命的胜利和社会主义的建设，尤其是社会主义建设时期所建成的完整的工业体系和国民经济体系，为中华民族伟大复兴奠定了

---

① 肖贵清、张鉴洲：《"中华民族伟大复兴"概念的历史演进》，《四川师范大学学报》（社会科学版）2022 年第 3 期。

② 《毛泽东选集》（第四卷），人民出版社 1991 年版，第 1433 页。

厚实的基础。这时，"中华民族伟大复兴"已经具体化为"四个现代化"的建设与实现。改革开放之初，北京大学的学生喊出了"团结起来，振兴中华"的响亮口号。"振兴中华"观念再次在青年学生中响起。这一时期，党和国家领导人在重要场合明确提出"中华民族伟大复兴"问题。我们党完整表述"中华民族伟大复兴"是在1987年。党的十三大报告提出，社会主义初级阶段必须"集中力量进行现代化建设"，"实现中华民族伟大复兴"。① 在报告中，邓小平把"社会主义现代化"和"中华民族伟大复兴"关联在一起，也就是说只有实现社会主义现代化，中华民族伟大复兴才能成为现实，并把这两者的实现具体化为"三步走"战略。江泽民、胡锦涛对"中华民族伟大复兴"进行了丰富创新。党的十八大以来，随着中国综合国力的显著增强，中国日益走近世界舞台中央，"中华民族伟大复兴"已经具备了实现的可能。习近平在党的十九大报告中明确指出："在全面建成小康社会的基础上，再奋斗十五年，基本实现社会主义现代化。"② 到新中国成立100周年的时候，全面建成社会主义现代化强国，实现中华民族伟大复兴的中国梦。

从"中华民族伟大复兴"话语演变的历程来看，它本身就富有一种厚重的时代韵味。这种厚重的韵味是近代以来，尤其新民主主义革命以来，以中国共产党为代表的中国人民在艰辛探索民族未来、国家富强道路的实践历程中所赋予的。其深刻的内涵从国家层面来讲就是建成富强民主文明和谐美丽的社会主义现代化强国，从社会层面来讲就是建设自由平等公正法治全面进步的社会，从个人层面来讲就是全面全体公民爱国敬业诚信友善的素养。

2. 中华民族伟大复兴的历史必然

中国特色社会主义进入新时代，中国人民创造的雄厚的物质基础为中华民族伟大复兴进入不可逆转的历史进程提供必然性。人民群众是中华民族伟大复兴的决定力量。历史唯物主义认为，人民群众是历

---

① 中共中央文献研究室：《十三大以来重要文献选编》（上），人民出版社1991年版，第13页。

② 习近平：《决胜全面建成小康社会 夺取新时代中国特色社会主义伟大胜利——在中国共产党第十九次全国代表大会上的报告》，人民出版社2017年版，第28页。

史的主体力量，历史是由人民群众创造的。在中华民族伟大复兴的历史进程中，中国的工人阶级、农民阶级是历史的主体力量，是大多数，是他们在党的领导下取得了新民主主义革命、社会主义革命的胜利，推翻了压在中国人民头上的"三座大山"，实现了大多数劳苦大众自身的解放；是他们在党的领导下沿着社会主义道路前进，奋发进行社会主义现代化建设，成功开辟了中国特色社会主义道路，实现了中华民族从站起来到富起来的伟大转变；是他们在党的领导下，团结一致、众志成城，成功抵御了各种风险挑战，在全面建成小康社会的道路上攻坚克难，迎来了中华民族从富起来向强起来历史转变的新机遇，使得中华民族伟大复兴中国梦的实现成为可能。正如习近平总书记所说："没有任何力量能够阻挡中国人民和中华民族的前进步伐"[1]，组织起来的包括亿万青年学生群众在内的 14 亿中国人民的力量是气势磅礴、无法阻挡的力量，它直接推动、加速了中华民族伟大复兴的历史进程。

青年兴则国兴，青年强则国强。在实现中华民族伟大复兴的道路上，青年学生群众始终是不可忽视的强大力量。党的历代领导人对青年都寄予厚望，都把青年视为中华民族伟大复兴的先锋力量。2022 年 4 月 25 日，习近平总书记在中国人民大学考察时强调："立足新时代新征程，中国青年的奋斗目标和前行方向归结到一点，就是坚定不移听党话、跟党走，努力成长为堪当民族复兴重任的时代新人。"[2] 从新时代高校共青团的视角看中华民族伟大复兴，高校共青团要坚持以立德树人为根本，向青年学生供给能激发青年学生为中华民族伟大复兴奉献青春热血的优质内容，不断加强大学生理想信念教育；要牢牢把握代际青年特点，贴近大学生实际开展工作；引导大学生正确认识中国和世界发展大势，深刻认识中华民族伟大复兴的历史必然性，协助党把大学生培养成为坚定不移听党话、跟党走，堪当民族复兴大任的时代新人。

---

① 习近平：《在庆祝中华人民共和国成立 70 周年大会上的讲话》，人民出版社 2019 年版，第 2 页。

② 《习近平在中国人民大学考察时强调　坚持党的领导传承红色基因扎根中国大地　走出一条建设中国特色世界一流大学新路》，《人民日报》2022 年 4 月 26 日第 1 版。

（二）适应社会主要矛盾变化的现实需要

人民群众的需要是社会主要矛盾变化发展的原动力。从一定意义上说，"社会主要矛盾实质上是人民群众的需要与社会发展之间的矛盾。"①近代以来，中国社会主要矛盾是中国人民群众的需要与中国社会发展之间的矛盾。中国青年学生运动的动力来源于中国青年学生全面发展的需要与中国社会发展不平衡之间的矛盾。

1. 近代以来中国社会主要矛盾的转换

善于根据时代的变化，抓住社会主要矛盾，是我们党推进社会进步的基本方法。社会主要矛盾是推进社会变革的主要动力。抓住了社会主要矛盾就抓住了社会变革的"牛鼻子"。根据历史唯物主义的观点，社会主要矛盾在一定的历史条件下是会发生变化的，它不是一成不变的。随着中国社会具体历史环境的变迁，中国社会主要矛盾发生了几次根本性转换。新民主主义革命时期，中国社会的主要矛盾是人民大众同帝国主义、封建主义、官僚资本主义之间的矛盾。随着压在中国人民头上的"三座大山"被推翻和中华人民共和国的成立，中国社会的主要矛盾发生了新的变化。1981 年 6 月 27 日，中国共产党第十一届中央委员会第六次全体会议一致通过的《关于建国以来党的若干历史问题的决议》指出：1956 年 9 月党的第八次全国代表大会确定了国内主要矛盾"是人民对于经济文化迅速发展的需要同当前经济文化不能满足人民需要的状况之间的矛盾"②。解决这一矛盾，成为 1956 年"三大改造"完成后至党的十八大这段历史时期的党的全部工作中心。十一届三中全会以后，国家整体建设进入发展的快车道。中华人民共和国成立 70 多年来，中国人民艰苦奋斗、深化改革、锐意创新，取得了举世瞩目的辉煌成就，使中国从一个落后的贫穷国家一跃成为世界第二大经济体，成为世界工业体系门类最为齐全的工业制造大国，并且全面建成了小康社会，

---

① 高峰、胡云皓：《从马克思的需要理论看新时代中国社会主要矛盾的转化》，《当代世界与社会主义》2018 年第 5 期。

② 《中国共产党中央委员会关于建国以来党的若干历史问题的决议》，人民出版社 1981 年版，第 15 页。

现如今正向第二个百年奋斗目标进军。习近平在党的十九大报告中指出："我国社会主要矛盾已经转化为人民日益增长的美好生活需要和不平衡不充分的发展之间的矛盾。"① 近代以来中国社会矛盾的三次根本性转变，主要依据于中国人民大众对政治、经济、文化、社会、生态等各方面的需要与国家的政治、经济、文化、社会、生态等多方面发展的不平衡不能满足人民大众的需要之间的矛盾。满足人民群众在不同时代的不同需要是党的初心使命，也是中国共产主义青年团的初心使命。

2. 时代青年面对社会主要矛盾的思与行

每一代青年的际遇和机缘，及其所处的时代条件，都脱离不开一定的社会主要矛盾。社会主要矛盾规定着青年思想与行动的方向。时代青年只有跟随党，同人民群众一道在致力于解决社会主要矛盾的过程中，才能实现自身的人生价值、推动历史车轮滚滚向前。不同时代青年思想和行动的方向不是一成不变的，是随着社会主要矛盾的变化而发生变化。革命年代，中国青年所面对社会的主要矛盾是帝国主义、封建主义、官僚资本主义同人民大众的矛盾。这一时代的青年被称为"觉醒的一代"。"觉醒时代"的先进青年在各种流派思想泥沙俱下、乱花迷眼的境遇下，苦苦寻找，最终找到了马列主义的科学理论。马列主义真理一经来到中国，就像思想的闪电击中了中国先进青年这块素朴的思想园地，把觉醒的中国先进青年的思想武装了起来。马克思曾说："理论一经掌握群众，也会变成物质力量。"② 马列主义真理一经被中国觉醒一代的先进青年掌握，中国觉醒时代青年就成为党领导中国革命的"先锋力量"，为中国革命的胜利提供了源源不断的青年力量。建设年代，中国社会的主要矛盾已转变成"人民日益增长的物质文化需要和落后的社会生产的矛盾"。在毛泽东思想照耀下成长起来的新中国一代青年，所肩负的历史使命就是在党的领导下、在团的组织下，自力更生、发愤图强，努力成长为"源源不绝地生长着社会

---

① 习近平：《决胜全面建成小康社会　夺取新时代中国特色社会主义伟大胜利——在中国共产党第十九次全国代表大会上的报告》，人民出版社2017年版，第11页。

② 《马克思恩格斯选集》（第一卷），人民出版社2012年版，第9页。

主义事业的突击力量"①，为社会主义"四个现代化"建设再立新功。改革开放和社会主义现代化建设新时期，"70后""80后""90后"三代青年在"团结起来，振兴中华"响亮口号感召下，在邓小平理论、"三个代表"重要思想、科学发展观的指导下，继续发扬"党有号召，团有行动"的光荣传统，解放思想、锐意进取，勇立潮头、创新创业，在各行各业、在基层一线、在西部边陲奉献青春力量。中国特色社会主义进入新时代，中国社会的主要矛盾发生了历史性转变。新时代的青年有理想、有本领、有担当，国家富强、民族复兴就有希望。因此，面对新时代的社会主要矛盾，新时代青年需要在习近平新时代中国特色社会主义思想的指导下，融入党和国家的宏图大业中去，树立责任担当意识，全面提升自己的综合素质，在全面建成社会主义现代化强国、实现中华民族伟大复兴的生动实践中书写壮丽的青春华章。

（三）推进高校共青团改革创新的迫切需要

改革创新是社会全面进步的驱动力量，我们"必须始终把改革创新精神贯彻到治国理政各个环节"②，从而推动各方面的自我完善和自我发展。作为党治国理政力量重要一环的高校共青团，需要以改革创新精神推进自身发展和协同育人能力的提升。

1. 时代的新变化要求高校共青团进行改革创新

共青团等群团组织联系的广大青年是全面建成社会主义现代化强国、推进中华民族伟大复兴的基本力量，是巩固党的执政地位、全面深化改革、全面依法治国、维护国家安全的基本依靠。新形势下，党的群团青年工作只能进一步强化，不能被削弱；只能大力改进提高，不能止步不前。新时代高校共青团要加强和改进为党育人、为国育才工作，需要全面推进改革创新。新时代高校共青团的改革创新要以中国精神为鲜亮底色，以解放思想为前提，以开拓创新为要义，以青年学

① 中共中央办公厅编：《中国共产党第八次全国代表大会文献》，人民出版社1957年版，第71页。

② 《习近平谈治国理政》（第一卷），外文出版社2018年版，第13页。

生发展为旨归，① 大力培养青年大学生的社会责任意识和使命担当意识。高校共青团作为共青团工作的重要组成部分，在共青团工作中占有基础性和战略性地位，承担着协同培育时代新人的重要职责。新时代高校共青团在上级团委和高校党委的双重领导下，根据党和国家的教育方针，坚持"立德树人"的根本任务，协同高校党政为青年学生的全面成长实施教育、加强引导、提供帮助，是其协同育人工作的出发点和落脚点。然而，随着高校综合育人体制机制的不断改革，以及外部环境等多种因素的影响，高校共青团工作仍然存在与时俱进的创新能力较为缺乏、边缘化现象较为明显、协同育人效果不佳等问题。因此，增强新时代高校共青团协同育人能力和参与高校治理水平，需要高校共青团对自身工作进行改革创新。

2. 青年学生的新特征要求高校共青团改革创新

一代青年有一代青年的新特点、新需求，这是高校共青团工作改革创新的重要动力之一。那么新时代的青年有何特点呢？以"00后"青年大学生为参照系进行考察，"00后"一代已经作为高校新鲜血液注入大学生群体，并被冠以"千禧一代""独二代""网络原住民"等名称。这一代青年大学生身上体现出偏爱彰显个性、追求足够独立、着力追求务实、思想前卫开放，热衷小众化兴趣圈层、追寻丰富的精神需求、需要包容性试错空间、向往深层次的国家交流等群体特征。② 除此之外，在一些"00后"青年大学生身上也呈现出诸如趋向精致利己、情绪管控力不足、群体焦虑恐慌等问题③，尤其是信息网络平台对青年大学生的群体价值塑造的影响力不能忽视。笔者根据前期对大学生所熟悉的网络平台的调研情况分析，大学生所熟悉和热衷的排在前五位的是微信、腾讯QQ、校园网、抖音、微博（见图3-1），其中有43.35%的受访大学生认为这些网络平台影响较大，认为影响非常大

---

① 王岩、李义：《新时代改革创新精神的学理价值与实践意义》，《毛泽东邓小平理论研究》2018年第10期。

② 项久雨：《品读"00后"大学生》，《人民论坛》2019年第9期。

③ 沈千帆、付坤、马立民、黄荟宇：《"00后"大学生的群体特征及教育策略》，《学校党建与思想教育》2019年第24期。

的占 33.55% （见表 3 - 1）。从大学生对网络平台传播信息接受情况来看，大学生关注的信息热点居于前三位的分别是时事热点类、专业学习类、生活信息类（见图 3 - 2）。大学生对网络平台所发挥的作用的认知，认为网络公众平台弘扬社会主义核心价值观占比最高，达到 81.40%（见表 3 - 2）。

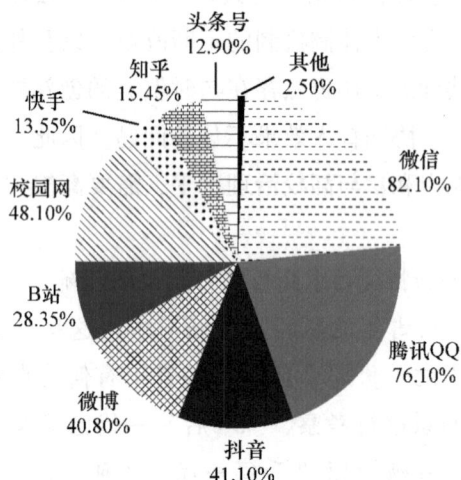

图 3 - 1　您所在高校共青团一般通过哪些网络平台开展协同育人工作

表 3 - 1　　　　您认为高校共青团通过以上网络平台
传递的信息对您的影响如何

选项	小计（人）	比例（%）
影响非常大，了解了很多知识，树立了正确价值观	671	33.55
影响较大，了解一些知识	867	43.35
较小，偶尔浏览一些知识	412	20.60
没有影响，平时很少关注	45	2.25
负面影响，容易误导大学生	5	0.25
本题有效填写人次	2000	

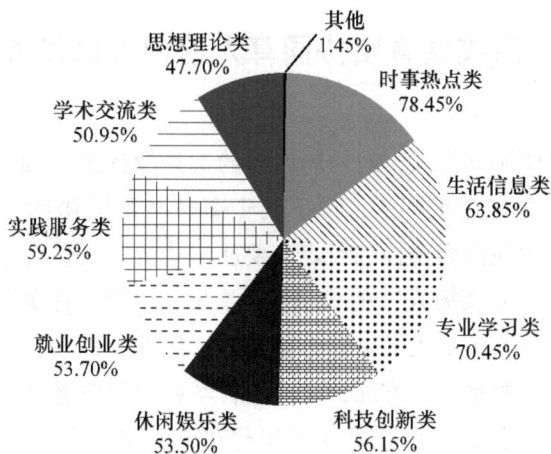

图 3 - 2 您喜欢高校共青团通过以上网络平台推送的哪些内容

表 3 - 2　　　　您觉得自己所在高校共青团网络公众
平台是否发挥了如下功能

选项	小计（人）	比例（%）
思想引领	1561	78.05
舆论引导	1189	59.45
弘扬社会主义核心价值观	1628	81.40
传递正能量	1596	79.80
服务师生诉求	1139	56.95
组织凝聚力量	1228	61.40
生活休闲娱乐	953	47.65
沟通协调	920	46.00
其他	34	1.70
本题有效填写人次	2000	

　　新时代的大学生，尤其是"网络原住民"的"00 后"大学生群体所呈现出的这些新特征，是新时代高校共青团改革创新协同育人内容的重要参考依据。高校共青团要在深入分析这些重要特征的基础上，分层分类向青年大学生精准供给适合青年大学生特点、充满正能量的内容。

二　高校共青团协同育人的内容供给方式

高校共青团协同育人，对协同内容的选择设计是基础，没有一定的协同内容，或内容过于宽泛，都不利于高校共青团协同育人质量的提升。高校共青团在内容选择和设定上要厘定边界、明确标准，从党和国家对高等教育"立德树人"的根本任务出发，以德智体美劳全面发展的社会主义建设者和接班人的培养为落脚点。因此，高校共青团协同育人内容建构的基本要素，一方面，要遵循哲学社会科学范式要求，以思想政治引领为核心任务，增强师生的思想理论素养，坚定师生的政治立场，着力提升师生道德修养水平；另一方面，又要按照人学范式转换的现实要求，"以师生为本"，在文化自信、法治素养、劳动观念等方面注重师生个性化发展需求，不断增强大学生的幸福感和获得感。

（一）协同思想政治引领

大学阶段是大学生正确"三观"拔节孕穗的关键时期，"只有全体高校思想政治工作者……协同发力，才能护航大学生平稳度过人生特殊期，导航大学生德才兼备全面发展"①。共青团要把大学生的思想政治引领作为核心内容来抓好抓实，把他们塑造成为思想上先进、政治上成熟的有理想有信念的新时代人才。

1. 大学生主流意识形态建设要以思想引领为根本

"当今时代，社会思想观念和价值取向日趋活跃，主流的和非主流的同时并存。"② 高校大学生群体又是思想最为活跃，最能接触到各种社会思潮的场所，这客观上要求我们强化大学生的思想政治教育，"把信仰教育作为思想政治教育的核心来抓"③，引领大学生形成正确的世界

---

① 秦在东：《新时代高校思想政治工作者的特殊使命》，《学校党建与思想教育》2017年第23期。

② 习近平：《在全国党校工作会议上的讲话》，《求是》2016年第9期。

③ 谢成宇、侯欣：《大学生信仰教育的困境与路径论略》，《湖北社会科学》2011年第2期。

观、人生观和价值观。第一，要在学习马克思主义经典著作过程中树立对马克思主义的信仰。马克思主义经典著作中所蕴含的科学思想是人类思想史上的一座高峰，是对自然界、人类社会和人类思维及其一般规律的系统认识和整体把握，是辩证唯物主义和历史唯物主义的有机统一。大学生学习、生活、工作、思考问题要从客观存在的实际出发，用马克思主义辩证唯物主义和历史唯物主义观点去认识问题、分析问题和解决问题，把发挥主观能动性和尊重客观规律性有机结合起来，在改造主观世界的同时，增强改造客观世界的本领。第二，要在学习经典过程中树立正确的价值观。马克思主义价值观是个人价值与社会价值的统一。社会价值往往起着主导作用，决定人的发展前途和发展方向。马克思在一生的战斗历程中，他始终把实现人类的幸福的社会价值放在人生奋斗实践的第一位。新时代大学生要在学习马克思主义经典著作中树立科学的价值观，自觉把爱国主义和爱社会主义统一起来，把热爱社会主义和热爱中国共产党统一起来。第三，要在学习经典过程中树立正确的人生观。"马克思主义人生观是马克思主义关于人的生命、价值及其意义等问题的根本看法和基本态度，它是马克思主义世界观在人生问题上的具体反映。"[①] 新时代大学生要在学习马克思主义经典著作的过程中自觉把马克思主义世界观、价值观和人生观有机联系、统一起来，用来指导整个大学期间乃至整个人生发展过程，把个人整个生命的发展历程融入中国特色社会主义建设和发展的伟大生动实践过程中，在参加各种实践活动过程中接触社会、增长知识、服务群众，在社会实践的大舞台中体悟把握人生真谛。

2. 政治引领是高校思想政治教育的灵魂

不断提升大学生以理想信念为核心的政治素养，是努力把大学生培养成为人民服务、为社会主义服务的中国特色社会主义事业的建设者和接班人的重中之重，这是当前和今后相当长一段时间内高校思想政治教育内容的核心。第一，要鼓励大学生树立科学的理想信念。理想信念"作为一种特殊的人类精神，主宰人的心灵世界，制约人的价值取向和

---

① 罗国杰、马博宣、夏伟东：《中国伦理学百科全书》（伦理学原理卷），吉林人民出版社1993年版，第54页。

行为选择"①，我们党过去百年来的艰苦奋斗、艰辛创业，靠的就是用坚定的理想信念把全体人民团结起来、组织起来的，为了人民自己的利益而不懈奋斗。新时代实现中华民族伟大复兴梦想，仍然要靠坚定的理想信念，将人民团结起来，尤其要发挥青年一代生力军和突击队的作用。第二，引导大学生坚决拥护党的政治领导。新时代高校共青团把协助加强党的政治领导放在首位，贯彻党的教育方针，引导青年师生坚定正确的政治方向，站稳政治立场，坚决拥护党的路线、方针、政策，在思想上、政治上、行动上同党中央保持高度一致；引导青年大学生听党话、跟党走，争做新时代中国共产党执政的坚定支持者和拥护者，反对一切反对党的领导、抹黑党的领导的敌对势力。

（二）协同道德品质锤炼

道德源于人类社会物质生产实践。阶级社会的道德具有阶级属性，属于一定社会的思想上层建筑范畴，为维护一定社会统治阶级的阶级统治利益服务。社会主义道德是体现无产阶级意志的道德，是为无产阶级专政服务的道德，是当今人类社会最先进的道德表现形式。新时代高校共青团要继续弘扬中华优秀传统道德，创新社会主义新时代道德内容，把大学生塑造成为道德水准较高和精神风貌昂扬的、引社会良好风气之先的社会力量。

1. 引导大学生形成正确的道德认知

社会个体或群体的道德能力并不是天生就会产生的，它是建立在后天社会生活实践基础上的。这个过程首先必须经过一定的道德学习，获取感性知识。一是自觉传承中华民族注重整体利益、奉献社会、仁爱至善、追求达观、修齐兼治、廉洁奉公等优秀传统道德知识。五千多年的中华文明，凝练了厚实的道德文化知识规范。例如，从民族大义角度，要求树立"天下为公""协和万邦""夙夜在公""天下兴亡匹夫有责"等大同道德精神；从社会理想角度，要求人与人之间"己所不欲勿施于人""仁者爱人""尊老爱幼""和谐邻里""守望相助"等道德遵从；从个人理想人格塑造角度，要求形成"亲君子远小人""言必信，行必果"

---

① 吴潜涛：《正确理解理想信念的科学含义》，《教学与研究》2011 年第 4 期。

"见贤思齐"等道德人格。这些充满中华民族智慧和民族核心观念的传统道德知识，都是新时代大学生要大力传承和弘扬的道德规范。二是自觉弘扬为人民服务、把革命利益放在首位、不怕流血牺牲的革命传统道德知识，自觉学习弘扬伟大建党精神、红船精神、井冈山精神、长征精神、延安精神、西柏坡精神等红色革命精神道德，把革命先辈的这种惊天地、泣鬼神的伟大革命斗争精神发扬到干事创业的工作中去。三是深入理解社会主义公民道德、家庭美德、职业道德等内容。大学生要在接受教育和自我教育的过程中自觉养成高尚的道德情操，做一个有道德情感的时代新人。

2. 鼓励大学生自觉磨砺道德意志

离开实践的道德极易产生言行脱节的现象。"青年要把正确的道德认知、自觉的道德养成、积极的道德实践紧密结合起来，不断修身立德，打牢道德根基，在人生道路上走得更正、走得更远。"① 新时代高校共青团要把大学生的道德实践养成、道德意志磨砺作为道德教育的重点。一方面，共青团干部要"把教书育人和自我修养结合起来，做到以德立身、以德立学、以德施教"②。在教书育人的实践过程中不断提升道德品质。另一方面，大学生要把道德实践同带头学雷锋、扶贫济困、扶弱助残、敬老爱老、关爱留守儿童等实事好事相结合，在实际行动过程中形成正确的道德判断和道德责任，进一步提高自觉的道德实践能力，磨砺自身的道德践行意志。

（三）协同文化自信提升

文化自信是一个民族一个国家最深沉、最根本、最持久的发展动力，"是民族复兴的重要标志"③。博大精深的中华先进文化是我们文化自信的动力之源。高校要更加注重高品质的校园文化创建，大力弘扬中华优秀传统文化、红色革命文化和社会主义先进文化以及中国特色社会

---

① 习近平：《在纪念五四运动 100 周年大会上的讲话》，《人民日报》2019 年 5 月 1 日第 2 版。

② 习近平：《在北京大学师生座谈会上的讲话》，人民出版社 2018 年版，第 9 页。

③ 刘从德、王晓：《"文化自信"的"力量"之源与提升路径》，《中南民族大学学报》（人文社会科学版）2018 年第 2 期。

主义文化，以中华先进文化涵养大学生的人文情怀，增强大学生的文化自信心。

1. 礼敬中华优秀传统文化

"优秀传统文化具有怡情养志、涵育文明的重要作用。"[①] 中华优秀传统文化是中华民族的先祖在自强不息的生产劳动实践过程中所创造的，在浩浩荡荡的历史变迁中传承下来的宝贵财富，成为当今中华民族创新发展的智慧之泉、动力之源。时代大学生有责任继承好、弘扬好这笔宝贵财富，要大力进行创新性发展和创造性转化。第一，协同开设中华优秀传统文化通识课程，让大学生从知识学习层面系统性把握中华优秀传统文化，深刻掌握中华优秀文化的深层内涵。第二，协同组织开展继承和弘扬中华优秀传统文化的实践活动。高校共青团可以通过策划书画展览、灯谜竞猜、诗词大赛、剧目展演等活动，激励大学生热爱中华优秀传统文化。第三，开展多元文化互鉴教育。大学生要拓宽思维视界，积极领略世界其他民族优秀先进文化，批判吸收世界其他民族优秀文化元素，并将其融入中华优秀传统文化活动之中，实现外来优秀文化的创新性转化。

2. 传承红色革命传统文化

"红色革命文化"是马克思主义同中国具体的革命实践相结合、马克思主义同中华优秀传统文化相结合的产物，是引领新时代大学生构建社会主义主流意识形态和核心价值观念的精神路标。第一，高校共青团组织要引导大学生彻底认识中国共产党和人民群众的革命斗争史，彻底认识马列主义、毛泽东思想是指导中国革命取得成功的根本理论，彻底掌握马克思主义只有同中国革命的具体实践相结合，同中华优秀传统文化相结合，才能发挥其理论武器重要作用的深刻道理。第二，高校共青团要经常组织学生参加红色革命根据地，参观革命纪念展览馆等红色实践活动，使大学生在活动中理解革命先辈光荣的革命史、奋斗史；让大学生深刻认识到今天的美好生活是革命先辈用鲜血和生命换来的，从而

---

① 谢守成、程仕波：《大学生传统文化认同培育途径探析》，《思想政治教育研究》2015年第 2 期。

激发当代大学生拼搏奋斗的精神力量。

3. 创新社会主义先进文化

文化创新是高校的重要功能之一。中国特色社会主义文化是为社会历史发展所证明的先进文化。它既有五千多年中华优秀传统文化作为其厚实根基，又有红色革命文化作为其强劲支撑。这为新时代大学生进一步创新社会主义先进文化奠定了厚实基础。高校共青团要打造雅俗共赏的精品校园文化艺术活动，首先可引进一些反映新时代中国特色社会主义建设生动实践的"高雅文化"精品来陶冶师生高尚情操；其次也要强化高校共青团自身文化建设的"造血"功能，充分利用高校文化艺术资源，创造"三贴近"的具有地方特色、高校特色的品牌文化艺术活动，以此来提振师生共同奋斗、共创梦想的精气神；最后，高校共青团要邀请时代楷模、劳动模范、大国工匠常态化进校园，在高校掀起学楷模、学劳模、学工匠的热潮，形成高校"争当先进典型"的先进文化潮流。

（四）协同法治思维培养

把我国建设成为社会主义法治国家要全面推进依法治国，高校共青团要大力协同提升大学生的法治素养。"法治素养，不仅是当代大学生思想道德素养的重要内容，也是大学生的学习、生活和社会交往的现实需要，更是其面对新时代走上工作岗位必需的核心素质和基本能力。"①大学期间，高校共青团协同提升大学生法治素养，要从几个方面着手。

1. 引导大学生树立法治理念

法治理念是法治的灵魂，它深深植根于一定经济、社会、政治、文化环境之中，蕴含了法治的价值追求和精神实质。树立社会主义法治理念，对于新时代的大学生来说，一是要掌握我国《中华人民共和国宪法》中的知识和内容，通过学习《中华人民共和国宪法》知识实践，理解《中华人民共和国宪法》是我国的根本大法，理解我国的国体、政体、经济制度、文化制度、政党制度等；掌握公民的基本权利和义务。

---

① 陈赞宇、尹奎杰：《培养新时代大学生法治素养》，《光明日报》2018 年 9 月 20 日第14 版。

二是要掌握《劳动法》《劳动合同法》的基本知识，为今后就业创业过程中可能出现的劳动纠纷提供解决思路，明确自身的劳动权利和义务。三是要掌握《婚姻法》《社会治安管理处罚法》《交通法》《中华人民共和国网络安全法》等日常民事相关法律法规，为大学生在校期间或毕业之后在生活工作中遵纪守法提供基本的法律遵循。大学生只有树立了科学的法治理念，才能更好地维护法律权威、遵守法律制度，履行法律义务，为建设社会主义法治国家奠定基础。

2. 组织大学生开展法律实践

大学生只有在法律实践活动中才能真正领悟社会主义法治理念的精神实质，只有在法律实践活动中才能形成法治思维，只有在法律实践过程中才能健全法治意识，养成法治精神。因此，高校共青团要协同开展法律实践活动，让大学生形成法治文化传统。一是要在校内开展模拟法庭活动，通过模拟法庭的审判、辩护，让大学生掌握基本的审判程序，强化对法律程序的感性认知。二是组织学生赴法院旁听法院现场案件的审判，熟悉法庭审判程序，增强大学生对法律权威的敬畏意识；组织大学生参观本地监狱，现场聆听服刑人员的忏悔说法，强化大学生自觉维护法律权威、遵守法律规范的意识，以及法律面前人人平等的观念。三是开展宪法主题辩论赛、知识竞赛等活动，这不仅能培养和锻炼大学生的法治思维、弘扬宪法精神，还能有效促进大学生表达能力的提升和团队协作精神的培育。四是利用大学生暑期"三下乡"等志愿服务活动，开展法治宣讲，送法律下乡，无偿法律援助等活动，在大学校园和大学生中间形成法治文化传统。

（五）协同心理健康维护

随着社会生活节奏的加快和学习就业等方面压力的加大，近些年大学生的心理健康问题越来越引起广泛关注。"心理健康是指个体对自我、对客观世界的认识和把握有正确的心态"①，良好的社会心态是个人进步、社会和谐、国家发展的重要心理基础和行为动力。高校共青团要结

---

① 倪愫襄：《思想政治教育元问题研究》，中国社会科学出版社2014年版，第189页。

合新时代高校青年师生的特点，以师生发展为本，深入拓展心理健康教育内容，着力为师生解疑释惑、疏导情绪，塑造师生个体理性平和的社会心态，营造团结奋斗的社会精神风尚。

1. 协同培养心理健康维护队伍

心理健康咨询和维护工作是一项专业化程度比较高的工作，特别要求心理健康工作人员掌握心理咨询、心理辅导等方面的技能。高校要着重遴选一批思想政治素质好、自身心理素质过硬的团学干部，进行专业化培养和训练，使他们同时成为维护师生心理健康的行家里手。一方面，要注重维护教师的身心健康。教育部副部长孙尧指出：要"特别注重关心心理健康，减轻教师负担，缓解工作压力，优化工作环境，让校园之美与教师心灵之美相得益彰、相互滋养"①。教师只有自身心理健康水平高，才能更好地成为学生成长的心灵导师。另一方面，要培养一批得力的学生班级心理委员，通过他们来及时发现、掌握班级成员心理健康状况，及时发现问题、处理问题，把学生的心理健康问题解决在萌芽状态。

2. 对个体或群体进行心理疏导

大学生心理健康咨询是一项极精细的工作，需要心理健康咨询人员耐心、细心、真心，具有共情、尊重、理解的本领，能针对不同的师生对象采取灵活的咨询策略和方法。一是要建立师生心理健康档案，实行一人一案，一事一案，精准咨询，对来访者要承诺保密个人隐私，建立心理咨询基础。二是对个体咨询辅导可以是电话咨询、面对面交谈咨询，也可以借助网络新媒体进行咨询。其优点是能更好地保护来访者的隐私，打消来访者的心理顾虑。三是对师生群体的共性心理问题可以采取团体或群体辅导。团体或群体辅导可以通过大学生心理健康教育公共课、群体心理健康测评等方式进行，以帮助大学生认知人际关系、恋爱问题、学习方向、情绪管理等方面的心理健康维护知识，掌握心理健康问题发生的原因、特征，找到自我克服心理问题或心理障碍的方法，改善高校师生心理健康品质。

---

① 孙尧：《努力建设新时代高素质教师队伍》，《中国教育报》2018年10月22日第1版。

3. 协助开展心理健康素质拓展训练

"素质拓展训练以其新颖、有趣的运动方式，受到了高校和大学生的普遍喜爱，成为高校提高大学生心理素质的一种重要途径。""它以项目体验为载体，以态度训练为主旨，以行为改变为方向。"[1] 大量的研究发现，"拓展训练……对改善大学生心理健康水平的作用是显著的"[2]。高校心理健康维护除了在课堂、咨询中心等室内空间进行之外，亦可在户外进行训练拓展；既可以是个体项目，也可以是团体项目。个体项目能增强个体的意志力，挖掘个体心理潜能；团体项目可以促进师生人际关系和谐，增进师生之间的友情，促进相互之间的信任和合作精神的培养。

（六）协同劳动精神塑造

培养德智体美劳全面发展的时代新人，其中劳动价值观的塑造和劳动能力的培养一直是社会主义高校人才培养的一项重要内容。劳动教育是塑造大学生正确劳动价值观和提高大学生劳动能力的重要途径，它直接决定着社会主义建设者和接班人的劳动精神面貌。因此，劳动教育是新时代思想政治工作"铸魂育人"的新要求。

1. 树立大学生正确的劳动价值观

马克思主义认为，人类一切物质和精神财富都是由人类劳动所创造。改革开放四十多年来，在几代人艰苦奋斗、辛勤耕耘的基础上，我国物质财富和精神财富都得到极大丰富和发展。然而，近年来，我国一些"青少年中出现了不珍惜劳动成果、不想劳动、不会劳动的现象，劳动的独特育人价值在一定程度上被忽视，劳动教育正被淡化、弱化"[3]。青少年群体的这种不正常现象不利于青少年的健康成长，不利于党的伟大事业后继有人，不利于德智体美劳全面发展的时代新人的发展。因

---

① 陈红敏、赵雷、杨君建：《素质拓展训练对大学生心理素质的影响——基于内省文本的质性分析》，《高等农业教育》2014 年第 7 期。

② 李海峰：《拓展训练对大学生心理健康水平及社会适应能力影响的研究》，《湖南医科大学学报》（社会科学版）2010 年第 3 期。

③ 中共中央、国务院：《关于全面加强新时代大中小学劳动教育的意见》，《人民日报》2020 年 3 月 27 日第 1 版。

此，"要在学生中弘扬劳动精神，教育引导学生崇尚劳动、尊重劳动、懂得劳动最光荣、劳动最崇高、劳动最伟大、劳动最美丽的道理"①。因此，高校共青团协同教育新时代大学生尊重劳动、懂得劳动、崇尚劳动、创造性劳动、珍惜劳动成果是高校共青团开展思想政治工作的重要内容。

2. 构建大学生劳动教育内容体系

大学生劳动教育不仅是高校的事，更是全社会都要关心的事。毛泽东曾说："思想政治工作，各个部门都要负责任。共产党应该管，青年团应该管，政府主管部门应该管，学校的校长教师更应该管。"② 大学生劳动教育内容体系的建构需要家庭、学校、社会、政府、企业、共青团等全社会协同进行。各部门根据实际情况制定相应的劳动教育内容。一是劳动内容建构要以体力劳动为主，兼顾德育劳动、智力劳动、文化劳动、创新创业劳动等具有新时代内涵和特征的劳动内容，根据不同大学生对象分类设置工业生产劳动、农业生产劳动、科技实践劳动、社区公益劳动、生态环保劳动等内容课程体系，确保内容的多样化，不能一个模式，要最大限度地尊重学生个性化劳动素养发展需求。二是通过政府统筹，学校主导，社会协同、团委组织的方式，整合多方力量，发掘家庭、学校、政府、企业、社会组织等多方力量资源，统筹设置好校内与校外互动的劳动育人格局，尤其重视体现时代特征的新知识、新技术、新工艺等方面劳动内容的开发和设计。

3. 组织大学生开展劳动实践活动

"在人类起源的全部历史中，劳动起着决定性作用。人类劳动是人们利用自己制造的工具，有意识、有目的、有计划地改造自然的社会实践活动。"③ 劳动教育就是要让大学生在劳动实践过程中增加对劳动的认识，增加劳动情感，增强学生的劳动能力以及进入社会后的生存能力。开展大学生劳动实践活动，高校共青团可以根据不同专业特点，结合高

---

① 《习近平在全国教育大会上强调　坚持中国特色社会主义教育发展道路　培养德智体美劳全面发展的社会主义建设者和接班人》，《人民日报》2018年9月11日第1版。

② 《毛泽东文集》（第七卷），人民出版社1999年版，第226页。

③ 卢昌军：《对恩格斯劳动观的再认识》，《江汉论坛》2007年第8期。

校地方实际，可以做好几个方面的工作：一是建立稳定的生产实训基地。高校工科专业基层团组织可以联合当地的工业企业，在节假日或实习时间段组织学生到工业企业工地、车间参加实践锻炼，增强学生的实际操作能力；经济金融财会类专业基层团组织可以联系银行、工商业、事业单位等部门进行专门的业务培训；教师教育类专业基层团组织可以联系当地中小学校对师范类大学生进行实践教学，等等。二是高校共青团还可以利用寒暑假、较长节假日、暑期"三下乡"等时间节点，鼓励学生自行参加劳动实践，或参加学校共青团组织的劳动实践活动。总之，高校共青团组织大学生开展劳动实践教育，要因时因地，分层分类进行，确保劳动实践的实效，使劳动教育真正起到"育新人"的功能和作用。

（七）协同志愿服务开展

志愿服务是促进社会文明进步的重要标志。大学生参与志愿服务是养成大学生公民意识的重要的途径和"契合立德树人的现实需要"[①]。高校共青团是组织大学生开展志愿服务的重要力量。高校共青团组织大学生开展志愿服务工作，要细致策划志愿服务内容。

1. 大学生参与志愿服务活动的重要意义

大学生积极参与志愿服务有助于青年成长和社会发展。习近平总书记给华中农业大学"本禹志愿服务队"回信指出："希望你们弘扬奉献、友爱、互助、进步的志愿精神，坚持与祖国同行、为人民奉献，以青春梦想、用实际行动为实现中国梦作出新的更大贡献。"[②] 习近平总书记将青年大学生参与志愿服务活动、践行志愿服务精神同国家前途、民族命运紧密联系起来，说明志愿服务活动对青年大学生的成长与国家的富强具有极其重要的意义。2017 年，中共教育部党组印发的《高校思想政治工作质量提升工程实施纲要》特别强调要"提升服务育人质

---

① 孙琪、邓忍：《论大学生志愿服务的育人功能、历史沿革及发展趋势》，《济南职业学院学报》2022 年第 2 期。

② 中共中央文献研究室编：《习近平关于青少年和共青团工作论述摘编》，中央文献出版社 2017 年版，第 24 页。

量"。新时代大的大学生肩上担负着实现中华民族伟大复兴使命，他们身上所展现的责任意识、担当意识会直接影响志愿服务精神的弘扬与发展和国家富强、民族复兴目标的实现。

2. 高校共青团策划大学生志愿服务内容

高校共青团要在党委统一领导下，充分发挥组织职能，依托学生会、研究生会、学生社团、青年志愿者协会等学生公益自治组织，利用节假日、重大时间节点积极组织大学生志愿者赴社区街道、乡村基层开展爱心支教、支医支农、法治宣讲、关爱留守儿童和留守老人、环境保护等公益实践活动；利用地方、国家、其他社会公益组织举办、承办重大国家、地区重大庆典、赛事、会议等活动，积极协助开展志愿者服务工作；持续深入组织开展大学生志愿服务西部计划。大学生志愿服务西部计划是由团中央、教育部、财政部、人力资源和社会保障部联合实施，每年在高校招募一定数量应届毕业生，到西部基层开展志愿服务"三农"，志愿服务基础教育，志愿服务基层社会管理，志愿服务基层医疗卫生，志愿服务基层青年工作等工作，一般志愿服务时间为1—3年。其目的和意义在于通过志愿服务西部工作树立大学生的理想信念、锤炼大学生的品格意志、升华大学生的为民情怀。

（八）协同就业创业帮扶

大学生的就业创业是民生之本，关系到千家万户福祉和社会的和谐稳定。党的十九大报告明确指出，要坚持就业优先战略和积极就业政策，促进高校毕业生多渠道就业创业。高校共青团可以通过多种方式积极引导广大团员、大学生，树立正确的就业创业观念，增强大学生就业创业能力，有效提升高校共青团协同就业创业帮扶功能。

1. 高校共青团协同就业创业的必要性

服务青年大学生成长成才是高校共青团工作的重要任务。首先，服务大学生就业创业是高校共青团服从党政大局的必然要求。大学生的就业创业是党和政府"六稳""六保"的重要内容。高校共青团是高校党的助手和后备军，协助党做好大学生就业创业工作是其必然要求。高校共青团组织要深刻认清当前大学生就业创业形势，深刻理解高校党政中心工作，发挥自身综合优势，协同就业创业部门，全面推进大学生的就业创业工作。其次，服务大学生就业创业是高校人才培养的内在要求。作为高素质人才培养重要阵地的高校，就业创业教育是其必然承担的责任。高校共青团工作是高校育人工作不可缺少的重要组成部分，是人才培养的重要一环。协同做好就业创业工作理所应当是其工作不可或缺的一部分。最后，就业创业是大学生最关切的实际问题，是高校共青团吸引大学生的重要因素。高校共青团通过开展大学生就业创业教育，锻炼和提高学生开拓创新、组织管理、沟通谈判、人际协调、判断决策、心理调适等就业创业素质和能力，把大学生紧密团结凝聚在组织周围。①

2. 高校共青团协同就业创业的内容

高校共青团在协同就业创业的过程中，要根据自身的职责定位，厘定协同就业创业的内容。第一，协同帮助大学生树立正确的就业创业观念。高校共青团通过向全体团员全面宣传当前国家相关方针与政策，引导大学生掌握当前大学生就业动态，激励大学生以积极的心态面对毕业就业问题。第二，协同开展就业创业模拟活动。高校共青团可以通过基层团支部开展"大学生职业生涯规划"就业创业模拟活动，引导大学生客观评价自我，加深自我认知，找准自我定位，优化就业创业期待指数，避免就业创业的盲目性，降低就业创业试错率。第三，协同利用寒暑假社会实践，组织开展就业创业体验活动。高校共青团可以协同、联合校外工业企业，利用寒暑假组织大学生开展就业创业体验活动，让大学生提前对就业创业形成感性认知，了解就业创业必备知识、技能，做一个对就业创业有准备的大学生。第四，高校共青团协同校外企业，为大学毕业生开辟就业创业岗位，为大学生就业创业提供必要的支持保障。例如，笔者通过对安徽省多所高校的调查走访，了解到近年来，共青团安徽省委联合高校共青团，共同组织了"'春暖皖江'安徽共青团组织服务大学生就业系列公益招聘会"等就业促进活动，为高校毕业生提供大量的工作岗位。另外，各地方高校团组织协同地市级团

---

① 佴军：《共青团组织服务大学生就业创业教育的途径探析》，《黑龙江高教研究》2014年第12期。

组织，组织青年创业先进典型赴高校常态化开展"青年企业家创业先进事迹巡回报告会进高校"活动、"大学生村官创业先进事迹巡回宣讲进高校"等活动，为大学生创业提供帮扶指导，激发青年大学生的创业热情。

（九）协同课程思政育人

全面推进课程思政育人，将价值引导蕴含于各门专业课程知识传授和专业能力培养之中，有利于强化课程隐性思政育人功能，把"三全"育人落到实处。在这一点上，课程思政与高校共青团思想政治引领这一核心任务具有同一性。

1. 高校共青团协同育人比较优势

高校共青团在协同推进课程思政，引领大学生思想政治方面有较强的综合优势。首先，广泛联系青年优势。根据团中央统计数据，截至2017年年底，全国共有共青团员8124.6万名，其中学生团员5795.1万名；共有基层团组织357.9万个，其中，基层团委20.4万个，基层团工委1.6万个，团总支16.5万个，团支部319.4万个。① 其中，高校90%以上学生为共青团员。目前，高校基本上实现了团组织的全覆盖，这是任何一个社会组织都无法比拟的条件和优势。高校共青团要利用好这一条件和优势，深入到大学生中间，广泛联系青年大学生，倾听大学生的心声，关注大学生的思想动态。其次，组织队伍健全优势。在协同育人过程中，以学生会组织为主体组织，以学生社团及相关学生组织为外围延伸手臂的"一心双环"团学组织格局，为高校共青团进行大学生思想政治教育奠定了组织优势和队伍优势。高校各级基层团组织在校团委统一领导下开展大学生思想政治工作。各二级学院设立分团委或团总支，各班级设立团支部；组建了各级团组织的团干部队伍，实现了团组织结构的横向到底、纵向到边的总体布局，保证了共青团思想政治引领工作一竿子到底的工作路向。第三，第二课堂实践优势。《高等学校课程思

---

① 中国青年网：《最新数据统计：全国共青团员8124.6万》，http://qnzz.youth.cn/gzdt/201805/t20180531_11632923.htm，2018年5月31日。

政建设指导纲要》指出，高校要开设实践类课程，"综合运用第一课堂和第二课堂，组织开展'中国政法实务大讲堂''新闻实务大讲堂'等系列讲堂，深入开展'青年红色筑梦之旅''百万师生大实践'等社会实践、志愿服务、实习实训活动，不断拓展课程思政建设方法和途径"①。高校共青团在衔接第一课堂和第二课堂、开展实践活动方面有健全的制度保障和人力资源保障优势。第四，协同育人资源整合优势。"资源是一切事业发展必不可少的条件和赖以生存根基，更是提高共青团组织贡献率、参与率、认同率和影响力的重要保证。"② 作为高校"三全育人"大格局中的共青团组织，完全可以在校党委的领导下，结合自身工作实际，整合校内部门资源、师资资源、经费资源等，同校外实践课程教学基地共建共享、互融互通，推进课程思政资源的有效整合。

2. 搭建协同课程思政育人的平台

高校共青团协同推进课程思政育人要把内容设计作为核心工作。习近平总书记指出："青少年阶段是人生的'拔节孕穗期'，最需要精心引导和栽培。"③ 引导青少年健康成长，基础在教育教学内容。高校共青团协同课程思政育人可以依托团校和青年马克思主义者培养工程这两个平台。以安徽省阜阳师范大学"青马工程"学分制培育模式为例。阜阳师范大学"青马工程"培训课程设置、教学方法和学时分配等问题是实施学分制的基础。"青马工程"在培养中国特色社会主义事业的合格建设者和可靠接班人总体目标框架下，制订培训计划，设计培训内容，编写培训教程；设计理论、实践活动课时数、学分，规定理论和实践教学目的、任务、内容、形式和要求；组建一支理论素养深厚、指导实践认真负责的"青马工程"培训教师队伍。在培训整体规划设计上，探索形成以学分制为统领，理论学习、实践活动和拓展延伸三大模块有机结合的培养模式，其中理论和实践模块为必修学分，各占 30 分；拓展模块

---

① 教育部：《高等学校课程思政建设指导纲要》，https：//www.gov.cn/zhengce/zhengceku/2020-06/06/content_5517606.htm，2020 年 5 月 28 日。

② 团中央、教育部：《关于在高校实施共青团"第二课堂成绩单"制度的意见》，《中国青年报》2018 年 7 月 5 日第 1 版。

③ 《习近平谈治国理政》第三卷，外文出版社 2020 年版，第 329 页。

为选修学分，占 40 分。每期培训班设 100 个学分。在"青马工程"方案顶层设计上，校团委立足高远，着力实现"党—政—团"三个层面的"点—线—面"衔接，形成"点燃一盏灯，连成一条线，照亮一大片"的示范和导向作用。首先，依托高校团校培训班为平台，将课堂理论培训视为一个点，实践育人、素质拓展连成一条线，实现学生骨干综合素质全面提升。其次，将团校阶段性培训视为一个点，推荐使用延伸培养学生骨干为一条线，促进学生骨干全方位成长成才。最后，将每一位学生骨干视为一个点，各二级学院或学生组织的学员连成一条线，从而推动高校共青团协同育人质量的整体提升。

（十）协同综合实践锻炼

马克思主义认为，实践是检验真理的唯一标准。"知行合一"是为人处世的基本要求。青年大学生"在社会实践的过程中按照社会要求实现思想和行为的统一"① 是青年大学生未来进入社会安身立命的基本法则。高校共青团协同育人工作就是要引导和帮助青年大学生把"知与行"统一起来。

1. 综合实践对人才培养的意义

实践育人是提高人才培养质量、强化实践教学的重要环节，能切实促进学生成长成才。教育部、团中央等部门发布的《关于进一步加强高校实践育人工作的若干意见》《高校共青团"第二课堂成绩单"制度试点工作实施办法》《中长期教育改革和发展规划纲要（2010—2020 年)》《高校思想政治工作质量提升工程实施纲要》等文件，指出实践育人对提升高等教育人才培养质量具有重要意义。《高校思想政治工作质量提升工程实施纲要》要求高校要坚持理论教育与实践养成相结合，整合各类实践资源，丰富实践内容，创新实践形式，拓展实践平台，完善支持机制，教育大学生在亲身参与中增强实践能力、树立家国情怀；要发挥共青团组织在实践育人中的纽带功能。②

---

① 陈万柏、张耀灿：《思想政治教育学原理》（第三版），高等教育出版社 2015 年版，第173 页。

② 中共教育部党组：《高校思想政治工作质量提升工程实施纲要》，《中国教育报》2017年 12 月 7 日第 1 版。

2. 高校共青团开展综合实践的内容

高校共青团协同组织综合实践育人的内容、方式方法是多种多样的，在内容供给、资源配置方面具有很大优势。根据笔者走访调查，安徽省某大学在实践环节实行的是分层分类的实践学分制，将大学生实践活动学分制课程设计为社会责任、个性发展、创新创业三大类型，包括思想道德实践、社会活动实践、文体艺术实践、科技创新实践、就业创业实践等5个模块，其中，社会责任包括思想道德实践、社会活动实践两个模块，2个学分；个性发展包括文体艺术实践模块，2个学分；创新创业包括科技创新实践和就业创业实践两个模块，2个学分，共6个学分。该校将大学生实践活动分校级实践活动、院级实践活动、班级实践活动，从校院班三个层面进行顶层规划，其中，校级层面的实践活动重在考虑提升学生的综合素质，学院级层面实践活动重在考虑延展学生的专业素养；班级层面的实践活动可在校、院规划的实践活动之外另行设计活动项目，据此形成学校规划的实践活动、学院特色实践活动、班级自选的实践活动的"三位一体"的实践活动体系。校院班一体的实践活动体系有助于促进大学生参加综合实践的积极性。

三　高校共青团协同育人的内容供给策略

高校共青团工作本质上是协同育人的工作。其协同育人内容有效供给的实现，既应以高等教育的目的和任务为客观依据，又要以受教育者的个体状况为主观依据。只有根据社会进步的要求和受教育者的实际情况，有针对性地进行供给，才能满足培养德智体美劳全面发展的时代新人需求侧的实际需要，才能增强育人内容的时代感和实效性。

（一）树立供给服务意识

服务意识的产生和发展是建立在现代市场经济环境下和现代社会转型视域基础上，是政府、企事业、科研院所、社会团体组织等所属员工在与一切利益攸关方对象的交往中所体现出热情、周到、主动地为其提供帮助的欲望和意识。他们在服务他人利益的过程中同时为实现自身的利益服务。教育活动本质上是一种培养人、塑造人的社会实践活动。现代教育实践活动是教育者服务教育对象成为社会合格公民的社会实践活动。习近平在全国思想政治理论课教师座谈会上指出，要"坚持教育为人民服务……加快推进教育现代化、建设教育强国、办好人民满意的教育"①。办好人民满意的教育，关键是要增强教育者的服务意识。在落实立德树人根本任务上，高校共青团要转变传统"卖方市场"思维，树立"买方市场"理念，在协同育人内容供给上树立现代服务意识，以青年学生成长发展需求为出发点，以优质的服务塑造风清气正的大学生成长氛围，激励大学生养成正义担当的思想行为，鼓舞青年学生扣好人生的"第一粒扣子"，努力成为民族复兴的有用之才。

（二）实行差异化的供给

随着社会生产力的快速发展，社会行业部门也越来越多样化，行业社会分工也越来越精细化。精细化的社会分工使得群体结构圈层化日益明显。大学生群体的这种圈层化也日益显现。高校青年大学生每一圈层学生的思想特点、行为方式、利益诉求都存在巨大差别。对这些差异化、圈层化的大学生，不能千篇一律地按照一个模式，供给同质化内容，而要在调查研究基础上，结合他们的圈层特点、心理特征、行为习惯、利益诉求等方面进行综合研判，分类构建内容供给体系，尽量适切不同类型群体学生的"有效需求"。内容差异化供给是指高校共青团在协同育人内容供给过程中针对大学生差异化需求和特点，提供具有针对性的、多样化的教育内容，尤其是网络思想政治教育内容供给。网络思想政治内容差异化供给的重要性在于，它可以帮助大学生更好地理解和接受思想政治教育，增强他们的思想政治教育认同感和获得感。同时，差异化供给还可以促进大学生在网络思想政治教育中的积极参与和互动，增强教育效果。为了实现网络思想政治内容差异化供给，首先，需

① 《习近平主持召开学校思想政治理论课教师座谈会强调用新时代中国特色社会主义思想铸魂育人　贯彻党的教育方针落实立德树人根本任务》，《人民日报》2019 年 3 月 19 日第1 版。

要了解大学生的差异化需求和特点，制定差异化的教育内容。其次，需要利用大数据、人工智能等技术手段，对大学生的行为和兴趣进行分析和挖掘，以便更准确地推送差异化的教育内容。最后，需要加强与大学生的互动和交流，及时了解他们的反馈和需求，不断调整和优化教育内容，实现协同育人内容供给的"有效性"。

（三）实现精准化的供给

精准供给从某种意义上来说，是现代供给服务理念内涵的延伸，是在对供给对象进行分层分类基础上的进一步细化。这种观念的变革完全是以现代经济社会生产结构供给侧结构性改革为基础，借助现代信息化生产技术手段，充分满足需求侧的需求，为需求者量身定制的供给方式。作为信息时代、智能时代的"原住民"的大学生，他们正从"信息不对称"到"信息对称"，乃至"信息超越"受众角色转换。高校思想政治工作者如何在"信息海量"时代向大学生供给大学生喜闻乐见的内容是一个新的挑战。高校共青团要与时俱进，借助大数据、新媒体、人工智能、5G技术等新兴技术，为服务对象提供精细化诊断、精准化服务，将思想政治教育内容资源精准推送给需求侧对象；同时搭建全媒体、智能化网络、移动终端教育应用平台，汇聚整合"线下线上"优质思想政治教育内容供给资源，建立数字化思想政治教育内容资源供给共建共享机制；通过智能终端为需求侧提供在线诊断、在线答疑、在线辅导等一对一配套服务，给受众以"私人定制"的体会，以充足、便捷的精准服务促进思想政治教育内容资源在不同阶层群体之间的多向流通、实时共享和自主选择，实现思想政治教育内容供给的高效利用、转化和提升。

（四）建立供给反馈机制

供给的服务好不好，供给的内容质量高不高，有没有满足学生的需求，这些信息需要通过受众的反馈才能获取。高校共青团组织向学生供给的思想政治、道德法律、心理健康、文化传承、劳动教育、社会实践、志愿服务等方面的物质的或精神的资料，有没有真正起到使青年大学生内化于心、外化于行的最佳效果，这就需要在供给侧和需求侧大学生"用户"之间建立的跟踪、沟通、互动、反馈的一体化机制，进一步强化思想政治教育内容供给侧和需求侧主体间的协同效应。首先，高校共青团的行政反馈。这是一种工作职能上的反馈形式，主要由高校共青团组织将协同育人内容供给的现状、主要问题以及经验优势汇报给有关决策者或相关上级领导。决策者可以通过这种方式在科学决策前充分掌握有效信息，从而推进领导内容决策的科学性和针对性。其次，高校共青团对施育对象的反馈。这是一种直接的反馈方式，主要由高校共青团协同育人内容供给的主要作用对象，即团员或学生直接反馈。他们可以在网络平台、相关老师或相关职能部门进行反馈，从而激励和引导相关育人主体及时根据学生需求进行相关调整与改进。最后，高校共青团通过媒介反馈。这是一种量化的、开放的、外放的反馈方式。高校团组织通过对协同育人内容供给的丰富度、浏览度、利用度进行大数据处理，使优质资源与热点成果可视化，直接反馈给领导、专家、老师团员或学生。总的来说，协同育人内容供给的反馈机制是一个多元化、动态化的过程，需要各方的积极参与和持续努力。

（五）建立供给评估机制

建立一套科学、全面、系统的评估机制能确保内容供给的质量和效果。评估工作应遵循客观、公正、全面、科学的原则，确保评估结果的准确性和有效性。第一，要确立评估指标。制定具体的评估指标，包括内容的质量、实用性、创新性、适应性等。同时，还应考虑学生的反馈和满意度。第二，要选好评估方法。采用多种评估方法，如问卷调查、访谈、观察、案例分析等，以获取全面、客观的信息，确保评估方法的可操作性和可行性。第三，选定评估周期。设定合理的评估周期，如每学期、每学年或每个项目周期等，以确保评估的及时性和有效性。第四，评估结果的应用。将评估结果作为改进协同育人内容供给的重要依据，针对存在的问题和不足，及时进行调整和优化。同时，将评估结果向相关部门和人员反馈，以促进协同育人内容供给工作的持续改进和发展。通过以上评估机制的建立和实施，可以对高校共青团协同育人内容供给进行全面的监督和评价，确保育人活动的质量和效果。

第四章

高校共青团协同育人的组织结构

组织是"有明确的目标导向，具有精心设计的结构，是一个有意识地进行协调的活动系统"①。人们在各种生产生活实践的过程中，因为某种共同的目的或任务，结成了丰富多样的组织系统结构形态，并以此为依托、围绕其目的，开展各种各样的系统活动。高等教育的系统结构是众多组织系统结构形态中的一种，具有其独特的组织目的和任务，其开展的系统活动本质上是育人的实践活动。由于现代高等学校教育的组织形式丰富多样，包括大学教育、学院教育、成人高等教育、高等职业教育等，笔者将主要以其中的核心形式现代大学组织为对象进行探讨。

一 现代高等学校的组织系统结构

人类所观察的客观世界，大到宇宙天体，小到微观粒子，无不具有一定的系统结构。这些客观存在的系统结构，遵循特定的运动规律，在一定的时空条件下发生规则的运动变化。把握系统结构问题有助于我们理解现代大学组织系统结构的基本特性、主要类型、核心要素、重要功能等问题。

（一）现代高等学校组织系统结构的基本特性

"系统是由具有有机联系的要素组成的、具有系统新质或特定功能

---

① 王孙禹主编：《高等教育组织与管理》，高等教育出版社 2008 年版，第 1 页。

的复合体。"① 系统结构是系统科学的基本范畴，是系统内部各组成要素之间在空间或时间方面的有机联系与相互作用的方式或顺序，具有稳定性、层次性、可变性、相对性等特性。② 组织系统结构是指用来描述组织系统的框架体系，反映特定组织系统内部各子系统的时空排列组合及其相互作用、协作的关系形态。组织系统结构的设计服从和服务于组织系统的战略目标和任务，是帮助组织管理层实现战略目标和任务的一种手段。组织系统建构主体根据战略目标和任务对系统内部各子系统进行要素调配、资源处置和任务的分解、组合、协调，而且会根据战略任务的变化对组织系统结构做出相应的改变或调整。因此，组织系统结构是稳定性与可变性、绝对性与相对性的辩证统一。

高等教育是社会公共组织的重要组成部分，由不同的分支系统组成，具有自身特殊的系统结构。"高等教育系统是一个复杂的组织，它有一般组织的共同性质，也有其特殊的性质。"③ 从高等学校来说，高等学校组织亦是一个完整的生态系统结构，由不同的子系统有机结合而成，各个子系统就像一个个"细胞"组织，充满着复杂性和特殊性，它们相互联系、相互作用、相互协作，在整个生态系统结构中发挥各自的功能，使整体组织的系统结构成为一个和谐有序、平衡稳定、运转高效的有机结构，共同实现其特定的目标和任务。但是高等学校组织系统结构并不是一成不变的，而是随着不同历史时期国家的战略任务和主要矛盾的变化，其组织系统结构或快或慢地进行一定程度的变革。作为高等学校系统结构最为复杂和特殊的现代大学系统结构在时代浪潮中的变革最为明显。

大学从古代大学组织形态到现代大学组织形态历经几千年的历史演变。在几千年的历史演进过程中，大学的理想、大学的制度、大学的功能、大学系统结构等各方面的建构是一个动态平衡相对稳定的过程。近代以来，人类社会在各方面的创新快速进展，尤其是科技创新成就突飞猛进，尤其是以原子能、电子计算机、空间技术和生物工程的发明和应

---

① 冯国瑞：《系统论、信息论、控制论与马克思主义认识论》，北京大学出版社1991年版，第98页。

② 邹珊刚等编著：《系统科学》，上海人民出版社1987年版，第102—110页。

③ 王孙禺主编：《高等教育组织与管理》，高等教育出版社2008年版，第1页。

用为主要标志的第三次科技革命，极大地推动了人类社会经济、政治、文化等领域的变革。如今，随着人类社会进入信息时代，在 5G、人工智能、大数据、云计算等科技的加持下，这种变革尤为快速。现代大学"像其他人类组织一样，处于特定时代的社会结构之中而不是之外。……它是时代的表现。高等教育与社会的联系越来越密切，为社会服务成为高等教育机构的重要职能"[①]。时代的进步和社会的变迁，使得大学所承载的职能必然发生相应变化，进行相应调整。这也是大学职能从教育教学、科学研究到服务社会、文化创新演变所遵循的时代逻辑。大学组织主体为顺应时代和社会的需要，必然对现代大学组织系统结构形态进行调整，实现现代大学系统结构同内部和外部综合环境达到相对稳定平衡状态，更好地服务于培养时代发展和社会进步所需的各种人才。

（二）现代高等学校组织系统结构的主要类型

真正意义上的大学系统结构从 11 世纪诞生到现代阶段，经历了一个缓慢而又不断进化的蝶变过程。这种蝶变有来自内部的动力，也有来自外部的动力。从外部的动力看，大学的系统结构的变革"是和周围的环境不断地相互作用下不断变化、不断适应周围的社会环境的产物"[②]。社会环境的变动带来了大学系统结构的变革。社会环境是一个包括经济、政治、文化、科技、伦理等各方面环境综合体，大学从产生的时候开始，就不得不生存并适应于这些形式多样的环境群丛，并被这些环境所塑造。马克思主义认为，经济基础决定上层建筑。在这众多的环境群中，经济环境变动对大学系统结构的塑造是决定性的。现代大学组织系统结构诞生于农业经济时代、发展于工业经济时代、完善于知识经济时代，当人类社会进入信息技术经济时代，现代大学在整个社会组织系统中的位置日益突出，被赋予社会发展的"服务站"和"发动机"功能。现代大学在这一社会期待面前，唯有变革创新自身系统结构，以满足现实和未来社会长远发展的战略需求。从内部来看，现代大学系统结构内

---

① 李立国：《什么是现代大学》，《中国人民大学教育学刊》2013 年第 2 期。

② 李立国：《什么是现代大学》，《中国人民大学教育学刊》2013 年第 2 期。

部的各子系统需要对外部环境的变化做出及时的响应，对自身内部要素做出相应的调整、选择，组成一定新的关系形式，尽量做到同整个系统的变革同向协调，实现整个新的系统结构的稳定平衡。

随着经济形态和科学技术的快速发展，建立什么样的运转高效的组织系统结构，是大学系统结构设计者首先要认真思考的问题。大学系统结构设计者这个中间变量决定着大学组织系统结构的设计或选择。现代大学组织系统结构既有共同点又有一定差异。现代大学组织系统结构的设计或选择的共同点：注重学术权力与行政权力的统一、追求学术自由与社会责任、体现出大学组织运行的上下行机制、以结构功能协调作为其运行基石、注重外部资源参与和学术交流；现代大学组织系统结构的设计或选择的不同点：现代大学设计者会根据使命与目标的不同、功能定位差异、外部介入大学组织的程度差异、学科组合方式的不同、管理结构与教学科研机构设置不同、集权与分权的不同来设计或选择合适的系统结构。①

考察国内外现代大学的系统结构现状，不同国家现代大学系统结构各显特色。美国经过近250多年的发展，美国现代大学内部系统结构已经发展成完善的董事会领导下的校长负责制组织系统结构，其组织层次从纵向来说可分为校、院、系三级。校级系统结构要素有董事会、校长、评议会（教授会）。董事会是美国现代大学的最高权力结构系统，下设若干委员会和常设委员会，如设备委员会、学术事务委员会、学生委员会等子系统。校长是美国现代大学行政结构系统最高负责人，向董事会负责，常设若干辅助机构辅助校长开展工作，包括教务长和兼管学术的常务副校长，分管科研、外联、财务和行政、设施的副校长，以及若干专门行政部门。评议会是学校学术管理的专门机构，是教授团体参与学校管理的系统结构。学院是美国现代大学内部系统结构的中间层级，承担行政职能，主理学院学术行政事务。学系是美国现代大学系统层级结构中最低层级系统结构，主要负责各学科专业教学和科研工作。

我国现代大学组织建立起步较晚，严格来说是从西方引进的"舶来品"，经历了一个探索、移植、改造、创新、发展的艰辛历程。改革开

---

① 胡仁东：《现代大学组织架构的异同分析》，《江苏高教》2008 年第 5 期。

放之后我国现代大学建设逐步走向了正规化，进入了一个全新发展阶段。我国现代大学系统结构设计同美国现代大学系统结构设计的一个共同点就是设计了纵向"校—院—系"三层组织系统结构；不同的是，我国高校是在中国共产党领导下，实行校长负责制。高校内部设教职工代表大会，通过教职工代表大会依法保障教职工参与学校民主管理和监督，完善现代学校制度，促进学校依法治校。这是中国特色社会主义现代大学制度同西方现代大学制度的本质区别。我国现代大学院系的基本职责同美国现代大学基本相似。透过这一系列法律法规和政策举措审视，我国以"'党委领导、校长负责、教授治学、民主管理、社会参与'为基本框架'一核多元'式的中国特色现代大学治理结构和制度体系已经渐趋成型"①。从横向视角审视我国现代大学内部系统结构，大致可以分为党务、教务、人事、招生就业、学工、基本建设、后勤、资产管理、工会、共青团等子系统。这些子系统共同围绕"人才培养"这个战略目标分工协作、同向同行，开展教育教学、科学研究和社会服务、文化创新工作。

（三）现代高等学校组织系统结构的核心要素

"要素是构成系统的必要因素，即组成系统的各个部分或成分，是系统最基本的单位，因而也是系统存在的基础和实际载体。"② 要素除了具有自身的地位和性质外，同时还具有子系统的地位和属性。如果组成系统的要素置身于更高一级的系统之中，更高一级的系统就可以称为母系统，而组成系统的要素又可以称为次子系统。在一个母系统的组织结构中，其内部要素之间是相互独立的，又按照一定的比例相互联系、相互作用。在要素和系统之间，要素是作为系统存在和发展的基础。如果要素的数量和成分比例是和谐、协调状态，就能够维持系统的稳定平衡，促进系统向组织化、有序化方向发展；反之，则会破坏系统的稳定和平衡，不能实现系统的高效运行。

---

① 蒋达勇：《政治、学术与生活：中国大学功能与结构的重塑》，《高教探索》2020 年第 10 期。

② 张文焕、刘光霞、苏连义：《控制论·信息论·系统论与现代管理》，北京出版社 1990 年版，第 162 页。

对于系统结构和要素之间的关系来说，系统的结构就是组成要素之间相对固定和比较稳定的有机联系。由于要素的相互联系和作用，在空间上会形成一种同时态的稳定平衡结构，在历时态上会实现系统结构的变动性和流动性。① 现代大学组织的系统结构就是同时态和历时态的空间结构和时间结构的统一。例如，美国大学的以董事会为主导的系统结构和中国"一核多元"党委领导的系统结构（具体系统结构如图4－1）。

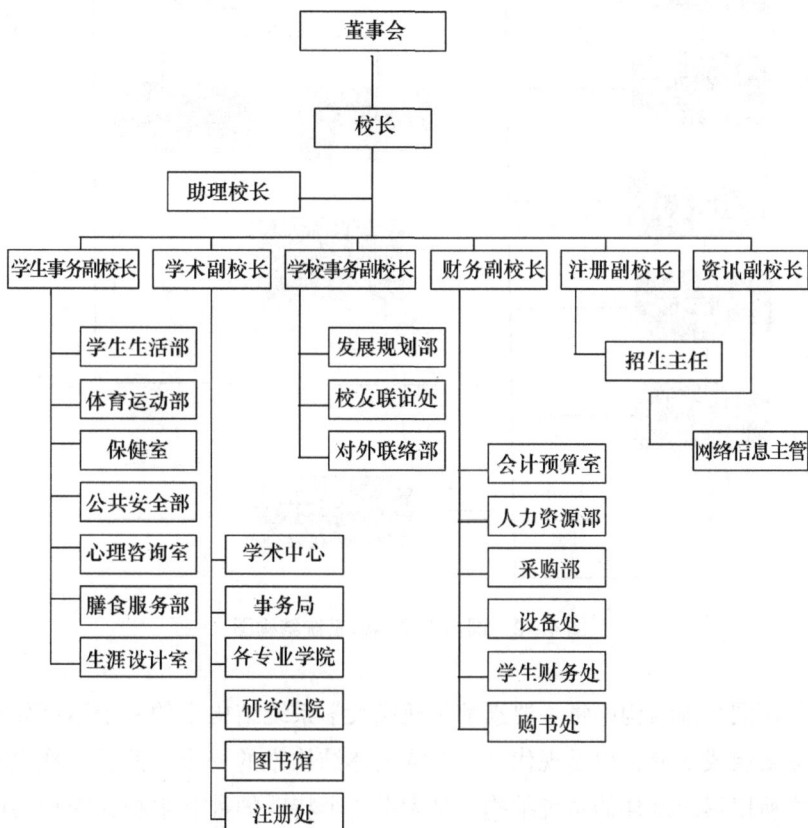

图4－1　美国大学组织系统结构图②

① 张文焕、刘光霞、苏连义：《控制论·信息论·系统论与现代管理》，北京出版社1990年版，第166页。

② 《高等院校学部制改革调研（美国篇）》，https://wenku.baidu.com/view/505ec8d484254b35eefd3450，2022年6月26日。

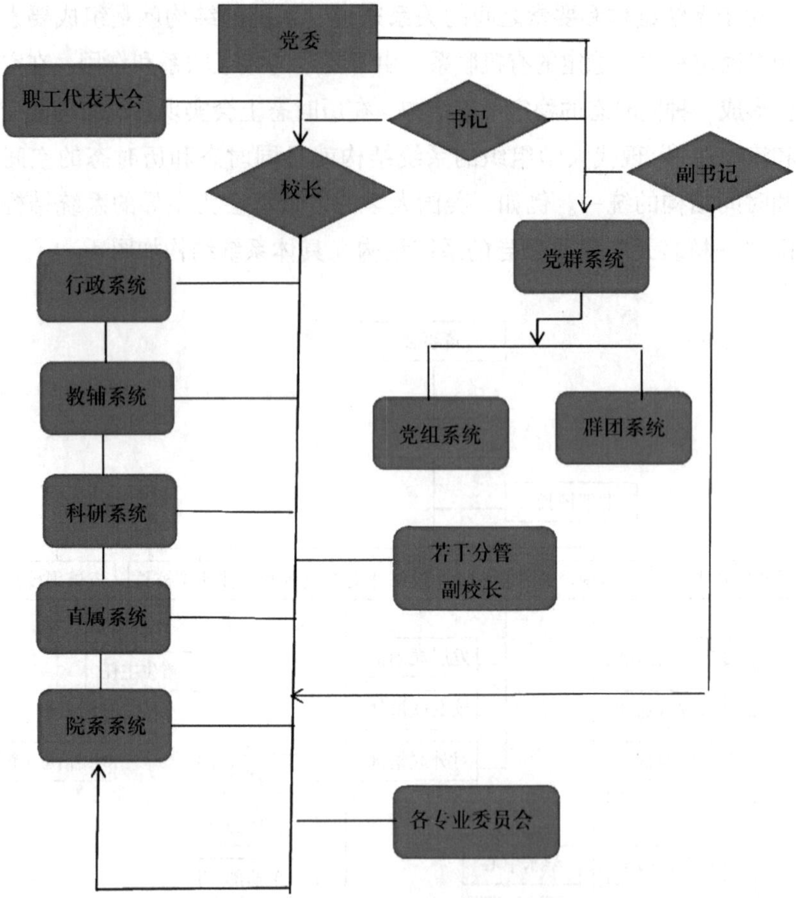

图4-2 国内大学组织系统结构图

两图系统结构中每一要素都是现代大学系统结构中的一个不可分割的重要组成部分，也是现代大学系统整体结构中的一个子系统。现代大学之所以形成这样的系统结构，是大学这个特殊的社会组织在漫长的历史进程中随着综合环境的变化，最终做出的选择。中国特色社会主义现代大学"一核多元"的组织系统结构，是中国历史，尤其是近现代以来，中国革命、建设、改革的历史所决定的，既有现代大学的共性，更显中国特色社会主义现代大学组织系统结构特色。

（四）现代高等学校组织系统结构的重要功能

系统的要素、结构和功能是一体的，不能离开系统功能谈系统结构和要素。系统要素通过一定形式、秩序结成一定的系统结构，由此组成的系统结构终归要产生一定的功能。所谓功能，是指"系统与外部环境相互联系和作用过程的秩序和能力。系统功能体现了一个系统与外部环境之间的物质、能量和信息的输入与输出的变换关系"①。即使是组成系统的要素、结构出现差异，也可以发挥相同的功能。

现代大学组织系统结构是一个复杂而特殊的有机整体，内部存在党组系统、行政系统、教学系统、学工系统、人事系统、建设系统、纪检监察系统、群团系统、后勤服务系统、科学研究系统等各种要素，这些要素自成系统，并具有一定的内部结构。这些在现代大学这个母系统内存在的子系统功能有差异也有共性，它们的终极目标是围绕现代大学所承担的"人才培养、科学研究、社会服务、文化传承与创新"使命而发挥它们的共性（共同功能）。虽然现代大学具有这样四种基本功能，但是并不是说这四种基本功能的发挥要做到均等化。不同的大学根据其发展目标定位，会有所侧重，但是古今中外大学的功能无论如何拓展演变，其"核心功能是人才培养，科学研究、社会服务、文化引领等越来越多的功能都是大学的拓展功能，都应该为核心功能服务"②，这一点是不会改变。

中国特色社会主义现代化大学作为世界现代大学的重要组成部分，它的核心功能是"人才培养"也是不会改变的。大学是立德树人、培养国家发展和社会进步所需人才的地方，"这是教育工作的根本任务，也是教育现代化的方向目标"③。培养德智体美劳全面发展的现代化人才是一项系统工程，需要采用系统思维和系统方法，全面把握中国特色社会

---

① 张文焕、刘光霞、苏连义：《控制论·信息论·系统论与现代管理》，北京出版社1990年版，第166页。

② 杨小英：《结构功能主义视域下我国大学的功能拓展与结构调整》，《当代教育与文化》2014年第6期。

③ 教育部课题组：《深入学习习近平关于教育的重要论述》，人民出版社2019年版，第4页。

主义现代化大学内部系统结构，统筹处理好内部子系统的相互关系，发挥各子系统、次子系统的协同培育人才的功能，确保内部子系统、次子系统同母系统以及子系统、次子系统之间"同向同行，形成协同效应"[①]，实现人才培养功能、效果最大化和最优化。

二　中国高校共青团组织系统结构

中国共产主义青年团是我国青年的先进群团组织，是我国众多社会组织系统的重要组成部分。中国高校共青团组织既是中国共产主义青年团组织系统的重要组成部分，也是我国高校组织系统整体结构不可分割的一部分，具有自身独特的组织系统结构和形式。中国高校共青团组织系统结构同其他组织系统结构一样，会同外部环境进行物质、信息、能量的交换，一旦内外部综合环境发生变化，其组织系统结构也会发生相应变化，并做出及时调整，实现系统内部结构的动态平衡，以维持其功能的有效发挥。

（一）中国高校共青团组织系统结构形式

任何系统都有一定的结构形式，包括系统要素间的比例、秩序、结合方式。中国共产主义青年团是一个按照民主集中制原则组织起来的统一整体，组织系统结构严密完备，建立了从中央到地方层级完整的组织系统结构，主要包括团的中央组织、团的地方组织和军队中的团组织、团的基层组织。团的中央组织是指团的全国代表大会、中央委员会和书记处，由书记处、办公厅、组织部、宣传部、城市青年工作部、农村青年工作部、学校部、少年部、统战部、维护青少年权益部、国际联络部、机关党委、团中央直属单位构成。团的地方组织是指团的省、自治区、直辖市，设区的市、自治州、县（旗）、自治县，不设区的市、市

---

① 教育部课题组：《深入学习习近平关于教育的重要论述》，人民出版社 2019 年版，第57 页。

辖区的代表大会和同级团的委员会、常务委员会。军队中的团组织是指中国人民解放军和中国人民武装警察部队中的共青团组织。团的基层组织是指在全国基层的企业、农村、机关、学校、科研院所、街道社区、社会组织、人民解放军连队、人民武装警察部队中队和其他基层单位团的基层委员会。

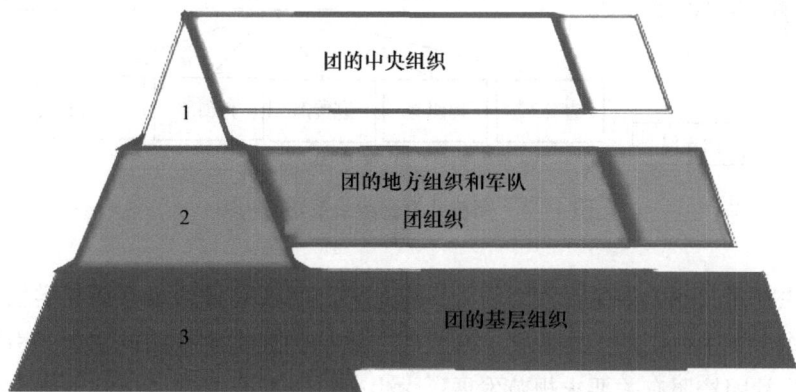

图4-3　中国共产主义青年团组织系统结构图（作者自制）

任何社会组织系统结构都是有层次的，在这个层级结构中，整体与部分在依次隶属关系中形成一定等级。高校共青团组织隶属于中国共产主义青年团组织，是其基层组织一级子系统，既有共青团组织的共同属性，又有其自身的特殊运动规律。高校共青团组织系统运动规律的特殊性主要体现在工作理念、工作目标、工作内容、工作机制、组织结构等方面。在这些组织系统要素中组织结构对工作理念、工作目标、工作内容、工作机制将产生重要影响。组织系统结构各部分相互协调、协同配合，能发挥组织系统整体的最佳功效。高校共青团组织系统结构为学校团委、二级学院分团委（团总支）、团支部委员会，团支部委员会一般设置在行政班级，人数较多的团支部设置若干团小组。

在高等学校，除了共青团这个群众团体组织，还有两个很重要的学生自治组织——高校学生会、学生社团。这两个学生自治组织同高校共青团组织共同构建了高校党委领导下的"一心双环"的团学组织格局。"一心"即以高校团委为核心；"双环"即以学生会组织为主体组织，以

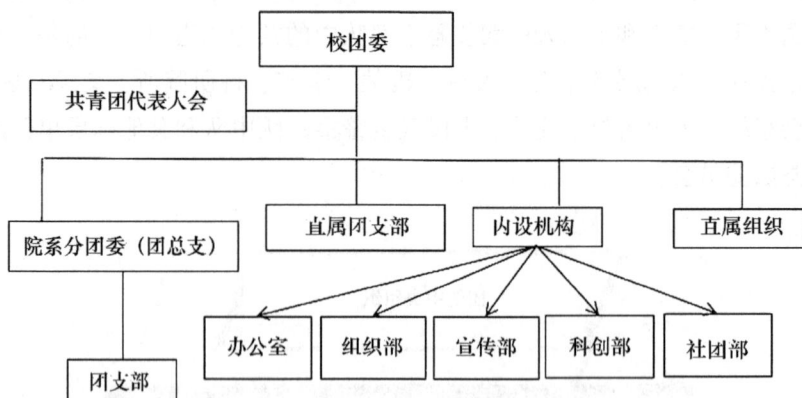

图4-4 高校共青团组织系统结构图

学生社团及相关学生自治组织为外围手臂。高校共青团负有指导学生会组织、学生社团的工作职责。高校团委履行管理学生社团的职能,引导学生社团按照有关要求规范发展;学生会组织配合共青团组织加强对学生社团的引导、服务和联系,校级学生会组织由一名主席团成员负责学生社团工作。

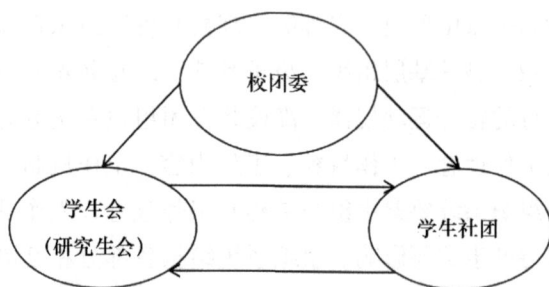

图4-5 高校"一心双环"的团学组织格局

高校学生会组织(研究生会)和学生社团在高校团委的指导下,以大学生的思想政治引领为核心,带领大学生学习党的创新理论成果,尤其是深入学习习近平新时代中国特色社会主义思想,以党的创新理论成果武装青年大学生头脑,引导青年大学生自觉把个人奋斗目标与党和国家的伟大事业紧密结合起来；高校学生自治组织必须面向全体大学生，常态化深入大学生群体中，倾听大学生在学业发展、就业创业、身心健康、权益维护等方面的普遍心声，并及时反馈给学校有关部门，帮助大学生及时解决实际困难；大学生社团要在坚持思想性、知识性、艺术性、多样性相统一的前提下，积极开展政治方向正确、格调高雅、向上向善、形式多样的社团活动，繁荣校园文化，丰富课余生活，促进青年大学生德智体美劳的全面发展。

（二）中国高校共青团组织系统结构变革

任何社会组织主体都会趋向积极适应社会发展和系统内外部环境的变化，相应地对组织系统内部结构、要素及其职权划分进行改革。20 世纪下半叶以来，随着科学技术日新月异的发展、全球信息化时代的到来，以及人类经济社会活动方式的巨大变化，社会组织的外部环境发生了极大的变化，为了有效应对外部综合环境的变化，增强组织自身灵活适应环境的能力，提高组织系统功能，组织管理主体势必要对组织系统结构进行一定程度的变革，特别是在组织自身出现层次环节烦冗、信息传递不畅、权责划分不明、内部关系不顺、系统功效减退等问题时，组织系统结构的改革就显得尤为迫切，但是变革的幅度和程度要根据外部环境对组织系统振荡的幅度做出相应的评估。如果组织系统外部环境发生激烈振荡，组织系统结构涨落幅度就会较大；如果系统外部环境发生低频振荡，组织系统结构涨落程度就会更为剧烈。

整体观照中国共产主义青年团走过的一百年风雨辉煌历程，中国共产主义青年团因为外部综合环境的变迁，组织系统结构既经历过高频涨落，也经历过低频涨落。在革命年代，国民党 1927 年发动"四·一二"政变，导致创建不久的青年团组织系统遭到重创，一些地方基层青年团组织被迫解散，有的立场不够坚定的青年团团员退出青年团组织；1931年九一八事变后，日本帝国主义加紧侵略中国，国家面临的国际国内阶级矛盾发生深刻变动，中国共产党根据国际国内局势和环境的变化，从挽救中华民族危亡大局出发，决定转变共产主义青年团工作指导方针，改变共产主义青年团组织性质和形式，发起和倡导建立全国统一的青年抗日救国组织，1936 年 9 月，中共中央和共青团中央接到青年共产国际提出根本改造青年团的指示，11 月中共中央着手改造青年团，并决定不再组织团的支部或团组，彻底改变青年运动的工作方式。[①] 在中国共产党的组织领导下，1937 年 7 月抗战全面爆发时，青年团的改造基本完成，全国各地的青年抗日救亡组织纷纷建立起来。抗日战争胜利后，国际国内形势发生了新的变化，国内阶级矛盾再次上升为主要矛盾，革命形势和革命任务的新变化要求重新建立青年团组织。在中共中央的关心下，经过筹备、试建，1949 年 4 月，中国新民主主义青年团成立，中国新民主主义青年团成为组织青年学习共产主义的学校和青年利益的代表者和维护者。改革开放和现代化建设新时期，中国共产主义青年团迎来了新的发展机遇，进入了一个相对稳定的发展阶段。党的十八大以来，随着世界进入百年未有之大变局和中华民族伟大复兴进入不可逆转的历史进程，以大数据、人工智能、信息技术的快速发展，人类开始进入第四次科技革命阶段，新时代新环境新技术给青年团组织提出了新的时代课题，时代的变化要求青年团对自身组织系统结构做出改革。

作为共青团组织的核心组成部分的高校共青团系统必然同时做出相应改革。高校共青团组织积极适应共青团深化改革新形势、高等教育综合改革新发展和青年学生新特点，既坚持全面统筹，做好顶层设计和推动，又发挥基层首创精神，着力推进组织创新和工作创新，做到"自上而下"与"自下而上"的有机结合。在组织系统结构设置优化设计方面，共青团组织和教育部门共同成立高校共青团工作指导委员会，建立健全联席会议制度，实行"职能处室＋专业中心＋分类组织"的工作机构设置模式，充分发挥学校共青团研究中心、新媒体运营中心等专业化协同工作平台的作用；建立健全分类型、分区域的高校共青团工作交流组织机制；支持和鼓励高校团委按照思想引领、素质拓展、权益服务、组织提升等主要任务，根据工作实际合理设置和调整工作机构；构建党领导下"一心双环"的团学组织格局。

---

① 李玉琦主编：《中国共青团史稿》，中国青年出版社 2010 年版，第 154 页。

（三）中国高校共青团组织系统结构功能

"结构决定功能，结构的变化决定功能的变化，合理的组织结构促进系统功能的优化，不合理的组织结构会造成系统功能的内耗，只有通过结构的合理化，才能实现组织系统功能的优化。"[①] 中国现代化大学"一体多元"组织系统结构，中国高校共产主义青年团直线事业部混合式扁平系统结构，以及"一心双环"的团学组织系统结构，为高校共青团功能的优化和有效发挥创造了条件。对中国高校共青团系统结构功能的理解需要从其与中国共产党、中国现代化大学、中国共产主义青年团三者之间的相互关系三个维度进行整体把握。从高校共青团与中国共产党的关系来说，中国共产党在创立青年团组织时，给予青年的定位是"党的助手和后备军"，也就是青年团组织协助党巩固执政地位，为党的伟大事业源源不断地输送青年后备人才。而且"助手"的功能在不同时期也有不同的内涵。新民主主义革命时期，在政治实践中完善自身，同其他落后甚至反动的青年团体进行斗争、引导青年投身革命、组织先进青年学习马克思主义理论是其核心功能；社会主义建设时期，协助党巩固新生的人民政权、组织青年参加社会主义建设、学习宣传毛泽东思想和党的方针政策、提高青年学习理论文化知识是其核心功能；改革开放和社会主义现代化建设新时期，组织青年突击队、推进改革开放和经济建设、弘扬爱国主义和改革创新精神是其核心功能；中国特色社会主义新时代，在党和人民群众之间搭建沟通的桥梁和纽带、动员和组织广大人民群众为党的事业贡献力量、参与基层社会治理和创新基层管理、坚持服务人民群众是其核心功能。习近平指出："团的所有工作，归结到一点，就是要当好这个助手和后备军。"[②] 所以，新时代的高校共青团要帮助高等学校做好"为谁培养人、培养什么样的人、怎样培养人"的答卷。从高校共青团与中国现代大学的关系来说，高校共青团的一切工作就是遵循高等教育综合

---

① 毛卫平、韩庆祥主编：《管理哲学》，中共中央党校出版社2003年版，第169页。

② 习近平：《论党的青年工作》，中央文献出版社2022年版，第155页。

改革大势，遵循大学生成长成才规律和高等教育教书育人规律，协同大学内部其他子系统围绕"人才培养、科学研究、服务社会、文化创新"工作，积极发挥自身的优势，协同培养能堪当大任的高质量人才。从高校共青团与中国共产主义青年团的关系来说，高校共青团组织是中国共产主义青年团的基层组织系统，这决定了高校共青团组织既要发挥共青团组织的组织系统一般功能，又要结合高校实际发挥组织系统特殊功能。

习近平在同团中央新一届领导班子成员集体谈话时指出，共青团要在广大青年中加强和改进理论武装工作、加强对青年政治引领、动员青年建功新时代、联系服务好青年、维护青少年权益。[①] 2022 年 5 月 10 日，习近平在庆祝中国共产主义青年团成立一百周年大会上的讲话要求"共青团要增强引领力、组织力、服务力"[②]。据此，新时代高校共青团结合实际，将思想引领、组织动员、服务青年、维护青年合法权益作为其功能，得到了社会广泛认可。其一，思想引领，就是要组织青年大学生学习马克思主义理论，尤其是加强对习近平新时代中国特色社会主义思想的学习，引导大学生自觉践行社会主义核心价值观，提高大学生思想政治素养和道德修养，引导大学生自觉抵制一切错误社会思潮，形成科学的世界观、人生观、价值观。其二，组织动员，就是要激发青年大学生正能量，组织青年大学生积极参加社会实践、开展志愿服务、参加公益活动，促进青年大学生在各种实践中了解国情、社情、民情，培养大学生的爱党爱国爱民情怀。其三，服务青年，就是要以大学生喜闻乐见的形式在高校开展就业创业帮扶、学习成长帮扶、心理健康维护帮扶、恋爱婚姻知识辅导等活动，服务青年大学生发展需要。其四，维护青年大学生合法权益，就是要以促进教育公平和维护学生合法权益为出发点，关注校园弱势群体，关注大学生普遍性的利益诉求，完善维护大学生权益的组织化渠道和机制。

---

① 共青团中央：《共青团十八大报告辅导读本》，中国青年出版社 2018 年版，第 4 页。

② 习近平：《论党的青年工作》，中央文献出版社 2022 年版，第 7 页。

三　高校共青团与各子系统的组织协同

克服以往高校育人资源和力量分散问题，需要整合各子系统的资源和力量，发挥各子系统在"三全育人"整体格局中的协同作用。高校共青团是高校"三全育人"整体格局中不可分割的重要组成部分。高校共青团在"三全育人"整体格局中应结合自身的优势和特色，区分并协同高校育人的核心组织系统、非核心组织系统和校外社会组织系统，把自身的特色和优势转化为为党和国家培养社会主义建设者和接班人的实际能力。

（一）高校共青团与高校核心组织系统的协同

所谓高校核心组织系统，是指在高校组织系统内部承担培养德智体美劳全面发展的社会主义建设者和接班人核心任务的组织系统，也是直接面对大学生群体的组织系统，包括党组织、教务组织、学工组织等，它们在组织领导、教育教学、学生管理、社会实践等工作中发挥着主导作用，对大学生的成长发展起着关键决定作用。

1. 高校共青团与党组织的协同

高校共青团组织是高校党组织的助手，要在高校党组织的领导下不断增强高校共青团组织"政治性、先进性、群众性"，努力克服自身"四化"（机关化、行政化、贵族化、娱乐化）等问题，协助党组织做好"凝聚青年、服务大局、当好桥梁、从严治团"的工作，提高高校共青团组织服务高校工作大局和解决大学生实际问题的能力。高校共青团如何能做到这一点？那就是要严格遵守高校"党建带团建"工作原则。"党建带团建"是中国共产党在革命、建设、改革开放新时期和中国特色社会主义新时代的实践中所形成的宝贵经验和优良传统，为不同时代的中国青年大学生运动沿着正确方向发展和青年大学生成长为堪当民族复兴重任的时代新人提供了根本保证。高校党组织建设带领高校团组织建设主要围绕三个方面：第一，带领高校共青团进行思想政治建设。思想政治工作是高校党的一切工作的生命线。作为高校党的助手的高校共青团，思想政治工作做得怎么样，直接影响党在青年大学生中的群众基础。因此，高校党委要高度重视高校共青团在齐抓共管高校思想政治工作格局中的重要作用，加强和改进对新时代高校共青团思想政治建设的指导。第二，带领高校共青团进行组织建设。高校各级共青团组织是高校共青团进行思想政治引领、服务大学生成长、当好沟通桥梁纽带、维护大学生合法权益的堡垒。高校共青团要在高校党委组织部的指导下，加强和改进组织覆盖、团建创新、队伍建设、组织提升等工作。第三，带领高校共青团进行作风建设。当前，一些高校共青团组织在推进去"四化"、从严治团、自我革命等方面还存在不够深入、浮于表面等现象。高校党委要严厉督促高校共青团深入推进从严治团，促使高校共青团敢于自我革命，改进工作作风，常态化深入大学生当中，倾听大学生心声，把握大学生的实际需要，切实提高服务大学生成长发展的本领和能力。

"党有号召，团有行动"是高校共青团的优良传统。高校共青团要在党的领导下认真遵循"党建带团建"这一原则，在思想政治建设、组织建设、作风建设等方面发挥好协同作用。第一，协同思想政治引领。思想政治引领是高校共青团工作的主责主业。高校共青团要协助党委宣传部门，借助大数据、人工智能等新技术，创新大学生思想政治引领方式方法，深入开展习近平新时代中国特色社会主义思想的学思践悟活动，积极培育大学生的社会主义核心价值观，厚植大学生爱党爱国爱社会主义的情感，增强新时代大学生的志气、底气、骨气，协助党牢牢把握党在高校的意识形态领导权。第二，协同进行组织建设。高校共青团可以借鉴党的组织建设经验，大力开展"四型"（活力型、学习型、创新型、服务型）团组织建设；紧跟新时代网络化、信息化发展趋势，探索"互联网＋"网络团组织建设，增强团组织建设的灵活性；创新"团校""青马工程"对大学生团员、团干部培养内容与形式，增强学员的获得感和培养实效；创新新时代共青团"推荐优秀共青团员作为入党积极分子人选"的标准，提高向党组织输送新鲜血液的质量。第三，协同改进共青团干部工作作风。为党的千秋伟业培养建设者和接班人，为党源源不断地输送新鲜血液,是高校共青团协同育人工作的重要职责。因此,高校共青团需要深入思考为党"培养什么样的人"的问题。德智体美劳全面发展的时代新人是党对青年大学生成长发展的要求。高校共青团要大力加强团干部队伍作风建设,共青团干部要千方百计为大学生办实事、解难事,想大学生之所想、急大学生之所急,让大学生真切感受到高校党的关怀,把广大团员青年培养成为"有理想、敢担当、能吃苦、肯奋斗的新时代好青年"①。

2. 高校共青团与教务部门协同

我国独特的世情、国情、党情决定了高等教育要"为人民服务,为中国共产党治国理政服务,为巩固和发展中国特色社会主义制度服务,为改革开放和社会主义现代化建设服务"②,把"立德树人"作为高等教育的根本任务。2017 年 6 月,共青团中央、教育部联合印发的《关于加强和改进新形势下高校共青团思想政治工作的意见》,要求"高校共青团要主动在我国高等教育改革发展大局下谋划和推动工作。加强共青团与教育部门的协同。围绕学校教育教学工作大局,共同设计和深化拓展共青团第二课堂活动,协同做好青年师生管理服务工作"③。高校教务系统是贯彻党的教育方针,落实立德树人,为党和国家培养德智体美劳全面发展人才的主体和核心。教务系统负有严格教育教学管理、深化教育教学制度改革、引导教师潜心育人等重要职责,在高校"三全育人"整体格局中承载了"教书育人"的功能。在"三全育人"过程中,高校教务部门统筹二级学院教学组织系统,主要围绕第一课堂的"日常教学管理、考务管理、学籍管理、教研管理、实习实践管理、教学质量管理、教师发展管理"④ 七大板块开展工作。但是,这些工作不是教务部

① 习近平:《论党的青年工作》,中央文献出版社 2022 年版,第 7 页。
② 教育部课题组:《深入学习习近平关于教育的重要论述》,人民出版社 2019 年版,第 25 页。
③ 共青团中央、教育部:《关于加强和改进新形势下高校共青团思想政治工作的意见》,中国共青团网站,https://www.gqt.org.cn/documents/zqlf/#。
④ 罗川旭、姚昊翙、樊芳玲、何雁敏、周启航、刘剑虹:《"三全育人"视域下高校教务管理育人途径探索——以云南师范大学能源与环境科学学院为例》,《教育观察》2022 年第 13 期。

门独自能完成的，需要高校内部其他子系统协同联动才能完成。

高校教务部门主阵地在第一课堂，围绕第一课堂开展育人活动。然而，除了第一课堂之外，还要充分发挥第二课堂在育人过程中的重要作用。2018年，共青团中央、教育部再次联合发布《关于在高校实施共青团"第二课堂成绩单"制度的意见》，要求各高校要在学校党政领导下，把共青团"第二课堂成绩单"制度作为"三全育人"综合改革的一项重要内容，统筹校内教育教学、科学研究、学生工作、组织宣传、后勤保障等多个部门，成立必要的推进实施专门机构，具体工作由学校团委负责。据笔者对安徽省的安徽大学、安徽师范大学、阜阳师范大学、安徽财经大学等10所本科院校的调查，这10所本科院校都根据各自实际制定了《"第二课堂成绩单"制度实施细则》。例如，阜阳师范大学根据实际，联合学校教务处制定了《阜阳师范大学大学生"第二课堂成绩单"制度实施方案》，形成了内涵丰富、主题突出、形式活泼、规范有序、扎实有效的以学分制为统领，德育实践引领精神追求、社会实践感知责任使命、文化实践促进身心健康、专业实践提升职业素养、科技实践启迪思维创新、就业实践提升职业能力的"第二课堂"育人格局。"第二课堂"紧密结合"第一课堂"教学安排，围绕思想素质养成、政治觉悟提升、文艺体育项目、志愿公益服务、创新创业创造、实践实习实训、技能特长培养等内容设计课程项目体系，实现"第二课堂"与"第一课堂"互动互融、互补互促，协同提升育人质量和效果。这是高校最具实效的协同育人模式创新，有助于充分发挥共青团"第二课堂"协同育人作用，使共青团"第二课堂"成为高校人才培养体系的有机组成部分。

3. 高校共青团与学工部门协同

共青团和学工两大系统是高校跟学生联系最为直接、最为紧密，又相互独立的两大组织系统，工作内容涵盖"课程、科研、实践、文化、网络、心理、管理、服务、资助、组织"十大育人体系。因此，高校共青团与学工部门建立"共青团＋学工"协同育人工作模式极其重要。笔者根据对国内几所大学的调研、访谈，了解到国内一般大学学生工作部是高校党委和行政的职能部门，承载着大学生教育、日常管理和成长服务的职能，主要负责普通全日制学生思想教育、学生管理、学生资助、心理健康教育等工作；指导和支持各院系学生工作的开展，维护学生合法权益和合理诉求，促进大学生的全面成长与发展。从高校共青团和高校学工部门的工作职责审视，两大组织系统在育人内容和形式上既有共同点，又有一定差异。因此，构建"共青团＋学工"协同育人模式就是应然之举，可以克服两大系统在大学生思想政治教育、日常管理、服务成长等方面内容和形式的同质化，实现两大系统资源共享、互通有无、同向同行，打破以往条块分割、资源分散的弊端，强化协同育人实效。

高校共青团与高校学工部门既有同质性工作内容，但是各自又有差异化职能。因此，构建"共青团＋学工"协同育人模式，首先要厘清两者协同的内容边界。高校共青团和学工部协同主要可以从几个方面构建。第一，构建协同体制机制。高校共青团和高校学工部都是在校党委统一领导下的两个子系统，两者可以构建以校党委为轴心的"一轴两翼"的协同格局，由同一校党委成员分管共青团和学工部，建立两大组织系统负责人定期联席协作机制，并加以常态化和制度化，确保两大系统在协同育人格局中发挥各自的优势和特长。第二，协同开展思想政治工作。思想政治工作是高校共青团的主责主业，同样也是学生工作部的主责主业。高校共青团的工作对象是全体共青团员，学生工作部的工作对象是全体大学生。这两个群体并不是绝然分开的，在大学生群体中，相当多的一部分是共青团员。根据笔者从事高校共青团工作所掌握的信息，高校85%以上的大学生具有共青团员的身份。所以，共青团和学生工作部门协同开展大学生思想政治教育具有良好的基础。第三，基层组织活动协同。我国高校开展教育教学活动，仍然是以行政班级为组织单元，行政班级设置班委会。班委会接受学生工作部门的指导和管理。高校共青团基层主体组织仍然是团支部，团支部建立在行政班级，设有团支部委员会，各团支部接受院系分团委或团总支领导和管理。在以往的班委会和团支部工作中，团支部的功能弱化，没有得到有效发挥。这种状况给高校学生思想政治工作带来了一定问题，引起了教育部和团中央的高度重视。团中央、教育部在推进高校共青团改革时提出要构建"班级团支部与班委会一体化"的协同运行机制，以此强化团支部的政治核心职能，理顺班级与团支部工作机制，解决团支部功能虚化弱化，凝聚力、影响力不高，团员教育管理方法不多、效果不明显，团支部与班委会关系界定不清、运行不协调等问题，推进工作目标、干部队伍、工作运行等方面的有机融合，形成协同效应。第四，协同开展干部队伍建设。共青团干部、辅导员、学生干部是直接在一线开展共青团员、大学生思想政治工作、管理工作、服务工作的重要思想政治工作干部队伍。他们的思想政治状况、业务水平、心理素质、专业能力等方面的综合素质直接影响到一般团员、学生的理想信念、价值观念的形成。因此，共青团系统和学工部系统可以利用"团校""青马工程""心理咨询中心"等平台协同培养干部队伍。

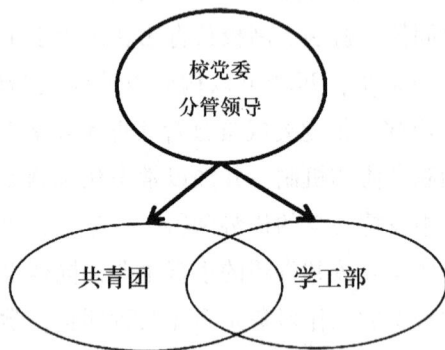

图 4-6 "一轴两翼"的"共青团＋学工部"协同模式

4. 高校共青团与就业部门协同

大学生就业创业是一项重要的民生工程。大学生能否顺利实现就业或创业，直接影响一个个家庭的幸福和社会的安全稳定。在我国高校中有专门的就业部门负责学生的就业创业管理和服务。高校学生的就业创业主要由招生就业部门负责，但是其他部门可以发挥自身优势，协助招生就业部门提升学生的就业质量。高校共青团在帮助大学生树立科学的就业创业理念、培养大学生就业创业精神、开展就业创业实践、开发就业岗位和创业项目等方面可以发挥自身优势。第一，帮助大学生形成科学的就业创业观念。随着经济全球化和逆全球化矛盾的加深、新冠肺炎疫情对国际国内经济的冲击、经济市场化程度的加深、智能科技的快速发展等等，这些外部环境变量对大学生的就业创业来说是挑战也是机遇，关键看大学生这个自变量如何科学合理处置这些变量。合理有效处置这些变量，需要树立科学的就业创业理念。高校共青团可以帮助大学生树立科学的就业创业理念。高校共青团在新生入学之初，可以创新入学第一课教育方式，引导新同学在新的起点上，正确认识和把握当前和今后一段时间国家发展战略和发展方向，以及人才需求动向。习近平在给北京大学考古文博学院本科团支部全体同学回信时说道："只有把人生理想融入国家和民族的事业中，才能最终成就一番事业。"[①] 国家的奋进方向就是新时代青年大学生的奋进方向，高校共青团要帮助大学生做好大学四年规划和未来职业规划，把自己未来的就业创业方向融入中华民族伟大复兴的历史进程之中。第二，培养大学生就业创业精神。在就业创业竞争日益激烈的时代，大学生的就业创业之路注定不可能是一帆风顺，必定要经历一番历练和磨砺，尤其需要养成"工匠精神""劳模精神"。高校共青团可以通过开展暑期社会实践、大学生志愿服务西部计划、大学生支教计划、青年志愿者公益行动、创业巡回报告会和青年企业家座谈会、挂职锻炼、就业实习、科技特派员等丰富多样的就业创业实践活动，帮助大学生提前接触社会，掌握一定的就业创业知识，做好就业创业准备。第三，拓展就业岗位和开发创业项目。高校共青团可以充分挖掘自身整合资源的优势，积极联系校外企业和属地共青团，努力开发就业岗位和孵化创业项目，为大学生提供实习见习岗位和实际就业岗位。

（二）高校共青团与高校非核心组织系统的协同

所谓高校非核心组织系统，是指在高校组织系统内部承担培养德智体美劳全面发展的社会主义建设者和接班人非核心任务的组织系统，总体上是间接面对大学生群体的组织系统，包括科研部门、工会组织、后勤组织等，它们在服务学生成长发展方面发挥重要作用，起着隐性育人

---

① 习近平：《论党的青年工作》，中央文献出版社 2022 年版，第 14 页。

作用。高校共青团可以同这些非核心组织系统协同发挥隐性育人作用。

1. 高校共青团与科研部门协同

恩格斯认为："科技的发展使人的劳动生产力达到了相当高的水平"①，并深刻改变着人类的生产劳动实践方式。科技创新越来越成为价值创造的核心力量。当今世界谁占领了科技发展的制高点，谁就赢得了发展的话语权和主动权。这种趋势客观上促进了高校对科技创新人才培养的重视。"现代生产劳动中科学技术的应用越来越成为当代和未来生产劳动的决定性因素。"② 大学生是国家伟大事业的建设者和接班人，是建设中国特色社会主义伟大事业的未来劳动者，他们的科技创新素养直接影响党和国家能否抢占未来科技发展的制高点。

随着大数据、人工智能、物联网技术的飞速发展，以信息技术为标志的第四次科技革命已然来临。习近平指出，"新一轮科技革命带来的是更加激烈的科技竞争，如果科技创新搞不上去，发展动力就不可能实现转换，我们在全球经济竞争中就会处于下风。为此，我们必须把创新作为引领发展的第一动力，把人才作为支撑发展的第一资源"③。因此，培养大学生科技创新素养、强化大学生科技创新能力是现代大学人才培养的必然要求。现代大学承载了科学研究功能和"科研育人"功能。高校科研部门主管着高校的科学研究工作，负有"科研育人"的主体责任，但是当前高校科研部门主要管理服务的对象是高校科研人员和教师群体，对大学生的科技劳动素养的培育则缺少应有的关注。高校共青团协同科研部门对大学生科技劳动素养的培养有很多事情可做。

高校共青团要以马克思科技创新思想为指导，深刻把握当今世界科技发展大势，紧跟党和国家人才战略大势，协同做好大学生科技创新素养的培育工作。第一，协同搭建大学生科技创新训练平台。高校共青团可以通过"挑战杯"科技创新大赛，"互联网+"大赛、智能机器人大

---

① 《马克思恩格斯选集》（第三卷），人民出版社 2012 年版，第 1049 页。

② 檀传宝：《何谓"教育与生产劳动相结合"——经典论述的时代诠释》，《课程·教材·教法》2020 年第 1 期。

③ 中共中央文献研究室编：《习近平关于科技创新论述摘编》，中央文献出版社 2016 年版，第 8—9 页。

赛等科技赛事，为大学生搭建科技劳动训练平台、交流平台、拓展平台，训练培养大学生的科技创新思维，激发大学生对科技创新的热情。第二，协同开展科研项目众筹，给予大学生一定的科研经费支持，鼓励大学生申报科研创新课题，培养大学生独立开展科学研究创新能力。第三，鼓励大学生加入科研团队。高校有科研项目的共青团干部或辅导员老师可以邀请有科研创新潜力的大学生加入自己的科研项目研究团队，鼓励大学生承担力所能及的科研任务，激发大学生的科学研究潜质。第四，创造大学生参加科研的机会。高校共青团可以发挥对外联络社会组织的优势，在毕业生中特别是在理工农医类毕业生中，选拔科研能力较强的毕业生到科技企业或科学研究事业单位参与科研项目攻关，为国家科研创新培养后备人才。总而言之，高校共青团要履行好为党和国家"在创新实践中发现人才、在创新活动中培育人才、在创新事业中凝聚人才"[1]，协同教育和引导大学生立志为建设中国特色社会主义科技创新强国而奉献青春智慧的职责使命。

2. 高校共青团与工会组织协同

"工会"全称"中华全国总工会"，是中国共产党领导的职工自愿结合的工人阶级群众组织，是党联系职工群众的桥梁和纽带，是国家政权的重要社会支柱，是会员和职工利益的代表。中华全国总工会同中国共产主义青年团同属于党的群团组织，二者在革命、建设、改革各个历史时期，在党的领导下发挥群团组织特殊优势，团结带领广大人民群众共同为党在各个历史时期奋斗目标的实现作出了重要贡献。高校共青团和高校工会是中国共产主义青年团和中华全国总工会事业的重要组成部分，也是高校党的事业的重要组成部分，共同负有组织动员、教育引导、联系服务、维护合法权益等方面的功能，各自所针对的管理服务对象异中有同。不同的是，高校工会组织管理服务的主要是高校教职员工；高校共青团管理服务的是青年大学生和少数青年教师团干部。相同的是，二者都肩负最大限度地把高校师生团结在党的周围，夯实党在高

---

① 中共中央文献研究室编：《习近平关于科技创新论述摘编》，中央文献出版社 2016 年版，第 117 页。

校领域执政治校的师生群众基础。因此，高校共青团和高校工会组织具有协同合作的天然基础。

高校共青团与高校工会协同内容主要体现在繁荣校园文化。《中国工会章程》第二十八条第五款要求工会"加强对职工的政治引领和思想教育，开展法治宣传教育，重视人文关怀和心理疏导，鼓励支持职工学习文化科学技术和管理知识，开展健康的文化体育活动。推进企业文化、职工文化建设，办好工会文化、教育、体育事业"①。根据这一任务要求，高校工会和高校共青团可以就师生思想政治教育、法治宣传、心理疏导、科技知识普及、文体活动、健康咨询等内容开展协作。笔者在对安徽某高校工会负责人的访谈中了解到，该高校制定的《全面推进"三全育人"综合改革试点（培育）工作方案》要求学校全体职工都要自觉履行对学生进行正确价值引领和优秀品质塑造的育人职责，把促进学生健康成长成才作为学校一切工作的出发点和落脚点，将育人工作渗透到知识传播、行政管理、生活服务等各项工作中，落实到全体教职员工的职责规范中，营造全员育人氛围。高校共青团和工会应探索协同组织开展中华经典、中国传统节日、优秀民俗文化等主题文化建设活动，邀请文化名家走进校园，开展高雅文化艺术走进校园活动，大力弘扬中华优秀传统文化；协同组织师生到红色文化基地，利用重大纪念日和红色文化基础设施，开展红色文化主题教育；协同开展培育、选树和宣传师生先进典型活动，引导师生做社会主义核心价值观的坚定信仰者、积极传播者和模范践行者；协同组织师生开展校园书画大赛、校园文艺汇演、师生体育竞赛、健康知识讲座等活动，以丰富多样、格调高雅的校园文化滋养师生美好心灵、陶冶师生高尚情操、涵养师生正直品质，通过润物无声的隐性教育涵养师生良好的人文素养，促进高校师生潜心育人、励志向学。

3. 高校共青团与后勤部门协同

高校后勤系统是专门为高校教育教学、师生生活提供保障服务的系统，是确保高校开展正常教育教学和保证师生生活有保障不可缺少的重

---

① 中华全国总工会编：《中国工会章程》，中国工人出版社 2018 年版，第 19 页。

要组成部分。在以往，虽然高校后勤部门不直接参与高校的教育教学工作，但是随着社会的发展和时代的变化，高校后勤部门的功能也逐步延伸到服务大学生成长成才方面。2016年，习近平总书记提出高校要坚持全员全过程全方位育人。这个"全员"包括后勤服务人员，这个"全过程"包括后勤服务过程，这个"全方位"包括后勤服务内容。高校后勤服务系统实际上已经被赋予了协同育人的任务和功能。在新的时代，"高校后勤的育人功能兼具服务性与教育性功能，是三全育人过程中的重要一环"①。其育人功能主要有服务育人，为师生提供综合服务保障；环境育人，为师生提供洁净优美的校园环境；文化育人，积极营造雅俗共赏的高校社区文化；实践育人，配合学校开展大学生劳动实践活动。

如何真正把后勤的这几项功能发挥出实效，高校后勤服务系统因为服务管理人员的数量和专业化水平的限制，不可能完全依靠自身的力量来实现，需要协同高校内部其他组织共同完成。从高校后勤服务系统的四项主要功能看，我们不难发现，高校共青团是后勤服务系统协同合作的理想对象。从服务育人内容上看，现代高校后勤集团的服务对象基本覆盖2万左右的师生，这是一个数目较为庞大的群体，涉及饮食、住宿、水电、卫生等方面，在服务数量和质量上要实现双重保证，不是一件容易的事。高校后勤可以加强同高校共青团的合作，发挥学生会和学生社团干部的作用，根据专业特点为他们提供一定服务岗位，激励他们参与到服务工作中来；从环境育人内容上看，高校的环境分为物质环境和精神环境，高校后勤系统和共青团系统可以合作打造优美的自然景观环境和人文景观环境，通过优美雅静的校园自然环境和人文环境陶冶师生情操，为师生营造一个传道授业、潜心研究、求真悟道的良好环境；从文化育人内容上看，高校后勤服务系统可以协同共青团开展高校寝室艺术文化建设、社区健身文化建设、社区安全文化、社区娱乐文化、社区饮食文化等文化活动，增强大学生日常生活中的"烟火气"，强化高校社区文化的育人功能；从实践内容上看，高校后勤部门可以挖掘潜

---

① 张凤娇：《"三全育人"背景下高校后勤育人功能研究》，《中国轻工教育》2022年第2期。

力，开发一定劳动实践岗位，联合共青团组织选拔一些有意愿的大学生参与到后勤服务劳动实践中来，一方面为他们解决一定的生活困难，一方面培养他们自食其力、崇尚劳动的品格。

综上所述，高校共青团在协同育人过程中，要分清高校贯彻立德树人根本任务的核心组织系统和非核心组织系统，根据他们在高校"三全育人""大思政"整体格局中的不同方位，有针对性地开展协同育人合作，有针对性地构建协同育人内容、搭建协同育人平台、健全协同育人工作机制、形成协同育人合力，把培养德智体美劳全面发展的时代新人的育人根本任务落到实处。

第五章

高校共青团协同育人的运行机制

立德树人是新时代高校教育教学工作的根本任务，也是高校共青团要协同执行的根本任务。协同推进这一根本任务是高校共青团忠实履行习近平总书记提出的新时代共青团要"坚持为党育人，始终成为引领中国青年思想进步的政治学校""自觉担当尽责，始终成为组织中国青年永久奋斗的先锋力量""心系广大青年，始终成为党联系青年最为牢固的桥梁纽带""勇于自我革命，始终成为紧跟党走在时代前列的先进组织"① 四点希望的实践探索。近些年，一些高校共青团在协同育人的理论和实践方面做出了诸多探索和创新，但总体上还没有形成一套常态化的协同立德树人和铸魂育人的长效机制。常态化的协同育人机制是确保高校共青团协同育人取得成效的基本保障。本书尝试从管理机制、协调机制、激励机制、保障机制四个维度探索构建高校共青团常态化协同育人机制，以保证高校共青团协同育人的稳态进行和质量提升。

在具体论述高校共青团协同育人四大机制之前，首先要对"机制"的相关概念做一个简要阐释。机制原指机器的构造和工作原理，也指机体的构造、功能和相互关系，以及某些自然现象的物理、化学规律，后来泛指一个工作系统的组织或部分之间相互作用的过程和方式。② 机制在工作系统运转过程中所发挥的作用相当于哈肯"协同学"中的核心概念"序参量"的作用。哈肯是这样描述序参量的作用的："我们将遇到

---

① 习近平：《论党的青年工作》，中央文献出版社 2022 年版，第 7—9 页。

② 中国社会科学院语言研究所词典编辑室编：《现代汉语词典》（第 6 版），商务印书馆 2012 年版，第 597 页。

一种为所有自组织现象共有的对自然规律的非常惊人的一致性。我们将认识到，单个组元好像由一只无形之手促成的那样自行安排起来，但相反正是这些单个组元通过它们的协作才转而创建出这只无形之手。我们称这只使一切事物有条不紊地组织起来的无形之手为序参量。"① "序参量一旦形成，就成为系统中支配一切的力量，所有微观组分或子系统以及其他的集体运动模式都得按照它的'指令'行动。"② 同理，可以说协同机制一旦形成，就成为这只无形的手，所有组织系统内部其他子系统需要在机制的指令下协作有序运行。高校共青团通过构建协同育人长效机制，可以使原来高校共青团组织系统要素、结构、功能在协同其他子系统育人过程中趋于平衡态而耦合起来，成为一个有序相关的整体，从而实现育人协同效应的最优化。

一 高校共青团协同育人的管理机制

管理机制是管理组织主体基于一定的管理机理，通过机构设置、管理决策、目标设定、任务实施、过程控制等管理手段，影响和促进预定目标顺利实现的运行方式。高校共青团协同育人管理机制是指高校共青团围绕立德树人根本任务，德智体美劳全面发展时代新人的培养总目标，根据"三全育人""大思政"工作的总体要求，通过设置管理机构、进行管理决策、设定具体目标、分解实施任务、进行过程控制等管理手段，协同其他育人子系统，影响和促进协同育人任务、目标顺利实现的运行方式。

（一）高校共青团协同育人的管理机构

管理机构是高校共青团协同育人管理机制运行的先决环节。长期以来，高校包括共青团在内的各子系统在育人理念、育人目标、育人资

---

① ［德］赫尔曼·哈肯：《协同学——大自然构成的奥秘》，凌复华译，上海译文出版社2001年版，第7页。

② 乌杰主编：《系统哲学基本原理》，人民出版社2014年版，第4页。

源、育人信息等方面一定程度上存在涣散无序问题。这个问题的根源在于高校管理层没能从根本建立起一个强有力的协同育人管理机构。建立一个管理高效、运行有序的管理机构，对于发挥管理组织系统的功能有十分重要的意义。发挥高校共青团协同育人功能和作用，需要建立一个结构合理、内容清晰、权责一致的组织管理机构。第一，设置管理机构。所谓机构设置，是指"管理者为实现组织目标，根据组织设计及组织特点，科学合理地设置组织机构的过程"①。高校应以校党委分管领导为第一责任主体，在校党委的统一领导下，整合党团、教务、学工、招生就业、科研、后勤等部门的力量，组建自上而下、权威有效、执行有力的协同管理机构。在这个协同管理机构中，高校党委要转变把共青团工作当成"锦上添花"的"面子工程"的观念，要充分信任共青团组织，把共青团工作当成"夯实基础"的"里子工程"，大力发挥共青团这个党的得力助手的作用，突出高校共青团在大学生思想政治引领工作中的地位和作用，压实高校共青团在协同育人格局中的责任。第二，创新领导方式。高校共青团做好协同育人工作，提升协同育人实效，是一项系统性工程，仅凭自身的力量无法实现，需要充分发挥团学组织"一心双环"中的"双环"作用，把"双环"融入"三全育人""大思政"整体格局和共青团协同育人整体格局中来，重视发挥高校学生会和学生社团"外围手臂"的重要作用。高校学生会和学生社团在高校共青团的统一指导下，积极发挥密切联系学生的优势，创新网上网下、立体多层的组织领导方式。第三，明晰管理内容。在高校这个母系统内，各个子系统都立足自身组织系统功能，设定自己的主责主业，但是每个部门主责主业的共同靶标都应是高素质人才的培养和做好做足"培养什么样的人"的功课，这是各子系统都要认真执行的核心任务。高校共青团要以立德树人、铸魂育人为根本出发点，把思想政治引领、道德品质锤炼、文化自信提升、法治思维培养、心理健康维护、劳动精神塑造、志愿服务开展、就业创业帮扶、课程思政育人、综合实践锻炼等要素作为协同育人管理主要内容，明晰自身协同管理的主次内容。

---

① 秦在东：《思想政治教育管理论》，湖北人民出版社 2003 年版，第 149 页。

（二）高校共青团协同育人的决策管理

决策管理是高校共青团协同育人管理的起始环节。决策是指"人们在行动之前对行动目标及手段的探索、判断与抉择的过程"①。决策的目的是一定个人或组织对未来所要开展的活动或工作预先做出合理的选择，并设计最优的行动方案。高校共青团组织决策是高校共青团为执行立德树人的根本任务，结合组织自身的职责、功能等实际，针对大学生思想政治引领、道德品质提升、文化自信提升、法治思维培养、心理健康维护、劳动精神塑造、志愿服务开展、就业创业帮扶、课程思政育人、综合实践锻炼等工作，运用一定方法和程序，确定协同育人目标、拟定协同育人内容以及优化协同育人方案，最终进行决策的过程。"教育对学生影响的好坏取决于决策"②，高校共青团协同育人工作的好坏同样取决于决策。

高校共青团协同育人决策要从决策主体、决策目标、自然状态、行动方案、决策准则等方面综合进行。第一，高校共青团协同育人决策主体。高校共青团的决策主体是代表高校共青团对某项或多项工作做出决策并对该决策的实施承担责任的主体。高校共青团对某件事项尤其是涉及重大事项的决策不能由某一个人做出。《中国共产主义青年团章程》的组织制度规定：中国共产主义青年团是按照民主集中制组织起来的统一整体。团的地方各级代表大会讨论和决定本地区团的工作任务和有关重要事项。高校共青团对涉及本校共青团的重要工作进行决策时必须按照民主集中制原则，由代表会议或委员会会议集中讨论、共同决策，涉及重大问题时要由代表大会进行决策。第二，高校共青团协同育人的决策目标。高校共青团协同育人的决策目标是指高校共青团组织在立德树人根本任务的指导下，围绕全面发展的大学生人才培养这个根本目的，从德育、智育、体育、美育、劳动教育等方面协同其他系统设定具体协

---

① 马永霞、窦亚飞编著：《高等教育组织与管理》，北京理工大学出版社 2020 年版，第 220 页。

② 马永霞、窦亚飞编著：《高等教育组织与管理》，北京理工大学出版社 2020 年版，第 222 页。

同培养目标、拟订协同方案，最终达成决策者所希望的结果。高校共青团协同育人的每一项决策目标应该是边界清晰、内容明确、标的固定，既要有宏观视野，又要从微观着手；既要整体布局，又要层次分明，做到具体可行、效益最优。第三，高校共青团协同育人的自然状态。"自然状态是指决策者无法控制但可以预见且客观存在的决策环境状态，是不以决策者主观意志为转移的情况和条件。"[①] 开放的组织系统是不断与外界发生物质、信息和能量的交换，但是外部世界是不断变动，因此组织系统的决策不能不考虑或遵循外界的环境变量，一切以具体的历史条件的变化为依据，根据变化了的情况对原先的决策目标进行动态调整。高校共青团组织作为一个社会性且有很强政治性的群团组织，其决策目标必然具有一定的自然状态，要根据经济的、社会的、政治的等方面的变化和高校党政工作重心的变化对自身的决策目标做出调整。第四，高校共青团协同育人的行动方案。高校共青团协同育人的行动方案是指高校共青团协同高校内部不同组织系统开展育人工作时，将决策目标付诸实施所采取的具体措施和手段。高校共青团对协同不同组织系统所做出的行动方案必须对目标的合理性、价值准则的正确性、理论方法的科学性、社会面的可行性、资源的调配恰当性等要素进行全面评价，做出科学判断，防止和避免决策失误或低效决策。第五，高校共青团协同育人的决策准则。高校共青团协同育人的决策准则是指高校共青团对协同育人做出决策时应该达到的标准和应该遵循的规则，也即是高校共青团协同育人决策应该遵循的价值准则。总体来说，根据高校共青团的组织性质和组织职能，高校共青团协同育人的决策要遵循政治性、先进性、群众性三大准则。

（三）高校共青团协同育人的目标管理

目标管理是由美国管理学家德鲁克提出的以目标为导向，通过目标的确立、实施、评价、反馈等一系列过程进行自我控制和自我管理的理

---

① 马永霞、窦亚飞编著：《高等教育组织与管理》，北京理工大学出版社 2020 年版，第223 页。

论。施行目标管理一般要经过目标制定、目标实施、目标评价、目标反馈等四个步骤。目标制定，在我们日常工作中，常常称为"计划""规划"，要具体可行、重点突出、层次分明，要协调各方面的相互关系；工作内容有关联的组织系统之间，应共同制定相应目标；目标实施，是组织主体根据制定的计划、规划、方案，将目标进行分解，协调各组织系统，将目标付诸实践的过程；目标评价，是目标执行主体实施目标后，对实施的目标达到的结果是否符合预期标准或要求进行估计、分析、判断的行为；目标反馈，是组织管理主体在目标考核基础上，将目标完成的实际情况进行总结，把评价结果反馈给目标实施者并提出一定的改进措施的行为。

高校共青团协同育人的目标管理是高校共青团运用目标管理理论，制定协同育人目标、实施协同育人目标、评价协同育人目标、反馈协同育人目标的过程。第一，高校共青团协同育人的目标制定。高校共青团制定协同育人的目标要立足于学校育人的总目标。例如，某本科高校确定的育人总目标是：培养具有良好的思想道德素质、文化素质和科学素养，扎实的基础知识和基本技能，强烈的社会责任感，勇于探索的创新精神，较强的学习能力、实践能力和创新创业能力，能够支撑和服务区域经济社会发展的各类高素质专门人才。该高校制定人才培养总体目标的主要依据是坚持立德树人，落实国家教育方针；坚持服务取向，契合区域发展需求；坚持实践育人，体现学校育人特色。因此，学校共青团要在这个总目标的指导下，根据上级团委的工作安排和校本的育人方针制定具体的协同育人目标。据此，该高校共青团制定的协同育人总体目标是：以思想引领为首要任务，以实践活动为主要抓手，以组织建设为基本保障，以安全管理为基础工作，积极稳妥地推进全面从严治团，努力构建"凝聚青年、服务大局、当好桥梁、从严治团"四维工作格局，团结带领广大团员青年在决胜全面建成小康社会、开启全面建设社会主义现代化国家新征程和该校地方性应用型高水平大学建设过程中充分发挥生力军和突击队作用。第二，高校共青团协同育人的目标实施。高校共青团协同育人目标的实施是指高校共青团在确定了协同育人总目标并分解为若干子目标后，将各级子目标下达给相关负责部门，接受目标任务的相关部门为保证完成目标任务而采取一系列措施的过程。以思想政治工作为例，高校关键组织和重要组织都需要开展思想政治工作，但各自开展思想政治工作的方式有一定的差别，有的是显性思想政治工作，有的是隐性思想政治工作。党团组织、思想政治理论课、学生处的思想政治教育总体上属于显性教育，后勤、基础建设、保卫处等系统的思想政治教育总体上则属于隐性教育。如此，高校思想政治工作应当是"坚持显性教育和隐性教育相统一"，实现显性思想政治教育和隐性思想政治教育协同育人目标。所以，高校共青团在实施协同育人目标时需要考虑显性和隐性的结合。第三，高校共青团协同育人的目标评价。高校共青团协同育人目标评价是评价主体通过一定标准和手段来检验协同育人目标的实施情况，促进改革与建设，以达到提高协同育人质量的目的。高校共青团协同育人目标评价是对协同育人目标实现的成果进行的评价，是以结果为主进行的综合评价，是对协同水平、协同效果诸方面情况进行的全面调查、综合分析、价值判断，主要通过共青团组织系统内部的自我评价和其他组织系统的评价实现。第四，高校共青团协同育人的目标反馈。协同育人目标反馈是指高校协同育人组织机构根据目标评价结果，对相关协同组织协同育人工作成效给予信息反馈，并指出相关协同组织需要改进的问题的行为。高校共青团协同育人的目标反馈包括两个方面的内容：反馈高校共青团协同育人的考核结果和指出高校共青团协同育人的改进方向。

（四）高校共青团协同育人的过程管理

从一定范畴来说，过程管理也即是过程控制。从协同系统论视角审视，一个复杂系统都具有若干不同层次的子系统，而且每一层次子系统都有自己的目的性行为，"没有目的性就谈不上控制"[1]。由于内外部物质、信息和能量的变化以及外部环境的干扰，使得整体系统和各子系统的目的呈现差异性和层次性。[2] 为了保证整体系统和子系统基本目的的

---

[1]　邹珊刚等编著：《系统科学》，上海人民出版社 1987 年版，第 216 页。

[2]　邹珊刚等编著：《系统科学》，上海人民出版社 1987 年版，第 198 页。

统一，需要加强对系统运行过程的控制，使各层次系统的目的减少或避免外部信息、能量的干扰，避免各系统之间出现熵增过大的状况，使各系统的目的趋于平衡态或达到最优态。组织系统实施过程控制要遵循目的性原则、稳定性原则、反馈性原则和最优性原则。组织系统实施过程控制一般包括确定标准、衡量绩效、偏差分析、纠正偏差四个过程。①

　　高校共青团协同育人的过程控制包括了协同育人标准的确定、协同育人绩效的衡量、协同育人的偏差纠正这样三个过程。第一，确定高校共青团协同育人控制标准。根据高校共青团的性质和使命，以及高校共青团协同育人的目标，高校共青团协同育人控制标准主要依据价值标准，即高校共青团要把"四为服务"（为人民服务，为中国共产党治国理政服务，为巩固和发展中国特色社会主义制度服务，为改革开放和社会主义现代化建设服务）、"五育并举"（德智体美劳）、"六有特质"（有理想、有追求，有担当、有作为，有品质、有修养）大学生的培养作为过程控制的标准，"凡是不利于实现这个目标的做法都要坚决改过来"②。第二，衡量高校共青团协同育人的绩效。衡量绩效是对高校共青团协同育人计划执行的阶段性或总体性状况与结果实事求是的反映和客观评价。衡量高校共青团协同育人的绩效需要对高校共青团协同育人的现实成效进行整体考察。以笔者所任职的高校"青年马克思主义者培养工程"为例来说明绩效衡量方式。该校打造"青年马克思主义者培养工程"实行"点—线—面"相结合的青年马克思主义者培养模式。从实际绩效看，这种以团学骨干为纽带，融合"优师导教、实践体验、自主培育"为一体的绩效衡量模式，契合了青年认知特点及大学生思想政治教育规律，起到了一种"春风化雨，润物无声"的培养效果。例如，经过培训的学员中有受习近平接见的西部计划志愿者、在全国"特岗计划"实施工作视频会议上进行经验介绍的代表、入选全国大学生自强之星的典型等。在一大批接受过"青年马克思主义者培养工程"培训的先进团学干部、先进团员的带领下，该校基层团学组织的建设与发展得到了有

---

① 毛卫平、韩庆祥主编：《管理哲学》，中共中央党校出版社2003年版，第276—278页。

② 教育部课题组：《深入学习习近平关于教育的重要论述》，人民出版社2019年版，第76页。

力推进，各级团组织曾荣获"省五四红旗团委""全国先进基层党组织""省大学生明星社团"等荣誉。[①] 第三，纠正高校共青团协同育人的偏差。所谓偏差，顾名思义，就是最终的结果跟目标预期不相符合，偏离了一定范围。偏差包括正向偏差和逆向偏差。一般情况下，正向偏差是结果超出了预期效果，比预期效果要好，不需要进行纠正；而逆向偏差则没有完成预期目标，甚或离预期目标差距较大，则需要在偏差分析的基础上进行纠正。偏差纠正需要调整计划及其相应的标准、实施运作组织机构的改进、改进指导工作和领导机制。以高校大学生就业为例，高校共青团与负责就业的部门存在协同关系，如果年度高校毕业生就业率达到90%以上，说明二者协同促进就业工作较为理想；如果年度就业率在50%以下，则协同促进就业工作不理想，存在较大问题，需要进行纠偏。高校组织领导机构则需要调整工作计划、改进就业机构、加强就业领导，协同各系统统筹促进就业。高校共青团在协同大学生就业创业目标上同样需要进行纠偏，增强协同促进大学生就业创业工作的科学化。

二　高校共青团协同育人的协调机制

协调是高校协同育人的重要环节。全面推进全员全过程全方位育人，开创我国高等教育人才培养新局面，需要协调高校内外各方力量，使其同向同行，形成协同育人合力。但是在高校组织内部分工日益精细化的当下，各组织系统之间的关联也日益复杂，如何提高协同育人的效率，是当前高校共青团做好协同育人工作需要深入思考的问题。

（一）高校共青团建构协同育人协调机制的意义

高校育人工作是一项系统性工程，涉及的协同育人主体多元，涉及的组织层面多样，涉及的育人对象复杂，涉及的场景差异较大，把这些

---

① 郝海洪、张建、檀竹茂：《高校"青马工程"学分制培养模式探究》，《凯里学院学报》2015年第5期。

形态各异、复杂多样、联系密切的系统、要素整合起来，发挥整体育人最强功效，需要建立一个稳定的常态化协调机制。一个稳定发展、高效运转的协调机制，对于保证高素质、高水平人才的培养目标的实现有着重要意义。

第一，有利于确保协同育人思想理念的协调统一。理念协调是协同育人协调机制构建的先导。《辞海》对"理念"一词含义的解释有两条：一是看法、思想、思维活动的结果。二是理论，观念（希腊文 idea）。通常指思想。新时代高校育人工作要以习近平关于教育的重要论述为指导。习近平在多次考察高校教育发展和学校办学情况基础上，多次发表重要讲话，深刻论述了教育的方向性、全局性、前瞻性、战略性重大问题，① 强调了各级各类学校做好育人工作要统一思想。习近平强调，我们的教育要"在党的坚强领导下，全面贯彻党的教育方针，坚持马克思主义指导地位，坚持中国特色社会主义教育发展道路，坚持社会主义办学方向，立足基本国情，遵循教育规律，坚持改革创新，以凝聚人心、完善人格、开发人力、培育人才、造福人民为工作目标，培养德智体美劳全面发展的社会主义建设者和接班人"②。因此，高校共青团及其各子系统和多元主体，在思想理念上要协调一致，把党的领导、马克思主义指导地位、社会主义办学方向、立德树人作为协同育人的关键词把准、把牢，确保协同育人工作目标不偏离航向，确保协同育人力量同向同行，不相互掣肘、不相互拆台，要步调一致、共同发展。

第二，有利于确保协同育人信息的有效沟通。高校共青团协同育人信息沟通是指高校共青团同其他子系统为实现和达到协同育人目标而传递、交换信息、知识、情感的过程。在信息传递的过程中，由于信息发送者、信息接收者、信息本身的质量、信息传递环境等内外部各种因素的影响，高校共青团协同育人的信息沟通可能会出现障碍，导致信息传递的衰弱、中断，甚至可能传递出错误的信息，给协同育人工作造成一

---

① 教育部课题组：《深入学习习近平关于教育的重要论述》，人民出版社 2019 年版，第2—3 页。

② 《习近平在全国教育大会上强调　坚持中国特色社会主义教育发展道路　培养德智体美劳全面发展的社会主义建设者和接班人》，《人民日报》2018 年 9 月 11 日第 1 版。

定阻力。因此，建立有效的信息沟通机制十分必要。高校共青团在协同育人过程中同其他子系统建立一套完善的协同育人沟通机制是保证协同育人效果的重要途径。首先，良好的信息沟通能破除协同育人过程中不同部门之间的信息不对称和信息壁障问题，提升协同育人的信息共享能力，强化组织系统之间及其要素的耦合协调。其次，由于高校母系统是由各子系统构成的统一而复杂有机整体，系统与系统之间、系统内部环节之间、系统与外部环境之间存在相互促进和相互制衡双重关系，尤其是出现相互制衡关系时，可能导致协同效率大打折扣或协同失败，所以，高质量的信息沟通能有效避免这种状况的发生。最后，积极有效的沟通还能增进部门之间的情感交流。高校是一个传授知识、创造知识，感悟真理、铸造灵魂的素雅之地，各组织之间、组织个体之间真诚、友善、和谐、温馨的文化氛围能促进沟通主体之间、沟通客体之间、沟通主客体之间共事的意愿，激发协同推进工作的情感动力。

第三，有利于确保协同育人资源的利用效益。全面推进协同育人工作，需要整合多方育人资源。育人资源包括校内资源和校外资源，本书主要指校内的物质资源、文化资源、数据资源、科研资源、人力资源、课程资源、平台资源等。笔者经过深入调研，发现当前大多数高校的育人资源过于分散，未能有效整合运用，实现效益的最优化。这给高校共青团充分发挥协同育人作用提供了一个警示，就是要通过充分的沟通协调，把各种有效育人资源整合起来，提高这些资源在协同育人过程中的利用效率。高校共青团在协同育人实践过程中需要在充分挖掘的基础上对这些资源进行"识别与选择、汲取与配置、激活和融合，使之具有较强的柔性、条理性、系统性和价值性"[①]，确保充分发挥这些资源在协同育人过程中的实际效益。

（二）高校共青团建构协同育人协调机制的形式

组织管理学认为，协调要通过沟通来进行，沟通是为了更好地协调，两者的出发点和落脚点是一致的，都是组织管理者从组织系统出

---

① 饶扬德：《企业资源整合过程与能力分析》，《工业技术经济》2006 年第 9 期。

发，运用各种手段正确、妥善地处理各种关系，为实现组织系统的目标而实施的环节。沟通形式是协调机制设计、建构的重要维度，有效的沟通形式是某一组织能否在工作中或在竞争中获得实绩或优势的关键环节之一。组织间沟通"就是为了实现各方的预期目标，以一种逻辑有序的决策方式、充分的信息交流、恰当的利益共享与风险共担，并应用知识管理的手段，综合应用形式化和非形式化的协调方式，将许多不同的实体、资源以及相互依赖的任务整合在一起"① 的行为过程。这一组织间的沟通形式同样可以适用于高校组织的协同育人活动。高校各组织系统协同育人的过程就是高校组织系统内部各子系统组织为了实现共同的预期育人目标，以一种逻辑有序的决策方式、充分的信息沟通交流、有限的资源共享，综合运用正式的和非正式的沟通形式，将多元化协同育人主体、资源整合起来，实现协同育人质量的提升和协同育人任务的实现。高校共青团在协同育人的过程中应根据实际情况灵活运用正式和非正式两种沟通形式。

第一，运用正式的沟通形式。正式沟通形式是高校共青团按照高校内部组织系统结构的层级形式和程序进行信息传递和交流的方式。正式形式的沟通交流具有规范化特点，可以使各组织、各部门思想统一起来，使决策过程严谨集中、决策权威高效、执行标准统一、目标责任落实到位，能保证"组织成员个人价值与组织整体目标实现的统一"②。高校共青团进行沟通时较常用的正式沟通形式有链式结构形式和轮式结构形式。首先，链式结构形式，具体结构形式为"校级领导机构——校共青团组织——基层团学组织"，是一个多层纵向沟通网络，高校共青团处于网络中间位置，负责信息的上传下达和下情上传，这种结构严谨规范，常采用正式会议形式和发布正式文件形式来部署工作任务。其次，轮式结构形式，在轮式沟通结构形式中，是以共青团组织中某个成员为中心节点，连接其他组织成员、协调开展具体工作、交流交换相关信息

① 林建宗：《组织间协调方式与协调视角的分析框架综述》，《商业时代》2008 年第19 期。

② 马永霞、窦亚飞编著：《高等教育组织与管理》，北京理工大学出版社 2020 年版，第254 页。

的组织结构形式。以高校共青团开展"第二课堂成绩单"活动为例，各分团委（团总支）的负责人处于这个"轮状"结构的中心节点位置，负责"第二课堂成绩单"活动的日常管理，充当学院、教师、辅导员、学生、教务秘书等成员的媒介。轮式网络沟通形式具有控制力强、集中化程度高、信息传递速度快、准确性高的特点。例如，各分团委（团总支）负责人一般会通过网络加入学院教师、共青团、学生会、班级、社团、团支部、辅导员、就业指导等分组织的 QQ 群、微信群，第一时间准确地把有关信息传递到各分组织。各组织会在同一时间内接收到信息，对相关工作任务进行目标确认、决策安排、目标执行。

第二，运用非正式的沟通形式。非正式沟通，从字里行间意义理解即沟通没有一定的严格程序和严谨的逻辑层次，是较为随意的方式，从某种意义上来讲，也可以说是"以个人为信息传递的主要传播渠道……因工作产生联系的成员倾向于组成同一群体"[①]。高校共青团开展协同育人工作，归根到底还是要依靠每一位共青团组织干部。每一位共青团干部就是这个"个人"，他们在高校这个组织母系统中可能兼具团干部、辅导员、教师、就业指导员、心理健康咨询人员等多重身份，且分别属于不同群体中的一员。他们每充当一个角色，就多一种同其他成员交流的渠道，他们可以以共青团干部的身份同大学生团员进行沟通交流，可以以普通教师的身份开展师师沟通、师生沟通，可以以就业指导员的身份同其他就业指导员进行沟通协调、同需要就业的学生沟通、同毕业班辅导员沟通协调，可以以心理健康咨询师的身份开展集体心理辅导，等等，换句话说，他们可以通过非正式的群体沟通交流方式开展协同育人工作，从某种意义上说属于一种隐性的沟通协调方式。

（三）高校共青团建构协同育人协调机制的内容

构建高校共青团协同育人协调机制，最为重要的是要十分清楚地界定协调机制的建构内容。古人在写文章时讲究文质彬彬、形神兼备。高

---

① 马永霞、窦亚飞编著：《高等教育组织与管理》，北京理工大学出版社 2020 年版，第262 页。

校共青团协同育人的协调机制一定是以内容为基础的。高校共青团协同育人协调机制的主要内容是主体协调、内容协调。第一，主体协调。高校人才培养的主体是指根据高等教育育人的总任务、总目标和人才培养方案有计划地开展教育教学实践活动的组织和个体。为了更好地培养德智体美劳全面发展的社会主义建设者和接班人，高校共青团需要协同其他教育教学组织和个人开展工作。以高校共青团协同推进思想政治理论课建设为例，"一心双环"的团学组织格局为共青团协同开展大学生思想政治教育奠定了组织优势和队伍优势。各级学生会组织、学生社团组织在共青团的组织下，选拔优秀学生会、学生社团骨干，组成优秀学生干部队伍，在专业课教师的指导下，走进大学生群体中，自主开展党的创新理论"四进四信""微宣讲""青年大学习""红色考察之旅"等活动，帮助大学生和共青团员正确认识世界和中国发展大势、正确认识中国特色和国际比较、正确认识时代责任和历史使命、正确认识远大抱负和脚踏实地等思想政治教育活动。高校共青团组织同专业课教师、高校共青团组织同学生队伍、学生干部队伍同专业课教师之间的双向互动，为提高大学生的思想政治觉悟，增强"四个意识"、坚定"四个自信"、做到"两个维护"奠定了基础。第二，内容协调，2016年12月7日，习近平在全国高校思想政治工作会议上说道："学生在高校生活，少则三到四年，多则九到十年，正处在人生成长的关键时期，知识体系搭建尚未完成，价值观塑造尚未成型，情感心理尚未成熟，需要加以正确引导。这好比小麦的灌浆期，这个时候阳光水分跟不上，就会耽误一季的庄稼。"① 习近平用"充足的阳光水分"来生动比喻培养大学生健康成长需要向大学生供给充分的、富含营养素的"教育教学内容"。《关于加强和改进新形势下高校共青团思想政治工作的意见》，明确指出高校共青团要全团齐抓共管、全方位融入高校"大思政"工作格局，突出核心任务，加强理想信念教育、培育和践行社会主义核心价值观、深入实施青年马克思主义者培养工程，着力加强大学生思想政治引领和价值引

---

① 中共中央文献研究室：《习近平关于青少年和共青团工作论述摘编》，中央文献出版社2017年版，第37—38页。

领；强化实践育人，推行实施"第二课堂成绩单"制度、广泛开展社会实践活动和志愿服务活动，积极促进大学生素质提升、全面发展；强化文化育人，弘扬中华优秀传统文化和革命文化、社会主义先进文化、建设健康向上的校园文化，努力在校园中弘扬主旋律、传播正能量；强化网络育人，加强工作阵地平台建设、加强网络内容产品建设、加强网络舆论引导工作，大力创新推动网络思想政治工作；强化服务育人，促进大学生创新创业创优、关心帮扶特定学生群体、代表和维护大学生权益，坚持将解决思想问题与解决实际问题紧密结合。这是当前和今后一段时间内高校共青团要协调各方力量共同谋划、精心设计的符合大学生成长需要的内容要素。

三　高校共青团协同育人的激励机制

在日常的学习、生活、工作中，"激励"被个人、企事业单位、社会团体、政府部门等个体或组织广泛应用于提高个人绩效或组织绩效。激励是指一定主体通过一定方式激发、维持、强化客体的心理需要和动机，以驱动客体努力完成既定目标或完成新的目标。"激励机制是在组织系统中，激励主体系统运用多种手段并使之规范化和相对固定化，而与激励客体相互作用、相互制约的结构、方式、关系及演变规律的总和。"[①] 随着内外部环境的变化，高校共青团需要构建一套系统的激励机制，把共青团系统内个体、团队、组织的潜力激发出来，以提高协同育人的质量和实效。

（一）高校共青团建构协同育人激励机制的意义

随着我国进入现代化社会转型的新阶段，信息网络化、价值多元化、利益分配差异化给高校人才培养工作带来一些矛盾和问题。作为承

---

① 李玉洁：《和谐社会视域下基层组织激励机制的模式探究》，《领导科学》2013 年第26 期。

担协同育人任务的高校共青团要做好协同育人工作，需要克服工作动力不足、团队关系不和谐、跨组织协同不密切等矛盾和问题，其中一些矛盾和问题需要通过建构激励机制来解决。高校共青团建构系统的协同育人激励机制对克服协同育人过程中的这些矛盾和问题具有重要意义。

第一，有利于改进高校共青团干部干事创业的工作作风。高校共青团经过大力去"四化"（机关化、行政化、贵族化、娱乐化）治理，"四化"问题已经有了较大好转，但少数高校共青团"四化"问题的治理仍然不够彻底，仍存在死灰复燃的可能性。"四化"问题说到底是工作作风问题。作风问题不解决将直接影响高校共青团协同育人效率。1942年2月1日，毛泽东在中共中央党校开学典礼上作关于《整顿党的作风》的讲话时，要求我们党和党的领导干部要反对主观主义以整顿学风，反对宗派主义以整顿党风，反对党八股以整顿文风；要理论联系实际，密切联系群众，惩前毖后、治病救人。① 2012年11月，习近平在十八届中央政治局常委同中外记者见面时讲话指出，我们党"决不会躺在过去的功劳簿上。新形势下，我们党面临着许多严峻挑战……全党必须警醒起来。……坚持党要管党、从严治党，切实解决自身存在的突出问题，切实改进工作作风，密切联系群众"②。但是"与国内外形势发展变化相比，与党所承担的历史任务相比，党的领导水平和执政水平，党组织建设状况和党员干部素质、能力、作风都还有不小差距"③。习近平指出"一切及时行乐的思想，一切贪图私利的行为，一切无所作为的作风"④ 都要纠正过来。作为党的助手和后备军的高校共青团组织，同样存在这样和那样的工作作风问题，需要通过建构一系列激励措施加以改进，提高自身协同育人的积极性和主动性，增强干事创业的驱动力量。

第二，有利于促进高校共青团内外部组织间的团结协作。经过结构化改革后的高校共青团组织内部子系统有自组织和跨组织两种协作方式。这两种系统结构形式能否协同发挥育人作用，往往取决于他们团结

---

① 《毛泽东选集》（第三卷），人民出版社1991年版，第811—829页。
② 《习近平谈治国理政》（第一卷），外文出版社2018年版，第4页。
③ 《习近平谈治国理政》（第一卷），外文出版社2018年版，第15页。
④ 《习近平谈治国理政》（第一卷），外文出版社2018年版，第24页。

协作的激励机制。第一，自组织协作是指"一心双环"团学组织系统格局中的团组织、学生会、学生社团之间的协作。高校共青团直接指导学生会和学生社团开展工作，学生会、学生社团充当外围手臂。这中间涉及共青团、学生会、学生社团三个组织之间如何有效协作的问题。笔者在跟某高校学生会和学生社团负责人座谈时了解到：高校共青团组织经过结构性改革，实行扁平化、网络化、项目化的运作方式虽然提高了工作效率，但是由于缺乏规范科学的激励机制引导，学生会和学生社团常常因资源争取、利益分配、绩效考核、工作安排、目标差异等问题相互发生摩擦和掣肘，造成一定程度的内耗，存在组织内部协作不力、沟通不畅、目标受阻等问题。第二，跨组织协作是指高校共青团同党组织、教务系统、学工系统等组织之间的协作。激励管理学认为，"如果激励客体由组织内的成员延伸到组织外，则激励问题也随之拓展到了组织之间，成为跨组织激励问题"[1]。为了减少共青团组织同党组织、学工、教务、科研、后勤等组织因工作分配、业绩考核、指标设定、经费分配等问题上发生冲突摩擦或推诿扯皮现象，需要建构跨组织激励机制。这里的跨组织激励是以高校党委领导的协同育人组织管理机构为激励主体，运用其所掌握的各种奖惩资源，根据对激励对象的绩效评价结果，对其进行奖励或者惩罚，以激励对象按照协同育人整体利益最大化原则实施高质高效协作的行为。跨组织激励机制是由组织间相互进行业绩评价、组织间奖惩资源和业绩评价结果与奖惩资源联系方式三者组成的有机整体。高校协同育人是一个系统性整体工程，跨组织激励机制能够促进多方组织之间的团结协作，实现组织育人的协同效益最大化。

第三，有利于激发高校共青团协同育人工作的方式创新。"创新（Innovation）是为适应组织内外环境变化的要求而对组织进行的局部或全局的调整。创新的作用主要表现在提高组织系统的生命力，扩展系统的生命周期。"[2] 人们进行创新需要由一定的内外部因素，尤其是外部因素的激发，而人之所以能接收到激发信号并做出反应，是因为人本身有

①　何晴、王剑：《跨组织激励机制：理论分析与现实应用——对中国建筑业的调研》，《财会月刊》2011 年第27 页。

②　戴志松：《企业激励机制与创新体系研究》，《中国电力教育》2008 年第16 期。

某种需要。社会心理学家马斯洛认为"自我实现需要"是"人类最高层次的精神需要。它要求发挥自我的内在潜力，实现自己的理想和抱负。产生这种需要的人都决心发挥最大的能力完成难度较大的工作任务，成就一番事业，努力使自己的理想成为现实"[①]。个体或组织要实现自身的这种最高层级的需要，实现个体或组织的目标理想，就必须激发个体或组织的创新潜力。这种潜力要完全被激发出来，除了个体或组织自身的内在因素之外，同时需要物质、精神、文化、环境等外在因素给予激励。因此，激发高校共青团做好协同育人工作，还需要高校共青团和其他组织给予创新主体一定的物质、精神、文化、环境等方面的激励，以提高他们创新创造的积极性和主动性，保证社会主义合格建设者和接班人的培养质量。

（二）高校共青团建构协同育人激励机制的形式

根据业绩评价指标、奖惩资源、业绩评价结果与奖惩资源联系这三个要素，可以把激励分为正式激励和非正式激励。如果业绩评价指标是评价方可验证的信息，且三个要素都能以可执行的方式明确列示，则是正式激励。如果上述三个要素有任意一项无法为第三方验证，则为非正式激励。[②] 非正式激励可以是主观性业绩评价和奖惩资源。高校共青团协同育人激励机制根据年度目标任务制定年度业绩考核指标、设定奖惩资源、业绩考核结果与奖惩资源联系，可以把激励的形式分为正式激励和非正式激励。

高校共青团的正式激励。高校共青团协同育人的正式激励是把业绩评价指标、奖惩资源、业绩考核结果紧密联系起来的激励形式，是对过程和结果的双重认证。从高校共青团组织内部来讲，高校共青团要对本系统内的各级团组织进行育人工作目标设定，制定具体的业绩评价指标体系，发布年度业绩考核通知，并根据考核评价结果明确奖惩激励内容，以此推动基层团组织根据目标任务开展工作。表 5 – 1 是某高校共

---

① 杨敏主编：《管理学》，厦门大学出版社 2012 年版，第 323 页。
② 何晴、王剑：《跨组织激励机制：理论分析与现实应用——对中国建筑业的调研》，《财会月刊》2011 年第27 期。

青团制定的组织系统内部的业绩考核标准及规则。该评价指标从基本工作量、凝聚青年、服务大局、当好桥梁、从严治团五个维度规定了共青团组织系统协同育人的具体目标和评价标准。这些标准规则是以可执行的方式明确列示，是考核方在年度考核时可以依照的考核评价标准，并能从被考核对象提供的具体材料中进行实际验证。考核结束后，考核方根据考核具体结果确定奖惩激励对象。因此，这种考核方式是属于正式激励范畴。作为共青团领导下的学生会、学生社团同样可以采取正式激励方式推动工作。

表5-1　　　　某高校共青团工作业绩评价指标及评价标准

评价指标	评价内容	得分标准
基本工作量 （60分）	A档：按照要求100%完成	A档：60分
	B档：按照要求100%完成但未按时	B档：50分
	C档：完成80%及以上但不足100%	C档：40分
	D档：完成80%以下	D档：0分
凝聚青年 （10分）	组织参加、开展校院两级青马工程培训班、团校。	2分
	在五四、十一期间分别开展主题团日活动。	2分（1分/项）
	向校团委新媒体平台提供产品并采用。	2分（1分/项）
	成功邀请"大讲堂"嘉宾举办讲座。	1分
	有先进基层团组织思想引领活动入选省级及以上"四进四信""与信仰对话"等活动案例。	1分
	承办或协助校团委举办的活动。	1分（协助活动0.5分，不累计加分）
	学院团学工作（不含"三下乡"相关内容）被省级以上电视、报纸、网站、新媒体平台等报道。	1分（0.5分/项）
服务大局 （10分）	学院团委获得校"兴农杯"竞赛优秀组织奖。	2分
	有项目在全省"双百"大赛中获奖。	根据获奖具体评分
	本年度有新注册公司，且公司法人或股东为本院在校学生，若为当年毕业学生则以当年6月30日成功注册为准；或有新申请创新创业团队并得到校团委认可或扶持运行项目。	1分（0.5分/公司或团队）

续表

评价指标	评价内容	得分标准
服务大局 （10分）	有仍在运营的往年创新创业项目团队，有专门指导老师、固定运营场地、有所学专业知识背景，并获得学校相关部门认可。	1分（0.5分/团队）
	学院团委获得校"三下乡"优秀组织奖。	2分
	有项目获得"一院一品"十佳项目，或参加绿色课堂活动。	1分
	毕业班素质拓展学分一次归档率达90%以上。	1分
	在校足球赛中获奖（含前四名、最佳组织奖、体育道德风尚奖）或在趣味运动会中获优秀组织奖。	1分
	依托学院专业特色促进社团发展。	1分
当好桥梁 （10分）	开展院级"青年之声·面对面"活动。	2分
	完成青年之声平台建设及运营管理工作。	1分
	通过问卷调查、座谈会等多种形式，及时搜集、了解、反馈学生舆情动态。	1分
	完成校团代会、学代会提案工作。	1分
	学院团学工作负责人直接联系所在学院1个以上团支部、1名以上团支部书记和100名团员。	1分
	学院团学工作负责人给团员青年上团课2次。	2分
	邀请青年师生参与团学活动的设计、决策、实施和评议。	1分
	在学院学生会中设立权益部，在班级团支部设立权益委员。	1分
从严治团 （10分）	有效推进班团一体化，且经学校认可，形成工作经验进行推广。	1分
	团员发展及推优工作规范有序。	1分
	团组织关系转接工作规范有序。	1分
	团员信息库及时维护。	1分
	有团支部获得校级"红旗团支部"称号。	1分
	学院召开团的代表大会或学生代表大会。	1分
	学院团委成员在人文社科类期刊发表三类及以上论文，或主持申报校级人文社科类课题立项，或作为第一、二参与者参与省级或国家级思想政治教育类课题立项。	1分
	学院团委成员（老师）获省级及以上奖励。	1分
	学院团委负责人参与共青论坛线下交流1次，线上交流2次。	1分
	学院团委负责人参加学院团委工作例会请假次数少于2次。	1分

第二，高校共青团的非正式激励。高校共青团协同育人非正式激励是指高校共青团通过主观性业绩评价和无形的奖惩资源给予激励对象的激励，具体表现为"管理者在管理过程中通过行为和语言等方式表达出来的、没有用规章制度正式规范和固化的激励"①。管理者通过自己的良好言行给予组织、团队成员以示范，给组织、团队成员潜移默化的影响，使成员对组织或团队产生归属感、荣誉感，使成员产生被需要的自尊感，从而激发客体干事创业的能动性。高校共青团协同育人需要根据具体实际综合运用正式激励和非正式激励两种方式，把激励的灵活性和原则性统一起来。

（三）高校共青团建构协同育人激励机制的内容

在任何组织或团队中，激励是有效调动成员积极性的重要途径。激励的方式方法多种多样，既有正面的奖励激励，也有负面的惩戒激励。高校管理者在组织管理过程中，以正面奖励激励为主，负面惩戒激励为辅，二者灵活运用，相得益彰。

第一，发挥奖励激励的基础作用。奖励激励包括物质激励和精神激励两个方面，"物质激励是基础，精神激励是关键，两者有机结合，才能充分调动人的积极性和创造性。"② 高校共青团协同育人激励机制的运行要做到二者的辩证统一。首先，发挥物质激励的基础性作用。物质激励的内容主要包括职称激励、岗位激励、薪酬激励、环境激励等。薪酬激励是高校业绩评价中最常见的物质激励方式。薪酬对于教职员工来说，体现的是对其知识和价值的尊重。2017 年 10 月，教育部印发修订后的《普通高等学校辅导员队伍建设规定》，明确要求包括院系团委（团总支）书记在内的专职辅导员职称评审计划单列、单设标准、单独评审。教育部等八部门印发的《关于加快构建高校思想政治工作体系的意见》，要求各地要因地制宜设置辅导员岗位津贴，纳入绩效工资管理。这本质上是通过职称晋升、提高薪酬来激励共青团干和专职辅导员发挥

---

① 吴向京：《非正式激励与正式激励》（上），《中国电力企业管理》2010 年第 27 期。

② 付大同：《高校教师有效激励机制探析》，《黑龙江高教研究》2011 年第 4 期。

积极性和创造性，强化协同育人的物质驱动力量。其次，发挥精神激励的关键作用。"与物质激励相比，精神激励具有潜伏性和持续性。金钱、物品等物质激励作用短暂而有限，随着受众物质需要的满足，其效用持续递减；而认可、尊重、荣誉、赞赏、自我实现等人的精神需要则是持续递增的。"① 因此，高校共青团可以通过选树感动校园年度人物、优秀共青团干部、优秀辅导员、师德师风先进个人，五四红旗团组织、先进团支部，先进学生会、学生社团等先进个人或组织典型，通过荣誉表彰、人文关怀、进修培训、学位攻读等方式，发挥精神激励作用，增强共青团干部队伍的荣辱感和幸福感，激发他们协同育人创新发展的主体动力。

第二，妥善运用惩戒激励的辅助功能。惩戒激励主要是对高校共青团干部、学生会干部队伍在协同育人过程中出现的违反国家法律法规、违反社会主义主流意识形态要求、违反师德师风、违反大学生管理规定等方面的责任主体进行的负面警示。首先，作为教师身份的高校共青团干部协同育人活动要在国家的法律法规范围内活动。《中华人民共和国教师法》规定，教师要遵守宪法、法律，贯彻国家的教育方针，遵守规章制度，制止有害于学生的行为或者其他侵犯学生合法权益的行为，批评和抵制有害于学生健康成长的现象。对这些负面行为要予以惩戒。其次，作为高校思想政治工作管理队伍的共青团干部队伍要做好主流意识形态引领作用，继承和弘扬中华先进文化，夯实大学生文化自信根基，为大学生主流意识形态建构和巩固提供有力保障，协助党筑牢高校马克思主义主流意识形态阵地防线。对于共青团干部、学生干部违反团纪团规、学生管理规定的行为要给予必要的惩罚。教育部、共青团中央等八部门印发的《关于加快构建高校思想政治工作体系的意见》明确要求严格实行师德"一票否决制"，加大对失德教师的惩戒力度；强化高校思想政治工作督导考核，对履职尽责不力、不及时的，要加大追责力度。这些法律法规、政策制度都是从惩戒激励方面加强对包括高校共青团组织在内的主体推进协同育人工作的激励举措，能有效保证管理主体在法

---

① 黄河、申来津：《论危机管理中的精神激励》，《学校党建与思想教育》2017年第2期。

律法规、政策规章范围内开展协同育人工作。

四 高校共青团协同育人的保障机制

《辞海》对保障的解释有保护、确保之义。中国古代军队打仗有"兵马未动，粮草先行"的习惯做法。为什么古代战争要将粮草放在战争发动之前呢？粮草是确保士兵战斗力可持续的关键。所以，粮草先行是古代进行持续作战或战争能否取得胜利的关键所在。古往今来许多战争的失败就在于粮草供给无法保障。随着现代社会各种组织的广泛产生，组织主体为了确保组织系统的正常运转和组织目标的顺利实现，越来越重视构建良好的保障机制。"我们可以把保障机制看作是为一切社会领域的实践活动提供物质、制度、精神、组织、人力、技术等方面条件的机制。"① 高校共青团组织要协同完成立德树人的根本任务，培养德智体美劳全面发展的时代新的育人目标，取得协同育人工作实效，需要把协同育人保障机制的构建作为重要环节。

（一）高校共青团构建协同育人保障机制的意义

高校共青团是高校立德树人、铸魂育人工作的重要组织单元，重视高校共青团协同育人保障机制的构建，对于高校共青团协助党组织，协同教务、科研、学工等组织把立德树人的根本任务贯穿于教育教学各环节有重要价值和意义。

第一，确保立德树人根本任务的深入贯彻执行。立德树人是新时代中国特色社会主义高等教育的时代使命、理念追求和价值目标。"高校立身之本在于立德树人。……办好我国高校，办出世界一流大学，必须牢牢抓住全面提高人才培养能力这个核心点，并以此来带动高校其他工作。"②

---

① 闫莉玲：《新时代高校铸魂育人协同机制构建研究》，安徽师范大学出版社 2020 年版，第 261 页。

② 《习近平在全国高校思想政治工作会议上强调把思想政治工作贯穿教育教学全过程开创我国高等教育事业发展新局面》，《人民日报》2016 年 12 月 9 日第 1 版。

能否把我国高校办出世界一流大学的水平，归根结底要通过人才培养质量来检验。中国特色社会主义高校人才培养质量的检验标准是德才兼备，是德智体美劳全面发展。习近平要求高校把立德树人视为"高校立身之本"，符合创办世界一流大学、培养高质量人才的本质规律。高校其他一切工作都要遵循这一规律，各子系统都要以此为人才培养的理念追求和价值目标。因此，"构建'立德树人'的有效机制，是深入开展立德树人的根本保障"①。高校共青团组织要大力树立立德树人的协同育人理念，并将其转化为立德树人的实际行动；积极构建创新立德树人的保障机制，确保立德树人工作得以深入贯彻执行。

第二，确保高校共青团协同育人活动正常开展。高校共青团面对的是青年大学生。青年大学生最富活力、充满朝气，勇于创新、善于创新。青年大学生不仅仅要在"第一课堂"学深专业理论知识、科技文化知识，还要在"第二课堂"的实践中悟透所学各种知识，并且要深深植根于祖国大地创新知识，把论文写在中国大地上。组织动员大学生参与校内校外各种实践活动，使大学生在丰富多彩的实践活动中增知识、长才干，了解世情、国情、党情，增强爱国爱党爱社会主义的情感，这是高校共青团的重要工作。高校共青团协同开展这些工作需要强有力的组织领导，足够的经费、场地、设备等物质保障和责任感强、业务精、素质高的团干部队伍等方面的条件保障。构建协同育人的保障机制，有利于确保高校共青团各项活动的正常开展。

第三，确保高校共青团协同育人目标取得实效。高校共青团根据协同对象，涉及思想政治和价值引领、高校校园文化建设、综合社会实践、大学生就业创业服务、大学生心理健康维护、大学生劳动教育等具体育人目标，要把这些具体繁杂的目标落到实处，并产生育人实效，需要构建强有力的保障体系。强有力的保障体系支撑，能把高校共青团协同育人工作的短期目标、中期目标、远景目标贯穿起来，保持目标一以贯之的延续性；强有力的保障支撑，能使高校共青团协同育人工作按照

---

① 骆郁廷、郭莉：《"立德树人"的实现路径及有效机制》，《思想教育研究》2013 年第 7 期。

预定目标，在一定的时间、空间范围内把有限的人力、物力、财力资源
整合起来，保证资源的集中有效使用，减少资源的分散与浪费；强有力
的保障支撑，能使高校共青团协同育人工作目标得以坚决地贯彻执行、
监督评估，并取得实际效果。

第四，确保高校共青团协同育人工作的可持续。"当今世界风云变
幻，冲突和矛盾重重，人类面临种种挑战，教育要为未来可持续发展承
担责任。"① 教育为未来可持续发展要承担的责任是人才培养的责任。当
然，未来可持续发展教育自身首先要能够可持续发展。教育的可持续发
展需要完善的保障机制。教育部原部长陈宝生指出，要系统深化保障机
制改革，着力形成充满活力、富有效率、更加开放、有利于高质量发展
的教育体制机制，在组织领导、发展规划、资源保障上把教育事业摆在
优先发展地位。② 高校共青团协同育人工作是中国特色社会主义高等教
育人才培养的重要组成部分。充分发挥高校共青团协同培养可持续发展
高质量人才的重要作用，需要在组织领导、目标规划、资源保障等方面
构建充满活力、富有效率、开放动态的保障机制，以确保高质量人才培
养的可持续性。

（二）高校共青团构建协同育人保障机制的形式

在不同的历史时期，我们党十分重视高校共青团协同育人的保障工
作。党的十八大以来，随着各方面尤其是信息技术的变化发展，我们党
把高校育人工作放在国家发展的战略位置，尤其是把思想政治工作放在
更为突出的位置，要求各级高校各级党委高度重视思想政治工作育人作
用，从组织、制度、队伍、经费、网络、法治等方面提供有力保障。

第一，组织保障。高校共青团是具有一定政治属性的群众团体。正
是这一特殊的性质决定了高校共青团要接受上级团组织和同级党组织的
双重领导。因此，高校共青团协同育人的组织保障是来自两个方面：一

---

① 顾明远：《习近平教育思想指引中国教育改革和发展前进方向》，《中国教育报》2017
年7月26日第1版。

② 教育部课题组：《深入学习习近平关于教育的重要论述》，人民出版社2019年版，第
5—6页。

是上级党团组织的组织领导；二是自身的组织建设。首先，上级党团组织的领导保障。党组织对高校共青团协同育人的领导起着核心作用。2015 年 7 月 24 日，习近平在致全国青联十二届全委会和全国学联二十六大的贺信中，要求各级党委和政府要加强对青年工作的领导，认真研究新形势下青年运动的特点和规律，为广大青年成长成才、建功立业创造良好环境和条件。2016 年 12 月 8 日，习近平在全国高校思想政治工作会议上强调，办好我国高等教育，必须坚持党的领导，把高校思想政治工作摆在重要位置，形成党委统一领导、各部门各方面齐抓共管的工作格局，保证高校始终成为培养社会主义事业建设者和接班人的坚强阵地。2017 年 6 月，共青团中央、教育部发布《关于加强和改进新形势下高校共青团思想政治工作的意见》，要求各高校要将共青团思想政治工作纳入本学校的高校思想政治工作总体格局，推行工作同规划、同部署、同落实，将共青团思想政治工作作为高校、院（系）党组织书记抓思想政治工作和党的建设述职评议考核的重要内容。党和国家、共青团中央的这些重要举措，为高校共青团扎实开展思想政治引领、服务大学生成长成才等工作提供了坚实的保证。其次，高校共青团的改革强化了自身协同育人的组织保证。2016 年高校共青团实施改革以来，高校共青团围绕强"三性"，去"四化"，大力加强基层团组织建设，打造活力型、创新型、服务型、学习型团组织，组织凝聚力、吸引力、服务力、引领力得到巩固和加强。高校共青团协同育人的组织保障能力得到大幅度提升。

第二，制度保障。制度优势是中国特色社会主义的最大优势。没有规矩，不成方圆。一个社会组织的强大和可持续发展，必须建立在一整套内容科学、行之有效、约束力强的制度体系的基础之上。截至 2021 年 12 月底，共青团是一个有着近 7300 多万团员、367 多万基层团组织的青年群众组织，其中高校共青团具有基础性、战略性地位。发挥高校共青团协同育人的可持续性作用，完善的制度体系是其基本保障。首先，修改或增补原有的制度内容。一个时代有一个时代的境遇。随着党的根本任务的转变和社会环境的变化，尤其是信息科学技术推动社会变革步伐在加快，高校共青团原有的一些制度的某些内容已经不适应新的变化，甚至成为桎梏或阻碍共青团事业发展的羁绊。因此，结合新的时代变化发展趋势，高校共青团要及时修订或增补原有的制度内容。其次，健全完善现有的制度体系。在革命、建设、改革时期，高校共青团制定了许多制度，尤其是改革开放以后，高校共青团形成了较为完备的制度体系，但是高校共青团出于履行新的使命需要，要进一步健全完善现有的制度体系。例如，在完善高校共青团代表大会制度方面，《高校共青团改革实施方案》要求提高基层团支部、非团学干部的团员学生和青年教职工的代表比例，2018 年之前实现比例不低于 70% 的目标；畅通代表参与渠道，推行代表常任制、提案制和大会发言制度，建立校级和院系团组织定期向团的常任代表报告工作和听取意见建议的制度。健全完善的高校共青团代表大会制度，有利于高校共青团践行全过程人民民主、激励大学生团员积极参与民主治校。再次，积极进行制度创新。制度创新是共青团事业永续发展的重要保障。团的十八大以来，高校共青团适应协同育人需要，进行了一系列的制度创新。为适应新时代高校共青团工作需要，高校共青团制定了团干部直接联系青年大学生制度、普通高等学校基层团组织工作条例、"第二课堂成绩单"制度、高校学生会组织章程制定办法、共青团推优入党工作实施办法（试行）等制度。加强高校共青团的制度修订、完善、创新，能为高校共青团协同育人工作常态化提供科学的制度保障，提高高校共青团协同育人的制度治理能力。

第三，物质保障。物质保障是高校共青团协同育人工作最为基本的保障。《关于加强和改进新形势下高校共青团思想政治工作的意见》，要求高校要在经费支持、活动场地、设备设施等方面给予必要的支持。首先，活动经费保障。高校共青团开展协同育人的各项活动没有一定的经费支持是无法进行的。高校共青团除了通过自身渠道合法筹集一定经费之外，高校应划拨相应的活动经费确保共青团活动的正常开展。《高校共青团改革实施方案》明确要求高校要按在校生人均每年不低于 20 元的标准划拨校级团委日常工作经费。高校共青团也应当量入为出，合理使用经费，做到开源节流。其次，活动场地保障。随着大学生招生规模的扩大，许多高校教育教学场地资源也是日趋紧缺，教育教学活动场地日程安排相当紧凑，有的高校生均活动场地严重短缺，甚至出现共青团活动场地难以预约的现象。因此，高校应合理规划校园活动场地，规划建设专门的大学生活动中心，确保大学生日常活动能正常开展。最后，网络设备保障。随着大学生网络"原住民"进入大学校园，高校共青团协同网络育人工作已经成为越来越重要的工作内容。高校共青团协同育人工作要树立互联网思维，同大数据、人工智能、区块链、推荐算法紧密相连，创新网络协同育人工作内容体系，提升网络思想政治引领能力，改进网络育人的服务能力，通过网络传播大学生正能量，服务大学生健康成长。所以，高校要为共青团协同开展网络育人工作提供网络大数据平台、"智慧团建"系统、网络办公设备等方面的支持保障，促进高校共青团协同育人向"互联网＋共青团"转型，增强高校共青团网络"第三课堂"协同育人的能力与质量。

第四，队伍保障。高校思想政治工作说到底是做人的工作。做人的工作需要有人来做。高校共青团干部队伍是协同做好高校思想政治工作的不可缺少的重要部分。笔者为了把握当前地方高校共青团干部队伍建设情况，通过问卷的形式对某高校的共青团干部队伍建设情况进行了调研。经过调研了解到该高校共有专兼职团干部21名，其中专职5名。从年龄看，26—30岁的9人，31—35岁的10人，36—40岁的2人。从学历看，均获得硕士学位。行政级别，正处级1人，副处级1人，正科级7人，副科5人，科员7人；副教授职称1人，讲师职称6人，助教职称13人，政工师1人。总体上看，该校团干部队伍年龄结构较为合理、团干部文化程度显著提高、团干部政治素质较高、团干部综合能力不断提高。但是，经过深入的调研分析发现高校共青团干部队伍的建设也出现一些亟待解决的新情况、新问题。主要体现在：其一，党政领导对共青团干部认识片面、选配不力；共青团干部队伍不稳定，工作缺乏延续性；其二，不同学院专职团干待遇不平衡，绩效待遇差距较大；其三，专职团干兼职较多，工作任务繁重，不能专心抓思想政治工作；其四，团干队伍培养机制不够健全，团干部队伍出入口机制不畅通，培养教育上缺乏多渠道机制，后备干部的使用上缺乏备用结合的机制；其五，一些团干部对团学理论学习不够重视，在运用理论分析、解决实际问题的能力上就显得比较薄弱。因此，高校党委要认真落实共青团中央、教育部《关于进一步加强和改进高等学校共青团建设的意见》《关于加强和改进新形势下高校共青团思想政治工作的意见》的有关政策，将共青团干部纳入高校人才队伍建设和高校思想政治工作队伍建设总体规划，完善选拔、培养、激励机制；在津贴补贴、保障激励、职级职称晋升等方面与辅导员队伍实行同等待遇；落实高校共青团改革实施要求，打造专职、挂职、兼职相结合的高校共青团干部队伍，把思想政治工作放在突出位置，为高校共青团扎实做好协同育人工作提供一支政治强、情怀深、业务精、作风正，敢担当、有作为的强有力的干部队伍。

（三）高校共青团构建协同育人保障机制的内容

高校共青团协同育人保障机制内容选择需要从统筹推进共青团与学生会组织的改革与创新，强化基层团学组织建设；构建协同育人工作体系，搭建实践育人平台；加强师资队伍建设，完善考核评价机制等方面着眼。

第一，统筹推进高校共青团与学生会、学生社团组织的改革与创新，强化基层团学组织建设。高校共青团要认真贯彻落实中央党的群团工作会议和全国高校思想政治工作会议精神，以及有关文件精神，按照《高校共青团改革实施方案》和《学联学生会组织改革方案》的要求，统筹推进学校共青团、学生会、研究生会组织、学生社团等组织的改革，进一步明晰各个组织的定位和职能，优化组织体系、机构设置和工作机制，深入实施团支部"活力提升"工程，探索并实施多种团建创新机制，如学生会建团、社团建团、宿舍建团、实验室建团、网络建团等，以加强组织覆盖和工作覆盖。同时，大力实行班级团支部与班委会一体化运行机制。

第二，构建协同育人工作体系，搭建实践育人平台。高校共青团应与其他学生工作部门、教师、校友等各方形成协同育人的工作体系，通过定期组织交流会议、共享教育资源、共同制订培养计划等方式，确保各方在育人工作中形成合力，共同促进学生的全面发展。同时，高校共青团还要积极搭建各类实践育人平台，如社会实践、志愿服务、创新创业等，为学生提供丰富多彩的实践机会，帮助学生增强社会责任感、培养团队合作精神、锻炼实践能力，促进团员和大学生理论与实践的有机结合。

第三，加强师资队伍建设，完善考核评价机制。一方面，高校共青团应重视师资队伍建设，通过培训、交流、引进等方式，提高团干部和学生干部的综合素质和业务能力。同时，加强与专业教师的合作与交流，共同推进协同育人工作的深入开展。另一方面，高校共青团应建立完善的考核评价机制，对协同育人工作进行全面、客观、科学的评价，通过定期检查和评估协同育人工作的实施情况、成效和影响等，及时发现协同育人工作过程中存在的问题和不足，并采取有效措施进行改进和提升，从而为强化协同育人实效提供扎实的保障。

结　语

新时代高校共青团肩负着协同为党育人、为国育才的重要使命任务。习近平指出，各级党委政府"要深入把握党的群团工作规律，完善党委领导群团组织的制度，提高党的群团工作科学化水平"①。因此，新时代高校共青团协同育人工作需要努力把握三大规律、充分体现时代特点、大力提升创新能力。这是新时代高校共青团协同育人工作的根本指向。

一　把握规律性：高校共青团协同育人的根本遵循

深入把握高校共青团协同育人工作规律，就是要深入把握思想政治工作规律、遵循教书育人规律、遵循学生成长规律。第一，深入把握思想政治工作规律。新时代高校共青团协同育人要遵循大学生的思想政治认知规律，综合实践参与规律，把加强大学生对马克思主义理论尤其是中国化时代化马克思主义理论的学习，鼓励大学生树立崇高的理想信念、树立正确的世界观、人生观和价值观，激励大学生继承弘扬中华优秀传统道德、中国革命传统道德、社会主义道德作为首要任务；通过"第二课堂"实践活动促进大学生将所学的党的先进理论知识，树立的

---

① 《习近平在中央党的群团工作会议上强调切实保持和增强政治性先进性群众性　开创新形势下党的群团工作新局面》，《人民日报》2015 年 7 月 8 日第 1 版。

高尚的理想信念，明确的道德认知、情感向行动转化；积极创新网络思想政治教育传播范式，利用大数据技术疏导大学生网络思想政治舆情，创新大学生网络思想政治教育话语体系，把握网络技术环境下大学生思想政治引领规律。第二，严格遵循大学生成长规律。"认识和遵循学生成长规律应该从学生的生理、心理、思维和精神需要出发，统筹考虑大学生世界观人生观价值观形成的基本规律，密切关注他们的价值追求和利益关切"①，要弘扬中华优秀传统体育项目，大力增强大学生的身体素质；依托多样化心理健康平台，常态化开展大学生心理成长训练实践活动；及时为大学生成长过程中的思想困惑解疑释惑，帮助大学生正确认识世界发展大势、历史发展大势、社会发展趋势和自身历史责任，把青年团员和大学生培养成为社会主义事业的建设者和接班人。第三，严格遵循高校教书育人的规律。"教书育人规律，是指教育者在培养教育对象成长、发展的过程中，教书和育人固有的、本质的、必然的联系。"②一方面，对于高校共青团组织协同育人来说，遵循教的规律，需要考虑两个方面的因素即教的主体和教的客体。教的主体是共青团干部队伍，教的对象是共青团员和青年大学生。马克思认为，教育者一定是自己先接受教育。共青团干部在教书育人之前必须先扎实学习掌握马克思主义理论和党的理论知识，提高"传道、授业、解惑"的能力和素养；要以学生为本，从教育客体的实际出发，提高教书的实效和学生的获得感。另一方面，高校共青团遵循育人规律、提高育人质量，需要从为党育人、为国育才根本任务出发，探索共青团育人模式、育人内容、育人方法、育人艺术等。

二　体现时代性：高校共青团协同育人的时代使命

习近平在全国高校思想政治工作会议上指出，做好高校思想政治工

---

① 陈洪尧：《学生成长规律及其遵循对策研究》，《思想理论教育导刊》2018 年第 4 期。
② 郑永廷、林伯海：《教书育人规律及其遵循对策研究》，《思想教育研究》2017 年第 6 期。

作，要因事而化、因时而进、因势而新。新时代高校共青团协同育人所体现的时代性，就是要努力实现因事而化、因时而进、因势而新。第一，因事而化就是要引导共青团从四维格局出发，协同解决好关键问题。高校共青团是高校党委育人工作的重要助手，要协同党委解决大学生群体的关键问题。一是组织好大学生。高校共青团充分发挥"一心双环"组织工作格局功能，指导学生会、研究生会、学生社团、大学生志愿者协会等学生自治团体，发挥好育人主体作用。二是凝聚好大学生。把青年大学生凝聚起来，汇聚青年大学生的青春力量和智慧，巩固党的执政地位，为实现中华民族伟大复兴的历史任务而努力学习、奋力拼搏。三是服务好大学生。深入青年大学生群体，调查了解青年大学生合理需求，为青年大学生的学习交流、就业创业、心理健康、爱情教育、文体活动等提供服务，充当青年大学生和校党委之间的桥梁和纽带。四是维护好大学生的合法权益。高校共青团可以通过召开共青团代表大会、学生代表大会、研究生代表大会等形式，向共青团员、大学生、研究生征集提案，以提案的形式解决他们的合理诉求；通过开展法律讲堂、法治宣讲、法律实践等方式，强化大学生法律维权意识。第二，因时而进就是要帮助大学生认清所处的时代方位，放飞青春梦想。不同时代的青年团员和青年大学生有着不同的历史使命和责任，他们需要把个人的奋斗目标同国家、社会和人民的幸福紧密结合起来。首先，青年要与历史同向。高校共青团组织要以马克思辩证唯物主义和历史唯物主义为理论指导，帮助大学生认清历史发展方向，认清我们当前仍然处于并且相当长时间内仍然处于社会主义初级阶段，培养大学生的责任意识和担当精神。其次，青年要与祖国同行。新时代的大学生要把实现中华民族伟大复兴作为自己的使命任务，在奋力拼搏中努力成长为党的伟大事业的接班人。再次，青年要与人民同心。人民群众是历史的创造者，是历史的推动力量。广大青年大学生要深入人民群众，在人民群众中汲取智慧和力量，在同人民群众共同的劳动实践中放飞青春梦想。第三，因势而新就是要帮助大学生把握世界发展大势，不断开拓创新。新时代高校共青团协同育人工作因势而新就是高校共青团育人工作要适应百年未有之大变局、适应新时代技术进步变革、适应新时代观念变化更新，不断探索新的育人方法、新的育人形式、新的育人载体，实现育人理念的新突破。首先，要适应中国日益走近世界舞台中央的新形势，高校共青团要拓宽工作视野，加强中外青年和青年组织之间的交流互鉴，促进大学生"将传统的中国故事与国外理念相结合"①，破除中外文化话语隔阂，培养新时代大学生的国际大格局，推动构建人类命运共同体。其次，要适应当今世界新一轮技术变革来临的大势，促进大学生科学技术观念的更新，尤其是要紧跟人工智能、5G技术、大数据技术、区块链技术等科技前沿，培养科技创新型人才，为未来国家科技发展在世界竞争格局中的抢占制高点奠定坚实人才基础。最后，要契合"00后""10后"青年大学生"网络原住民"的特征，综合利用新媒体技术使高校共青团的协同育人工作亮起来、活起来、火起来。

三 富有创造性：高校共青团协同育人的生命源泉

改革创新是新时代的核心精神。对于高校共青团组织来说，带领广大青年团员和大学生在改革基础上进行创新创造是其生存和发展的生命源泉。自1922年青年团成立以来，青年团在党的领导下，紧跟时代发展步伐，结合时代发展主题，在理论和实践方面不断进行改革创新，不断进行自我革命、自我改造，大力增强了组织青年、凝聚青年、服务青年和维护青少年权益的能力。新时代高校共青团协同育人工作需要在以下几个方面进行深入创新。第一，进行理论创新。新时代高校共青团协同育人既要在协同组织方面进行理论创新，也要在应对新情况、解决新问题的过程中创新"青年发展方面、党对共青团领导方面、共青团功能作用方面、共青团改革方面"的理论，形成一系列符合新时代青年团员和青年大学生实际、具有新时代特点的高校共青团理论创新成果。第二，进行实践创新。新时代高校共青团进行实践创新需要围绕以下重点

---

① 刘从德等：《因时循势：多维视域中的思想政治工作》，人民出版社2019年版，第312页。

领域进行：高校共青团组织如何在"大思政"格局中发挥自身的功能，需要围绕如何在"三全育人"过程中发挥自身的优势，需要研究构建以"第二课堂成绩单"制度为依托的实践育人体系，需要深入研究新时代如何拓展大学生志愿服务实践，需要深入研究探索"互联网＋高校共青团"背景下如何开展网络实践育人和网络治理实践等。第三，进行制度创新。"共青团是国家治理体系的重要参与者，完善共青团制度建设和组织建设是推进国家治理体系现代化的重要组成部分。"① 推进高校共青团协同育人的实践，需要不断进行制度创新，发挥制度育人的重要优势。首先，要完善校党委领导下的高校共青团组织制度。深入研究高校共青团"一心双环"的组织格局，深入推进高校共青团、学生会、学生社团联合会的改革进程，高效发挥团学组织参与高校民主管理和民主治校的效能，充分发挥学生组织的"自我服务、自我管理、自我教育和自我监督"的主体职能。其次，要深入研究高校团学基层制度的效能发挥，一方面要研究现有的基层团学组织制度体系是否完善，另一方面要探索基层团学组织制度发挥育人作用的方式方法。

---

① 　李树学：《新时代深化高校共青团改革的价值意蕴》，《学校党建与思想教育》2020 年第 19 期。

附　　录

附录一　高校共青团协同育人现状调查问卷

亲爱的老师，同学：

　　您好！

　　这份问卷是为调查高校共青团协同育人研究。您提供的信息将有助于我们对这个问题的理解。您的合作和意见对成功完成此项研究很重要。完成这份问卷将花费您 10 分钟左右的时间。您在调查中的回答以及其他方面的信息将用于我在华中师范大学的博士学位论文问卷调查采用匿名形式进行，对您的回答我们将严格保密，遵守《中华人民共和国统计法》的规定。感谢您花时间完成这份问卷以及您的合作。非常感激您在这个研究中的付出！如果您对这个调查还有其他问题，请您告知我们。

　　谨致问候！

　　第一部分　个人基本资料。填答说明：请您从每一个问题所列举的选项中选择您认为合适的选项，并在序号前打"√"。

　　A1. 您的性别是：

　　①男　②女

　　A2. 您的政治面貌是【可多选】：

　　①中共党员（含预备党员）　②共青团员　③群众　④其他

A3. 您是否为共青团干部（团支部书记、团支部副书记、宣传委员、组织委员）：

①是　②否

A4. 您就读的高校层次是【可多选】：

①"双一流"高校　②中央部属本科院校　③省属本科院校　④高职（高专）院校

A5. 您所学专业的学科门类是：

①文史哲　②理工　③农医　④艺体　⑤教育　⑥经济　⑦法学
⑧管理

A6. 您的年级是：

①一年级　②二年级　③三年级　④四年级　⑤研究生

A7. 您所在高校的区域是：

①东北地区　②华北地区　③华中地区　④华东地区　⑤华南地区
⑥西北地区　⑦西南地区

A8. 您所在高校的位置是：

①直辖市　②省会城市　③地市级城市　④县域

A9. 您所就读学校是否设置独立的中国共产主义青年团组织：

①是　②否

A10. 您所就读学校是否设置学生会组织：

①是　②否

A11. 您所就读学校是否设置学生社团组织：

①是　②否

A12. 您是否是加入学生会或学生社团组织：

①是　②否

第二部分。请根据您所在高校的实际情况，从每一个问题所列举的选项中选择您认为合适的选项，并在序号前打"√"。

B1. 您认为高校共青团的性质是：

①党领导下的先进青年大学生的群团组织　②政治性组织　③文娱性组织　④社会性组织

B2. 您认为高校共青团的根本任务是：

①进行思想政治引领　②开展文化艺术活动　③协同培育时代新人④进行科技创新

B3. 您认为高校共青团在协同育人方面应当遵循什么样的要求【可多选】：

①政治性　②先进性　③群众性　④其他

B4. 您所在学校在协同育人方面开展了哪些主要工作【可多选】：

①思想政治引领　②文化艺术活动　③社会实践　④志愿服务⑤维护大学生权益　⑥就业创业　⑦科技创新　⑧其他

B5. 请您对您所在学校共青团的协同育人工作进行评价：

①非常满意　②满意　③比较满意　④不满意　⑤非常不满意

B6. 请您选择您所在学校共青团的协同育人方式【可多选】：

①团课　②科研　③实践　④文化　⑤网络　⑥心理　⑦管理⑧资助　⑨组织　⑩制度

B7. 您认为高校共青团协同育人工作存在哪些主要问题【可多选】：

①育人价值取向不明确　②育人主体队伍不健全　③育人内容体系较陈旧　④育人模式建构缺特色　⑤育人方法载体不丰富　⑥育人长效机制不健全　⑦其他

B8. 您认为高校共青团育人的价值取向有【可多选】：

①理想信念教育　②政治参与导向　③道德修养提升　④能力素质拓展　⑤成长服务关怀　⑥其他

B9. 您认为高校共青团协同育人的主体包括【可多选】：

①高校共青团组织　②高校学生会　③高校学生社团　④其他学生自治组织　⑤共青团干部　⑥其他

B10. 您认为高校共青团做好协同育人工作需要同哪些单位或部门协同参与【可多选】：

①党组织　②学校职能部门　③其他群众团体　④社会组织　⑤企事业单位　⑥城市社区　⑦学生会、学生社团　⑧班级　⑨其他

B11. 您认为高校共青团协同育人的核心职能是【可多选】：

①组织青年大学生　②引领青年大学生　③服务青年大学生　④维

护青年大学生合法权益

B12. 您认为高校共青团协同育人的职能是否需要拓展：

①是　②否

B13. 您认为高校共青团需要拓展哪些职能【可多选】：

①参与治理　②资源整合　③文化传承　④实践拓展　⑤其他

B14. 您认为高校共青团协同育人内容应包括【可多选】：

①思想政治　②道德培养　③理想信念　④法治素养　⑤心理健康
⑥劳动教育　⑦生态素养　⑧协助青年大学生进行国际交流　⑨其他

B15. 您认为新时代高校共青团协育人内容供给创新需要什么样的策
略【可多选】：

①树立供给服务意识　②供给主题之间要协同配合　③建立分类供
给体系　④进行精准供给　⑤建立供给反馈机制　⑥其他

B16. 您所在高校共青团组织是否构建了协同育人模式：

①是　②否

B17. 您认为高校共青团开展协同育人工作可以采取哪些方法【可
多选】：

①理论学习法　②自我教育法　③典型示范法　④阵地凝聚法
⑤资源整合法　⑥项目众筹法　⑦其他

第三部分。 请根据您所在高校的实际情况，从每一个问题所列举的
选项中选择您认为合适的选项，并在序号前打"√"。

C1. 您认为当前高校共青团团员和青年大学生存在的问题有【可多
选】：

①理想信念缺失　②艰苦奋斗动力不足　③享乐主义盛行　④团员
意识淡薄　⑤责任担当意识缺乏　⑥其他

C2. 您参加您所在学校共青团组织的活动情况：

①经常参加　②偶尔参加　③不参加

C3. 您所在学校共青团组织是否常态化组织马克思主义理论的学习
活动：

①是　②否

C4. 您对您所在学校共青团组织的思想政治教育工作是否满意：

①非常满意　②满意　③比较满意　④不满意　⑤非常不满意

C5. 您对以下哪些主题学习活动印象较为深刻【可多选】：

①中国梦主题活动　②社会主义核心价值观主题活动　③中华优秀传统文化活动　④红色革命文化活动　⑤习近平新时代中国特色社会主义思想主题学习活动

C6. 您所在高校共青团开展的思想政治教育活动对您产生的影响：

①非常深刻　②较深刻　③深刻　④一般　⑤不深刻

C7. 您认为高校共青团组织在开展思想政治教育工作方面还存在哪些欠缺【可多选】：

①灌输太多，实践太少　②内容陈旧，缺少新意　③娱乐性过多，思想性较少　④宣传教育方法创新不足　⑤与自己所学专业结合不足　⑥其他

C8. 您认为哪些活动有助于提升个人综合素质【可多选】：

①思想道德修养类　②文体艺术活动　③学术交流类　④科技创新类　⑤社会实践类　⑥志愿公益类　⑦就业创业类　⑧其他

C9. 您在校期间参加过共青团组织的5—10次的活动是【可多选】：

①思想道德修养类　②文体艺术活动　③学术交流类　④科技创新类　⑤社会实践类　⑥志愿公益类　⑦就业创业类　⑧其他

C10. 您认为高校共青团举办的活动存在哪些问题【可多选】：

①活动缺乏思想性　②活动内容单一乏味　③活动不能体现大学生的诉求与特点　④活动过于娱乐化、庸俗化　⑤缺少系统性规划设计　⑥其他

C11. 您对高校共青团组织与校外组织、机构、政府等协同育人现状的评价是：

①十分满意　②满意　③较为满意　④不满意　⑤非常不满意

C12. 您对高校共青团组织与校内党政部门和其他机构协同育人现状的评价是：

①十分满意　②满意　③较为满意　④不满意　⑤非常不满意

C13. 您对高校学生会、学生社团学生自治组织发挥协同育人方面的

作用评价是：

①十分满意　②满意　③较为满意　④不满意　⑤非常不满意

C14. 您所在高校共青团一般通过哪些网络平台开展协同育人工作【可多选】：

①微信　②QQ　③抖音　④微博　⑤b站　⑥校园网　⑦快手
⑧知乎　⑨头条号　⑩其他

C15. 您认为高校共青团通过以上网络平台传递的信息对您的影响如何：

①非常大，了解了很多知识，树立了正确价值观

②较大，了解一些知识

③较小，偶尔浏览一些知识

④没有影响，平时很少关注

⑤负面影响，容易误导大学生

C16. 您喜欢高校共青团通过以上网络平台推送的哪些内容【可多选】：

①时事热点类　②生活信息类　③专业学习类　④科技创新类
⑤休闲娱乐类　⑥就业创业类　⑦实践服务类　⑧学术交流类　⑨思想理论类　⑩其他

C17. 您觉得自己所在高校共青团网络公众平台是否发挥了如下功能【可多选】：

①思想引领　②舆论引导　③弘扬社会主义核心价值观　④传递正能量　⑤服务师生诉求　⑥组织凝聚力量　⑦生活休闲娱乐　⑧沟通协调　⑨其他

C18. 您认为在高校共青团组织的培养下哪些方面的素质得到了提升【可多选】：

①思想理论　②道德修养　③政治素质　④身体素质　⑤社会责任感　⑥实践能力　⑦团结协作　⑧组织协调　⑨科技创新　⑩文化艺术
⑪其他

附录二　高校共青团协同育人访谈提纲

一　访谈目的

了解高校共青团协同育人的现实情况

二　访谈方式

电话访谈、面对面访谈

三　访谈对象

高校共青团负责人

四　访谈内容

1. 您认为高校共青团协同育人的根本任务是什么？

2. 请您谈一谈高校共青团协同育人的价值取向？

3. 请您谈一谈高校共青团协同育人的核心职能？

4. 请您谈一谈高校共青团需要建构什么样的协同育人内容体系？

5. 贵校共青团是否建构了协同育人模式？如果没有，有何设想？如果有，请谈一谈贵校共青团协同育人模式特点？

6. 您认为高校共青团协同育人应当涵盖哪些主体？

7. 您认为高校共青团协同育人应遵循什么样原则？

8. 您对当前高校共青团协同育人现状是否满意？有何建议？

9. 谈一谈贵校共青团在协同育人方面做了哪些工作？

10. 谈一谈贵校共青团在协同育人方面还存在哪些问题？

参考文献

一　经典著作类

《马克思恩格斯选集》（第一—四卷），人民出版社 2012 年版。

《马克思恩格斯全集》（第二十一卷），人民出版社 2003 年版。

《马克思恩格斯全集》（第二十二卷），人民出版社 1965 年版。

《马克思恩格斯全集》（第十卷），人民出版社 1998 年版。

《马克思恩格斯全集》（第十六卷），人民出版社 1964 年版。

《马克思恩格斯全集》（第三十一卷），人民出版社 1998 年版。

《列宁全集》（第七、九、十四卷），人民出版社 2017 年版。

《列宁选集》（第一、四卷），人民出版社 2012 年版。

《列宁全集》（第二卷），人民出版社 2013 年版。

《斯大林全集》（第十三卷），人民出版社 1956 年版。

《毛泽东文集》（第三、六、七卷），人民出版社 1999 年版。

《毛泽东文集》（第二卷），人民出版社 1993 年版。

《毛泽东选集》（第一、三、四卷），人民出版社 1991 年版。

《邓小平文选》（第二卷），人民出版社 1994 年版。

《邓小平文选》（第三卷），人民出版社 1993 年版。

《江泽民文选》（第二卷），人民出版社 2006 年版。

《胡锦涛文选》（第一、三卷），人民出版社 2016 年版。

《习近平谈治国理政》（第一卷），外文出版社 2018 年版。

《习近平谈治国理政》（第二卷），外文出版社 2017 年版。

《习近平谈治国理政》（第三卷），外文出版社 2020 年版。

习近平：《论党的青年工作》，中央文献出版社 2022 年版。

习近平：《在庆祝中国共产党成立 100 周年大会上的讲话》，人民出版社 2021 年版。

习近平：《在庆祝中华人民共和国成立 70 周年大会上的讲话》，人民出版社 2019 年版。

习近平：《在北京大学师生座谈会上的讲话》，人民出版社 2018 年版。

习近平：《决胜全面建成小康社会　夺取新时代中国特色社会主义伟大胜利——在中国共产党第十九次全国代表大会上的报告》，人民出版社 2017 年版。

习近平：《在庆祝中国共产党成立 95 周年大会上的讲话》，人民出版社 2016 年版。

《陈独秀文集》（第二卷），人民出版社 2013 年版。

《任弼时选集》，人民出版社 1987 年版。

二　中共中央、共青团中央有关专题文献、文件或通知

习近平：《紧跟党走在时代前列走在青年前列　在实现中华民族伟大复兴的征途中续写新光荣》，《人民日报》2013 年 6 月 21 日。

习近平：《在布鲁日欧洲学院的演讲》，《人民日报》2014 年 4 月 2 日。

习近平：《青年要自觉践行社会主义核心价值观》，《人民日报》2014 年 5 月 5 日。

习近平：《做党和人民满意的好老师——同北京师范大学师生代表座谈时的讲话》，《人民日报》2014 年 9 月 10 日。

习近平：《在庆祝"五一"国际劳动节暨表彰全国劳动模范和先进工作者大会上的讲话》，《人民日报》2015 年 4 月 28 日。

习近平：《切实保持和增强政治性先进性群众性开创新形势下党的群团工作新局面》，《人民日报》2015 年 7 月 9 日。

习近平：《在联合国教科文组织第九届青年论坛开幕式上的贺词》，《人民日报》2015 年 10 月 27 日。

习近平：《坚持党校姓党根本工作原则切实做好新形势下党校工作》，

《人民日报》2015年12月13日。

习近平：《把思想政治工作贯穿教育教学全过程开创我国高等教育事业发展新局面》，《人民日报》2016年12月9日。

习近平：《立德树人德法兼修抓好法治人才培养励志勤学刻苦磨炼促进青年成长进步》，《人民日报》2017年5月4日。

习近平：《抓住培养社会主义建设者和接班人根本任务　努力建设中国特色世界一流大学》，《人民日报》2018年5月3日。

习近平：《坚持以新时代中国特色社会主义外交思想为指导　努力开创中国特色大国外交新局面》，《人民日报》2018年6月24日。

习近平：《代表广大青年赢得广大青年依靠广大青年让广大青年敢于有梦勇于追梦勤于圆梦》，《人民日报》2018年7月3日。

习近平：《坚持中国特色社会主义教育发展路线培养德智体美劳全面发展的社会主义建设者和接班人》，《人民日报》2018年9月11日。

习近平：《用新时代中国特色社会主义思想铸魂育人　贯彻党的教育方针落实立德树人根本任务》，《人民日报》2019年3月19日。

习近平：《在纪念"五四运动"100周年大会上的讲话》，《人民日报》2019年5月1日。

习近平：《坚持中国特色世界一流大学建设目标方向　为服务国家富强民族复兴人民幸福贡献力量》，《人民日报》2021年4月20日。

习近平：《坚持党的领导传承红色基因扎根中国大地　走出一条建设中国特色世界一流大学新路》，《人民日报》2022年4月26日。

习近平：《在庆祝中国共产主义青年团成立100周年大会上的讲话》，《人民日报》2022年5月11日。

《列宁论青年》，中国青年出版社1961年版。

苏联教育科学院编，华东师范大学《列宁论教育》辑译小组辑译：《列宁论教育（上）》，人民教育出版社2001年版。

"中国青年"编辑部编：《毛泽东同志论青年和青年工作》，中国青年出版社1960年版。

共青团中央、中央文献研究室编：《毛泽东邓小平江泽民论青少年和青少年工作（增订本）》，中国青年出版社2003年版。

邓小平著，共青团中央青运史工作指导委员会、中国青少年研究中心编：《邓小平论社会主义时期青年和青年工作》，红旗出版社 1992 年版。

中共中央文献研究室编：《习近平关于科技创新论述摘编》，中央文献出版社 2016 年版。

中共中央文献研究室编：《习近平关于青少年和共青团工作论述摘编》，中央文献出版社 2017 年版。

团中央办公厅编印：《中国青年运动历史资料（1）》，1957 年。

中共中央办公厅编：《中国共产党第八次全国代表大会文献》，人民出版社 1957 年版。

中共中央、国务院：《关于教育工作的指示》，人民出版社 1958 年版。

《中国共产党中央委员会关于建国以来党的若干历史问题的决议》，人民出版社 1981 年版。

中央档案馆编：《中共中央文件选集》（1927），中共中央党校出版社 1989 年版。

中共中央文献研究室：《十三大以来重要文献选编（上）》，人民出版社 1991 年版。

中共中央党史研究室第一研究部译：《联共（布）、共产国际与中国国民革命运动（1920—1925）》，北京图书馆出版社 1997 年版。

中共中央文献研究室中央档案馆编：《建党以来重要文献选编（一九二一——一九四九）》第 1 册，中央文献出版社 2011 年版。

《中国共产党第十九次全国代表大会文件汇编》，人民出版社 2017 年版。

中共中央、国务院：《关于全面加强新时代大中小学劳动教育的意见》，人民出版社 2020 年版。

上海市高等教育局研究室等编：《中华人民共和国建国以来高等教育重要文献选编（下）》，上海市高等教育局研究室 1978 年。

人民教育出版社教育室编：《马克思恩格斯列宁论教育》，人民教育出版社 1993 年版。

何东昌主编：《中华人民共和国重要教育文献（1949—1975）》，海南出版社 1998 年版。

陈至立主编，中华人民共和国教育部编：《面向 21 世纪教育振兴行动计划学习参考资料》，北京师范大学出版社 1999 年版。

教育部思想政治工作司组编：《加强和改进大学生思想政治教育重要文献选编（1978—2014）》，知识产权出版社 2015 年版。

教育部课题组：《深入学习习近平关于教育的重要论述》，人民出版社 2019 年版。

中国新民主主义青年团中央委员会办公厅编：《中国青年运动历史资料（1926—1927）》，1958 年版。

中国共产主义青年团第十次全国代表大会文件汇编编委会：《中国共产主义青年团第十次全国代表大会文件汇编》，中国青年出版社 1978 年版。

关于思想工作问题，中央团校青年团工作教研室编印：《中国青年运动历史文件选编》，1979 年版。

中央团校青年团工作教研室编印：《中国青年运动历史文件选编》，1979 年版。

施复亮：《中国社会主义青年团成立前后的一些情况》，《中国社会科学院现代史研究室、中国革命博物馆党史研究室选编（二）》，人民出版社 1980 年版。

共青团中央青运史研究室、中央档案馆编：《中共中央青年运动文件选编（1921 年 7 月—1949 年 9 月）》，中国青年出版社 1988 年版。

共青团十三大报告起草组编：《共青团十三大报告学习辅导》，北京工业大学出版社 1993 年版。

共青团中央青运史工作指导委员会，中国青少年研究中心，中央档案馆利用部编：《中国青年运动历史资料（1935—1937）（第 13 册）》，中国青年出版社 1996 年版。

共青团中央办公厅编：《中国共产主义青年团第十四次全国代表大会主要文件》，中国青年出版社 1998 年版。

共青团中央青运史工作指导委员会，中国青少年研究中心，中央档案馆利用部编：《中国青年运动历史资料（第 19 册）（1948.11—1949.9）》，中国青年出版社 2002 年版。

本书编写组：《共青团十六大报告学习辅导读本》，中国和平出版社 2008 年版。

共青团中央青运史档案馆编；胡献忠主编：《中国共青团历次全国代表大会概览》，中国青年出版社 2012 年版。

中共中央：《关于加强和改进党的群团工作的意见》，2015 年 7 月 10 日。

共青团中央、教育部：《高校共青团改革实施方案》，2016 年 11 月 14 日。

中共教育部党组：《高校思想政治工作质量提升工程实施纲要》，2017 年 12 月 7 日。

共青团中央学校部、全国学校共青团研究中心编著：《团十七大以来学校共青团文件制度汇编》，中国青年出版社 2018 年版。

团中央、教育部：《关于在高校实施共青团"第二课堂成绩单"制度的意见》，2018 年 7 月 5 日。

共青团中央：《共青团十八大报告辅导读本》，中国青年出版社 2018 年版。

中华全国总工会编：《中国工会章程》，中国工人出版社 2018 年版。

中共中央办公厅、国务院办公厅：《关于深化新时代学校思想政治理论课改革创新的若干意见》，2019 年 8 月。

《新时代公民道德建设实施纲要》，2019 年 10 月 28 日。

共青团中央基层建设部：《党的十八大以来共青团基层建设制度汇编》，中国青年出版社 2020 年版。

中共中央、国务院：《关于全面加强新时代大中小学劳动教育的意见》，2020 年 3 月 27 日。

贺军科：《在共青团十八届五中全会上的报告和讲话》，共青团中央办公厅，2021 年 2 月 20 日。

中共中央、国务院：《关于新时代加强和改进思想政治工作的意见》，2021 年 7 月 13 日。

三　学术著作类

陈华洲：《思想政治教育资源论》，中国社会科学出版社 2007 年版。

陈万柏、张耀灿主编：《思想政治教育学原理》（第三版），高等教育出版社 2015 年版。

单中惠主编：《西方教育思想史》，山西人民出版社 1996 年版。

董纯才主编：《中国革命根据地教育史》（第 1 卷），教育科学出版社

1991 年版。

董果良译：《圣西门选集》（第 2 卷），商务印书馆 2011 年版。

冯刚、郑永廷主编，教育部思想政治工作司组织编写：《思想政治教育学科 30 年发展研究报告》，光明日报出版社 2014 年版。

冯刚主编：《改革开放以来高校思想政治教育发展史》，人民出版社 2018 年版。

冯国瑞：《系统论、信息论、控制论与马克思主义认识论》，北京大学出版社 1991 年版。

冯文光：《马克思的需要理论》，黑龙江人民出版社 1986 年版。

龚海泉、张晋峰、张耀灿主编：《20 世纪的中国高等教育·德育卷》，高等教育出版社 2003 年版。

郭治安等编著：《协同学入门》，四川人民出版社 1988 年版。

韩延明：《大学理念论纲》，人民教育出版社 2003 年版。

何祥林、谢守成、刘宏达等：《大学生群体思想政治教育新论》，中国社会科学出版社 2009 年版。

胡献忠、孙鹏、刘佳等：《现代国家建构视野下的共青团改革历程》，中国青年出版社 2017 年版。

黄晓波、刘海春：《新时期高校共青团工作概论》，人民出版社 2010 年版。

黄志坚主编：《青年学》，中国青年出版社 1988 年版。

李德芳、李辽宁、杨素稳：《中国共产党思想政治教育史料选编》，武汉大学出版社 2009 年版。

李玉琦：《中国青年运动主题曲——二十世纪中国共青团的历程》，文津出版社 1999 年版。

李玉琦主编：《中国共青团史稿》，中国青年出版社 2010 年版。

厉以贤主编，国家教育委员会人事司组织编写：《马克思主义教育思想》，北京师范大学出版社 1992 年版。

蔺伟、方蕾主编：《高校共青团思想引领工作研究与实践》，北京理工大学出版社 2015 年版。

刘从德等：《因时循势：多维视域中的思想政治工作》，人民出版社 2019 年版。

刘宏达、万美容等：《高校思想政治工作前沿问题研究》，人民出版社
　　2019 年版。

刘佳：《高校共青团思想引领论纲》，群言出版社 2016 年版。

柳丽：《列宁思想政治教育理论与实践研究》，人民出版社 2015 年版。

罗国杰、马博宣、夏伟东：《中国伦理学百科全书（伦理学原理卷）》，
　　吉林人民出版社 1993 年版。

骆郁廷：《精神动力论》，武汉大学出版社 2003 年版。

马清槐、吴忆萱、黄惟新译：《欧文选集》（第 3 卷），商务印书馆 2017
　　年版。

马永霞、窦亚飞编著：《高等教育组织与管理》，北京理工大学出版社
　　2020 年版。

毛卫平、韩庆祥主编：《管理哲学》，中共中央党校出版社 2003 年版。

梅萍等：《当代大学生生命价值观教育研究》，中国社会科学出版社 2009
　　年版。

倪愫襄：《思想政治教育元问题研究》，中国社会科学出版社 2014 年版。

彭仕政、蔡绍洪、赵行知：《系统协同与自组织过程原理及应用》，贵州
　　科技出版社 1998 年版。

秦在东：《思想政治教育管理论》，湖北人民出版社 2003 年版。

佘双好：《青少年思想道德现状及健全措施研究》，中国社会科学出版社
　　2010 年版。

沈壮海：《思想政治教育的文化视野》，人民出版社 2005 年版。

石云霞：《新中国成立以来高校思想理论教育史研究》，人民教育出版社
　　2005 年版。

汤杏林：《共青团工作哲学研究》，九州出版社 2012 年版。

唐克军主编：《比较思想政治教育学》，华中师范大学出版社 2010 年版。

滕大春、王桂主编：《外国教育通史》（第 6 卷），山东教育出版社 1994
　　年版。

滕大春主编，任钟印、李文奎本卷主编：《外国教育通史》（第 3 卷），
　　山东教育出版社 1990 年版。

涂辉文：《组织变革过程中的多层协同机制研究》，浙江大学出版社 2011

年版。

万美容：《思想政治教育方法发展研究》，中国社会科学出版社 2007 年版。

王孙禺主编：《高等教育组织与管理》，高等教育出版社 2008 年版。

王宗礼、甘德荣主编：高校德育成果文库·教育部思想政治工作司组编：《高校德育的协同机制及其实践研究》，中国文史出版社 2015 年版。

乌杰主编：《系统哲学基本原理》，人民出版社 2014 年版。

吴潜涛：《高校思想政治教育的理论与实践》，人民出版社 2012 年版。

谢守成主编：《大学生思想政治教育创新研究》，湖北人民出版社 2007 年版。

熊建生：《思想政治教育内容结构论》，中国社会科学出版社 2012 年版。

徐柏才：《大学生成才导航工程纲》，人民出版社 2010 年版。

闫莉玲：《新时代高校铸魂育人协同机制构建研究》，安徽师范大学出版社 2020 年版。

杨敏主编，程春、蒋志凡副主编：《管理学》，厦门大学出版社 2012 年版。

尹艳秋：《必要的乌托邦——教育理想的历史考察与建构》，福建教育出版社 2004 年版。

于澎田等：《学校共青团工作系统工程》，哈尔滨出版社 1997 年版。

于学仁：《中国现代学生运动史长编》（上），东北师范大学出版社 1988 年版。

余立编著：《中国高等教育史》（上、下），华东师范大学出版社 1994 年版。

翟作君、蒋志彦：《中国学生运动史》，学林出版社 1996 年版。

张士义：《中国共产党历史简明读本（1921—2011）》，红旗出版社 2017 年版。

张文焕、刘光霞、苏连义：《控制论·信息论·系统论与现代管理》，北京出版社 1990 年版。

张耀灿等：《现代思想政治教育学》，人民出版社 2006 年版。

张耀灿主编：《中国共产党思想政治教育史论》，高等教育出版社 2006 年版。

张耀灿总主编，万美容主编，叶雷、张国启副主编：《青年学概论》，中国人民大学出版社2016年版。

张应强主编：《精英与大众：中国高等教育60年》，浙江大学出版社2009年版。

张永杰、程远忠：《第四代人》，东方出版社1988年版。

张挚、张玉龙主编：《中央苏区教育史料汇编》（上），南京大学出版社2016年版。

赵俊欣编译：《傅立叶选集》（第2卷），商务印书馆2009年版。

郑登云编著：《中国高等教育史》（上），华东师范大学出版社1994年版。

郑洸、叶学丽：《中国共产党与中国共青团关系史略》，中共党史出版社2015年版。

周小李：《马克思教育观与当代大学生素质教育》，湘潭大学出版社2014年版。

邹珊刚等编著：《系统科学》，上海人民出版社1987年版。

（战国）孟子著，顾长安整理：《孟子》，万卷出版公司2009年版。

（战国）曾参：《大学》，傅佩荣主译解，东方出版社2012年版。

［德］哈肯：《高等协同学》，郭治安译，科学出版社1989年版。

［德］赫尔曼·哈肯：《协同学——大自然构成的奥秘》，凌复华译，上海译文出版社2001年版。

［德］赫尔曼·哈肯：《协同学——大自然构成的奥秘》，凌复华译，上海译文出版社2013年版。

［古希腊］柏拉图：《理想国》，岳麓书社2010年版。

［捷］夸美纽斯：《大教学论》，傅任敢译，教育科学出版社1999年版。

［美］杜威：《杜威教育论著选》，赵祥麟，王承绪编译，华东师范大学出版社1981年版。

［美］克拉克：《高等教育系统——学术组织的跨国研究》，王承绪等译，杭州大学出版社1994年版。

［美］马斯洛：《马斯洛人本哲学》，成明编译，九州出版社2003年版。

［苏］C. A. 达林：《中国回忆录（1921—1927）》，侯均初等译，中国社会科学出版社1981年版。

［苏联］亚果德金等：《苏联高等学校共青团的工作》，刘金绪，方钢译，中国青年出版社 1955 年版。

四 期刊论文类

别敦荣：《美国大学治理理念、结构和功能》，《高等教育研究》2019 年第 6 期。

畅晓洁：《高校共青团的育人路径和机制创新研究》，《中国多媒体与网络教学学报（上旬刊）》2020 年第 8 期。

陈红敏、赵雷、杨君建：《素质拓展训练对大学生心理素质的影响——基于内省文本的质性分析》，《高等农业教育》2014 年第 7 期。

陈洪尧：《学生成长规律及其遵循对策研究》，《思想理论教育导刊》2018 年第 4 期。

陈霖：《基于"创青春"竞赛平台对大学生创业教育分析》，《中国成人教育》2015 年第 18 期。

陈赛金：《高校共青团思想引领的当代价值与对策分析》，《思想理论教育》2016 年第 4 期。

崔余辉：《传统文化视域下高校共青团实践育人机制研究》，《黑龙江教育（高教研究与评估）》2019 年第 1 期。

戴志松：《企业激励机制与创新体系研究》，《中国电力教育》2008 年第 16 期。

丁笑生：《新时期党建带团建工作的实践探索》，《教育理论与实践》2014 年第 15 期。

杜兰晓：《高校青年自组织问题探析》，《中国高教研究》2009 年第 5 期。

佴军：《共青团组织服务大学生就业创业教育的途径探析》，《黑龙江高教研究》2014 年第 12 期。

范烨：《基于共青团改革背景下的高校团教协同育人研究》，《湖北开放职业学院学报》2021 年第 16 期。

付大同：《高校教师有效激励机制探析》，《黑龙江高教研究》2011 年第 4 期。

甘大模：《中央革命根据地的高等教育概述》，《赣南师范学院学报》1987 年第 2 期。

高峰、胡云皓：《从马克思的需要理论看新时代中国社会主要矛盾的转化》，《当代世界与社会主义》2018 年第 5 期。

高伏康、吴家驹：《组织理论视角下高校班团一体化运行机制研究》，《学校党建与思想教育》2019 年第 1 期。

顾高菲：《高校共青团功能、印象及其凝聚力研究》，《江苏高教》2019 年第 2 期。

韩流、张彦：《高校青年自组织管理探析》，《思想理论教育导刊》2010 年第 6 期。

郝海洪、张建、檀竹茂：《高校"青马工程"学分制培养模式探究》，《凯里学院学报》2015 年第 5 期。

何晴、王剑：《跨组织激励机制：理论分析与现实应用——对中国建筑业的调研》，《财会月刊》2011 年第 27 期。

何雪冰、余潇潇、贾开：《互联网治理视野下高校宣传思想工作的"矩阵式"重构——以清华大学共青团为例》，《思想教育研究》2017 年第 1 期。

胡仁东：《现代大学组织架构的异同分析》，《江苏高教》2008 年第 5 期。

黄河、申来津：《论危机管理中的精神激励》，《学校党建与思想教育》2017 年第 2 期。

黄金凤：《中共与二十世纪二十年代的学生运动》，《中共党史研究》2016 年第 4 期。

黄鑫、杨浚：《高校共青团创新创业教育中的竞赛模式研究》，《辽宁行政学院学报》2014 年第 9 期。

嵇芹珍：《加强和改进高校团组织建设的思考》，《学校党建与思想教育》2009 年第 16 期。

蒋达勇：《政治、学术与生活：中国大学功能与结构的重塑》，《高教探索》2020 年第 10 期。

焦一朔：《高校共青团就业创业工作助力精准扶贫优化路径》，《黄冈职业技术学院学报》2019 年第 6 期。

郎坤：《高校服务型团组织建设的动力分析及路径探索》，《中国青年社会科学》2020 年第 2 期。

李东霖、李玉雪：《"有序式"动员：高校共青团青年动员机制的时代重塑共青团视野下的大学生政治敏感度探究　新时代高校学生团干部增强"四个意识"的对策研究构建高校共青团与关工委工作的契合机制探索》，《高校共青团研究》2020 年第 Z1 期。

李海芬：《革命根据地高等教育对新中国高等教育体系建立的影响》，《兵团教育学院学报》2005 年第 4 期。

李海峰：《拓展训练对大学生心理健康水平及社会适应能力影响的研究》，《湖南医科大学学报》（社会科学版）2010 年第 3 期。

李佳：《整合社会资源是共青团组织的重要能力》，《中国青年研究》2006 年第 12 期。

李建国：《列宁保护和教育劳动者的思想对当代中国的启示》，《马克思主义研究》2010 年第 10 期。

李金发、赵凯博、兰涵旗：《高校党建带团建工作机制梳理与模式创新》，《学校党建与思想教育》2014 年第 19 期。

李立国：《什么是现代大学》，《中国人民大学教育学刊》2013 年第 2 期。

李琼：《高校基层团组织建设现状与"三力一度"提升路径研究》，《中国共青团》2021 年第 19 期。

李树学：《新时代深化高校共青团改革的价值意蕴》，《学校党建与思想教育》2020 年第 19 期。

李燕：《基于思政教育的高校共青团育人机制研究》，《湖北开放职业学院学报》2020 年第 11 期。

李永山：《英国高校学生事务专业化发展及其启示》，《高教探索》2008 年第 5 期。

李玉洁：《和谐社会视域下基层组织激励机制的模式探究》，《领导科学》2013 年第 26 期。

林建宗：《组织间协调方式与协调视角的分析框架综述》，《商业时代》2008 年第 19 期。

刘从德、王晓:《"文化自信"的"力量"之源与提升路径——学习习近平总书记文化自信思想的重要论述》,《中南民族大学学报》(人文社会科学版)2018年第2期。

刘晓东、徐洪业:《新媒体视域下高校共青团面临的变革及应对路径》,《学校党建与思想教育》2014年第12期。

刘晓荣、杨良煜:《利用第二课堂培养高素质创新人才》,《技术与创新管理》2008年第5期。

刘兴平、孙悦、刘玥:《超越结构与行动:论高校青年自组织的困境与出路》,《江苏高教》2016年第2期。

刘尧:《中国高等教育发展历史述评》,《南阳师范学院学报》2009年第2期。

卢昌军:《对恩格斯劳动观的再认识》,《江汉论坛》2007年第8期。

吕利珊:《"一心双环"团学组织格局下高校学生社团内涵式发展路径研究——以粤西地区三所高校为例》,《教育理论与实践》2019年第30期。

罗川旭、姚昊翊、樊芳玲、何雁敏、周启航、刘剑虹:《"三全育人"视域下高校教务管理育人途径探索——以云南师范大学能源与环境科学学院为例》,《教育观察》2022年第13期。

骆郁廷、郭莉:《"立德树人"的实现路径及有效机制》,《思想教育研究》2013年第7期。

孟伟:《论新时期高校共青团干部的理论素质》,《中国市场》2006年第13期。

莫忧:《高校共青团推进文化自信融入文化育人过程的策略探析》,《思想教育研究》2017年第8期。

秦在东:《新时代高校思想政治工作者的特殊使命》,《学校党建与思想教育》2017年第23期。

饶扬德:《企业资源整合过程与能力分析》,《工业技术经济》2006年第9期。

沈千帆、付坤、马立民、黄荟宇:《"00后"大学生的群体特征及教育策略》,《学校党建与思想教育》2019年第24期。

帅润、史彦虎：《多学科视野下的青年研究》，《山西青年管理干部学院学报》2010 年第 2 期。

宋丹、崔强、陆凯：《提升高校第二课堂育人实效的路径探析》，《思想教育研究》2018 年第 5 期。

孙成行：《新时代背景下共青团有效融入"大思政"工作格局的协同创新机制研究》，《高校共青团研究》2019 年第 Z1 期。

孙成行、徐传旺：《"大思政"视阈下独立院校共青团思想政治教育的协同"灌浆"模式研究》，《当代教育实践与教学研究》2019 年第 16 期。

孙菲菲：《共青团视野中的高校志愿服务工作》，《青少年研究》（山东省团校学报）2012 年第 2 期。

孙贺：《美国创业教育模式及其对我国高校共青团创业教育的启示》，《亚太教育》2015 年第 10 期。

孙丽芝：《"大学之道"：中国古代高等教育的纲领》，《煤炭高等教育》2007 年第 3 期。

孙琪、邓忍：《论大学生志愿服务的育人功能、历史沿革及发展趋势》，《济南职业学院学报》2022 年第 2 期。

谭亮亮、王东维：《延安中国女子大学思想政治工作的经验及启示》，《榆林学院学报》2018 年第 5 期。

檀传宝：《何谓"教育与生产劳动相结合"——经典论述的时代诠释》，《课程·教材·教法》2020 年第 1 期。

田辉：《中国共产党革命时期思想领导的历史经验》，《科学社会主义》2020 年第 5 期。

汪霄楠：《英国高校学生事务管理给我国高校学生工作带来的启示》，《黑河学刊》2020 年第 2 期。

王凤鹏：《提升高校共青团社会实践育人成效分析》，《广东职业技术教育与研究》2017 年第 6 期。

王耕、包伟：《供给侧视域下的高校团组织改革创新研究》，《山东青年政治学院学报》2017 年第 1 期。

王晓青、邵杰、刘梦平：《高校共青团创新创业实践探索》，《大学》2021 年第 30 期。

王岩、李义：《新时代改革创新精神的学理价值与实践意义》，《毛泽东邓小平理论研究》2018 年第 10 期。

魏琦：《近五年共青团理论研究的回顾与思考——基于"共青团"冠名论文的计量分析》，《山西青年职业学院学报》2018 年第 3 期。

温录亮：《新时期高校共青团改革攻坚的实践和思考——以广东高校为例》，《广西青年干部学院学报》2020 年第 3 期。

吴保军、黄伟：《新形势下加强和改进高校共青团工作的对策研究》，《黄冈职业技术学院学报》2020 年第 1 期。

吴潜涛：《正确理解理想信念的科学含义》，《教学与研究》2011 年第 4 期。

吴向京：《非正式激励与正式激励》（上），《中国电力企业管理》2010 年第 27 期。

项久雨：《品读"00 后"大学生》，《人民论坛》2019 年第 9 期。

肖贵清、张鉴洲：《"中华民族伟大复兴"概念的历史演进》，《四川师范大学学报》（社会科学版）2022 年第 3 期。

谢成宇、郭鹏飞：《巩固社会主义意识形态思想阵地的主辅谋略》，《思想教育研究》2012 年第 10 期。

谢成宇、侯欣：《大学生信仰教育的困境与路径论略》，《湖北社会科学》2011 年第 2 期。

谢守成、程仕波：《大学生传统文化认同培育途径探析》，《思想政治教育研究》2015 年第 2 期。

熊明安：《中国古代高等教育散论》，《教育研究》2002 年第 3 期。

闫雪琴：《新时代高校"班团一体化"实施方案探索》，《中国高等教育》2019 年第 8 期。

严帅、任雅才：《新时代高校学生组织育人的功能内涵与实施路径》，《学校党建与思想教育》2019 年第 9 期。

杨臣、聂锐：《新时代高校党建带团建研究》，《学校党建与思想教育》2018 年第 17 期。

杨飞龙：《高校学生社团隐性育人功能刍议》，《东北师大学报》（哲学社会科学版）2011 年第 5 期。

杨小英：《结构功能主义视域下我国大学的功能拓展与结构调整》，《当代教育与文化》2014 年第 6 期。

杨晓慧：《高等教育"三全育人"：理论意蕴、现实难题与实践路径》，《中国高等教育》2018 年第 18 期。

岳琦：《关于加强高校共青团建设的若干思考》，《开封教育学院学报》2018 年第 6 期。

张凤娇：《"三全育人"背景下高校后勤育人功能研究》，《中国轻工教育》2022 年第 2 期。

张慧敏、曲建武：《列宁爱国主义思想及当代启示》，《思想政治教育研究》2019 年第 4 期。

张静、杨也：《新时代高校共青团干部亲和力建设探究》，《思想教育研究》2020 年第 11 期。

张宁、尹思、陈鸿佳：《高校共青团创新教育模式探析——以华南师范艺术学共青团创新教育为例》，《创新与创业教育》2015 年第 6 期。

张垚蕾：《协同理论视域中新时代高校党团组织育人研究》，《现代交际》2020 年第 19 期。

郑程月、王帅：《建国 70 年我国劳动教育的演进脉络、时代内涵与实践路径》，《当代教育科学》2019 年第 5 期。

郑永廷、林伯海：《教书育人规律及其遵循对策研究》，《思想教育研究》2017 年第 6 期。

周小骥、侯盛炜、杨启金：《加强高校共青团思想引领方法探赜》，《学校党建与思想教育》2013 年第 17 期。

邹佳镝、孙小鑫：《高校共青团组织构建第二课堂育人工作模式研究》，《智库时代》2019 年第 17 期。

五　学位论文

蒋文娟：《我国科教结合协同育人机制研究——基于科研院所和高等学校合作视角》，博士学位论文，中国科学技术大学，2018 年。

李磊：《改革开放以来中国共产党领导共青团工作的历史发展研究》，博士学位论文，武汉大学，2019 年。

路涵旭：《课程思政视域下专业教师与思政教师协同育人路径研究》，硕士学位论文，河北师范大学，2020 年。

倪瑾：《共青团的功能定位：组织动员和资源整合》，博士学位论文，华东师范大学，2014 年。

苏醒：《我国共青团政治思想工作优良传统研究》，博士学位论文，东北师范大学，2016 年。

汪智汉：《共青团目标实现路径研究》，博士学位论文，华中师范大学，2017 年。

熊莹：《实施素质拓展计划增强团组织育人功能——以南昌航空大学为例》，硕士学位论文，华东师范大学，2010 年。

徐天兰：《中央苏区共青团工作研究》，博士学位论文，南昌大学，2019 年。

六　其他

陈赞宇、尹奎杰：《培养新时代大学生法治素养》，《光明日报》2018 - 09 - 20（14）。

顾明远：《习近平教育思想指引中国教育改革和发展前进方向》，《中国教育报》2017 - 07 - 26（01）。

中国社会科学院语言研究所词典编辑室编：《现代汉语词典》（第 6 版），商务印书馆 2012 年版。

孙尧：《努力建设新时代高素质教师队伍》，《中国教育报》，2018 - 10 - 22（01）。

夏征农、陈至立主编：《辞海》（第六版彩图本），上海辞书出版社 2009 年版。

中国共产主义青年团：《中国共产主义青年团章程》，《中国青年报》2018 - 07 - 02（01）。

后　记

　　本书是笔者在对博士论文进行一定修订基础上完成的。在修订后的博士论文即将付梓之际，心中顿然生起追忆博士之路的万千思绪。有梦想的人生，道路前方总有一道亮光。2019 年，是一个值得回忆的年份。这年的下半年，也就是 9 月 1 日，我终于跨入了我期待许久的华中师范大学的校门，正式成为华中师范大学马克思主义学院的一名博士研究生。对于一个从农村走出来，且对成为一名博士生有着希冀的人来说，唯有在书海泛舟、书路求索、书山攀登，才能把这一理想转化为现实。五年的考博之路，兜兜转转，先后考了四个专业，领略了不同专业的精妙，拓宽了学术成长视域；五年的坚持不懈，最终把自己未来的学术成长方向定格在马克思主义理论，最终被华中师范大学录取为马克思主义理论学科博士研究生。这让我充满了无限的感恩之心，我想我唯有以勤奋学习、学业精进来回馈这份恩情。四年的勤奋求学之路，我丝毫不敢懈怠，克服了疫情的困扰、工作的繁忙、生活的琐碎，完成了自己的专业学习、科研项目、毕业论文写作。我要感谢在考取博士、攻读博士过程中的一路繁花，致谢华中师范大学、华中师范大学马克思主义学院和华中师范大学全国高校思想政治工作队伍培训基地为我提供了梦想成真的平台，让我人到中年的奋斗有了新的航向。

　　有师友的人生，奋进旅程总有谆谆温情。一个人在成长的过程中，他（她）所迈出的每一个稳定的步伐，都不可能缺少一群在他（她）背后为他（她）的稳步成长默默付出的恩师、亲人或朋友。能够成长成为一名博士研究生，我的人生经历亦是如此。我首先要感谢我的导师刘从德教授，跟导师遇见是在南京师范大学举办的一次学术研讨会上，我作为一名学界的后生聆听了导师在大会上的报告，并认识了刘老师，为刘老师的深厚学识、谦逊随和所感动，后来在联系报考、专业学习、论文选题、论文撰写、论文答辩等方面，刘老师都给予了悉心指导和关怀。我的学业的每一点进步，学术的每一步成长都有刘老师辛勤付出和无私帮助。在博士研究生课程学习的过程中，让我们全体同学非常感动和感到荣幸的是思想政治教育学科专业创始人之一、学界泰斗张耀灿教授，不顾自己年寿高龄，仍不辞辛劳地为我们授课、做学术辅导、批改论文。从张教授身上我们领略和学习到了他的温柔敦厚、严谨实在、精益求精的学者风范。感谢张耀灿教授为我和我的博士同学在为人处世和学术成长方面提供的指引导航。不仅如此，万美容院长、毛华兵副院长、何祥林教授、秦在东教授、龙静云教授、梅萍教授、唐克军教授、陈华洲教授等恩师的课程让我们印象深刻、受益良多，为我顺利完成专业课程和公共课程的学习奠定了坚实基础。导师组的冯刚教授、谢守成教授、蔡红生教授、秦在东教授、谢成宇教授、刘宏达教授、毕红梅教授等恩师为我的毕业论文选题、结构布局、内容设计、答辩等所提出的宝贵意见和建议，为我的毕业论文顺利完成提供了厚实的支撑和保障。感谢中南民族大学徐柏才教授辛苦主持答辩工作，在答辩过程中为我的毕业论文修改提出的宝贵建议。感谢华中师范大学马克思主义学院全体教师、华中师范大学全国高校思想政治工作队伍培训基地的老师、同学的辛勤付出。另外，我还要感谢南京师范大学公共管理学院的俞良早教授、张振院长，他们在我考博过程中给予了我极大的鼓励；感谢阜阳师范大学马克思主义学院的领导和同事，在我攻读博士学位期间，他们为我分担了很多教学科研以及其他事务性工作，为我腾出了大量宝贵的时间，让我可以专心从事专业学习和论文撰写。感谢我的亲人对我攻读博士学位的大力支持，为家庭的和睦和孩子的成长默默地付出；感谢同门师兄师弟、师姐师妹们的帮助和鼓励。以上对所有恩师、亲人或朋友的感谢难免有遗漏之处，如有遗漏之处，务请谅解。

有幸福的人生，收获季节总是孕育新希望。南宋词人辛弃疾在《青玉案》中写道："众里寻他千百度，蓦然回首，那人却在灯火阑珊处。"

清代国学大师王国维后来用此来诠释人生求学终成时之境意。经过博士四年的磨砺淬炼，克服种种困难，我的这篇寄寓着众多恩师、亲人和朋友期望的博士毕业论文业已完成，这么多年用辛勤汗水浇灌的希望之花即将盛开，我心中的感激和喜悦之情油然而生，但是由于受制于学术视野和学术研究能力，即便经过修订，论著中恐仍有不完善的地方，诚请各位老师和朋友们的批评指正，以便进一步完善之。告别一段难忘的岁月，我将在今后的教学科研中躬耕不怠，更加精进，借此启航新的人生。

本书在出版过程中得到了阜阳师范大学马克思主义学院领导、同事的帮助，中国社会科学出版社安芳等编辑也为本书的出版付出了辛勤的劳动，在此一并感谢。

郝海洪

2024 年 3 月 20 日